名师教学思想与教学艺术丛书

走进杜郎口生命课堂

孙玉生　著

中国林业出版社

图书在版编目（CIP）数据

走进杜郎口生命课堂/孙玉生著．—北京：中国林业出版社，2011.2
（名师教学思想与教学艺术丛书/王增昌主编）
ISBN 978-7-5038-6071-3

Ⅰ.①走…　Ⅱ.①孙…　Ⅲ.①生命科学-课堂教学-教学法-中学
Ⅳ.①G633.912

中国版本图书馆 CIP 数据核字（2011）第 008562 号

出版：中国林业出版社（100009　北京西城区刘海胡同 7 号）

E-mail：lucky70021@sina.com　**电话**：010-83283569

发行：新华书店北京发行所

印刷：北京昌平百善印刷厂

印次：2011 年 3 月第 1 版第 1 次

开本：880mm×1230mm　1/32

印张：11

字数：300 千字

印数：4000 册

定价：28.00 元

《名师教学思想与教学艺术丛书》

编委会

《名师教学思想与教学艺术丛书》序

中国教育学会会长　顾明远

教学既是一种科学活动，又是一种艺术活动。科学讲究规则，艺术则讲究创造。教学需要遵循教学的规则，如要了解学生的年龄特征、知识基础、课程内容的重点和难点，但更重要的是要把这些因素之间的关系处理得当，而这些因素又是随时会变动的，所以教学要创造；创造并非不要规则，但更重要的是精神，科学和艺术都需要精神，教学也需要精神，教学的精神就体现在教育的理念中，体现在教师的观念和智慧中；科学是可以重复的，可以借用的，艺术是不能重复和借用的，需要自己去创造，就像艺术家作一幅画，哪里需要浓墨渲染，哪里只是轻描淡写，只有艺术家自己构思，自己运笔，别人是替代不了的。因此，作为一名教师，设计一堂好课首先要有正确的教育理念，不断钻研，不断琢磨，要因人因事因时而变，灵活运用各种教学方法，巧妙地运用自己的教学智慧。这就是创造，这就是教学艺术。

名师是一名教育家，也可以说是一名教育艺术家。名师的成功，得益于他们认真学习、钻研教育教学理论，并结合我国国情，不断探索教学规律，这就是他们的科学活动；名师的成功，还得益于他们不断总结反思、创造新的经验，也就是他们的艺术活动，因而取得了令人瞩目的成绩。在教学实践中，他们不但课上得好，受学生欢迎，而且有良好的教育素养和文化底蕴。他们在教学之余，善于总结，勤于写作，在教育界有一定名气。他们不断进取的敬业精神和创新精神，值得广大教师学习。

教育部部长袁贵仁曾经强调："要认真研究总结并大力宣传广大优秀教师的教学经验，这是整个教育战线的共同财富，要对他们的思想、经验进行总结、提炼。"《名师教学思想与教学艺术丛书》的出版，无疑是为广大教师做了一件好事。

《名师教学思想与教学艺术丛书》的总主编王增昌同志担任《中国教育报》"教学版"编辑20余年，在该版开设了"特级教师教学特色"、"名师教学艺术"等专栏，他与不少特级教师有密切联系，并对一些名师的教学艺术形式有一定研究。《丛书》约请的作者主要是全国各地至今仍活跃在教学第一线的著名特级教师。每位作者写一册，内容包括本人教学思想、教改实验，均以课例说明观点。《丛书》特点是理论联系实际，具有较强的可操作性。这套《丛书》的出版，将对广大教师树立正确的教学理念，明了教学既是科学又是艺术的真谛，更好地实施课改实验，大幅度提高教学质量有一定帮助。

優秀教師的教育思想和
教學經驗是教育界的
寶貴資源和共同財富
名師教學藝術叢書

二〇〇七年十一月 振有

郭振有：中国教育学会常务副会长、原国家副总督学、教育部督导办主任

序

“把学生当人，让学生做人”

“把学生当人”，是真正尊重学生作为人所具有的一切权利，教师心中要有对学生生命的敬畏和尊重，有学生的个性发展、全面发展、终生发展、幸福发展；“把学生当人”，是以学生为本的具体体现，是科学发展观在教育教学中的具体实践；“把学生当人”，是教育工作者育人教书必须遵循的最基本的原则，是教育工作者应该遵循的首要教育思想；“把学生当人”，是真正以学生为本。“让学生做人”，指明了教育的最终目的就是育人，就是培养学生的美好的人性。

“把学生当人，让学生做人”是教育良知的呐喊，是教育本真的回归，是现实教育的清醒剂。生命课堂的实质，无非就是想让我们真正尊重学生，尊重学生作为人所应该具有的一切权利，而不能把学生作为成绩的代名词，成为教师实现自身利益的手段。“让学生做人”才是教育的目的和归宿。

作为教育工作者，我们扪心自问：我们把学生当作真正意义上的人了吗？体罚、变相体罚现象时有发生；命令、指示充斥我们的视野之中；课堂上教师一言堂，既是主导又是主体，学生被动听，机械记，学生的生命灵性被扼杀；学生没有本来应该有的话语权、学习的快乐、学习的自由、学习的时间、学习的空间……凡此种种，这能说是尊重了学生做人的起码权利了吗？这样做是把学生当作具有鲜活生命的个体——人对待了吗？为了成绩，不管学生的感受，把学生当容器，使学生成为考试的机器，这样做把学生当人对待了吗？不赏识学生，不宽容学生，有的只是方法简单、生硬甚至是粗暴的教育，这叫把学生当人了吗？功利思想严重，把成绩看作是学生的全部，无视学生的生命状态，更不关心学生的成长，未来的发展等，这样做把学生当人对待了吗？诸如此类的现象数不胜数。

只有把学生当人，尊重学生作为一个人应有的权利，心中有对学生生命的敬畏和尊重，有学生的个性发展、全面发展、长远发展，这才叫把学生当人；把学生当人了，才可能让学生做人，做一个具有美好人性的人，做一个性格健全的人，做一个敢于担当社会责任的人，做一个灵魂优秀的人，做一个自主、自信、自强不息、勇敢有为、探索创新、团结合作、服务奉献的人……

可喜的是越来越多的教育同仁认识到了“把学生当人，让学生做人”的重要性，体现教育本性的教改正在全国成燎原之势，愈燃愈烈，这是中国教育的幸事，是中国百姓的福祉。

杜郎口中学十年如一，坚持“以人为本，关注生命”的办学理念，以学生为主体，以学习为主线，以展示为特征，以发展为目的。教师把学生当人，尊重、理解、相信学生，尊重学生身心发展特点，遵循教育教学规律。学生个性张扬，心灵放飞，自由呼吸，自主成长。

本书是作者结合自己的亲身体验、结合杜郎口中学的教改实践进行的归纳、提升，凝结着作者辛勤的汗水和智慧。生命课堂这个理念的提出，教育的诸多问题都可以以此诠释，这是本书的核心和灵魂。书中观点颇具新意而又行之有效，对于教育工作者理解、实践教育的本质，实现自己教育的梦想，实现自己职业的幸福感，为使自己享受育人的幸福，让学生享受成长的快乐等都是一本有借鉴意义的好书。本书的出版，权作抛砖引玉，期望引发更多的人去思考，愿读者提出宝贵意见。

崔其升

2010 年 12 月 28 日

目录
CONTENTS

第一篇　生命课堂的涵义

一、生命课堂的内涵

（一）对学生生命基本权的落实

学生是一个个具有鲜活生命的个体，学生的成长需要基本的生存条件，安全的需要自然是第一位的，这一点是每一所学校都能做到，也是必须做到的。

生命课堂上，教师归还学生作为人的各种权利：尊严权、话语权、学习权、学习的自由、学习的快乐、学习的时间、学习的空间等。

除此之外，为了使学生健康成长，教室内光线要适宜、桌凳要适合学生的身高变化，室内温度要适宜，尽可能减少粉笔飞尘对学生的影响，有条件的可以安装上白板等。

（二）对学生生命质量现状的关注

1. 尊重生命的内在需求

（1）民主意识

学校不仅是教师的，也不仅是校长的，学校也是学生的。讲台不仅是教师的，课堂不仅是教师的，这一切也是学生的。教师、校长都是服务者，都应该创设更优质的育人环境，更民主的成长氛围，使学生愉快学习，幸福成长变成现实。

杜郎口中学让学生做主的“生命课堂”

（2）赏识意识

有人说：赏识教育像阳光，照到哪里，哪里亮。赏识是对学生尊重的体现，是对学生生命的认可。课堂外是赏识的场地，课堂内更是赏识的舞台。有了赏识，就会使学生有一种幸福的感觉，自信的涌动，生命的欢乐和成长。

（3）宽容意识

学生个性不同、秉性爱好不一、成长环境各异等都决定了教师要因人而异，因材施教，允许差异，宽容善待，张扬个性，全面提升。这是教师对学生生命的一种真正尊重和呵护。没有这种宽容，就没有学生的个性发展，就没有学生的健康成长，就没有学生的幸福发展。

当然，学生生命的内在需求还有很多，比如教师对学生的激励、鼓舞、唤醒、启发等。

2. 尊重学生生命的成长规律

（1）遵循学生的生理特点

比如中学生集中精力做事的时间在 10 ~ 15 分钟，为此，教师课堂设计的每一个环节最多不要超过 15 分钟，否则，学生的学习效果就会不理想，学生就会有心理、生理、审美的疲劳，不利于学生的身心健康。

当然，除此之外还有很多方面，我们都要认真加以遵循。

（2）遵循教育教学规律

初中学生的教育教学规律很多，比如在记忆方面，初中生已经由机械记忆为主变为理解记忆为主，这时教师在引导学生记忆时，就必须遵循学生的这种认知特点，才会收到良好的效果。

当然，除此之外好有很多方面，比如，游戏的引入、直观性的演示、学生学具的设计等，都是我们应该遵循的客观规律。

3. 张扬学生生命的灵性

（1）“先思后学”原则

“先思后学”原则的实施，使学生产生强烈的求知欲望，面对疑惑的不解、面对未知的好奇，都极大限度地激活了学生的潜能、点燃了学生心智的火焰，真正达到“不愤不启，不悱不发”的境界，从学生的内心深处，激活了学生生命的灵性，使灵性的生命绽放出绚丽多姿的神采。

（2）展示提升原则

对于困惑、对于未知，学生通过自学、通过合学，形成了各自独到的观点。学生的几种观点交流互动、质疑争辩、激烈碰撞。你方唱罢我登场，你不让我，我不服你，争妍斗奇、百花齐放，唇枪舌剑，忘乎所以；奇思妙想，得意忘形；口若悬河，旁若无人……学生在这种展示提升中，抑扬顿挫、妙趣横生、质疑生成、亮点不断、精彩无限、心灵放飞、个性张扬、自由呼吸、自主成长 。尽显生命狂欢，荡涤心灵情操……无矫揉造作之情，无刻意说教之处，无不和谐之音符……生、师、情、景、意，天籁之声，浑然一体，妙不可言。

当然，使学生自由呼吸，自主成长的方式还有很多，在此不再赘述。

（三）对未来学生生命质量的负责

学生是具有鲜活生命的个体，课堂是学生生命成长的主阵地。生命的课堂上，教师心中有对学生生命的敬畏和尊重，有学生的个性发展、有学生的全面发展、有学生的终生发展……生命的课堂上，教师把学生视为具有真正意义的人，而不是把学生作为知识的容器，考试的机器。生命的课堂上，教师抛弃了功利思想，成绩至上等观念，从尊重学生开始，关爱学生，相信学生，发展学生。生命的课堂上，教师培养学生美好的人性，塑造学生优秀的性格，培养学生优秀的头脑。生命的课堂上，培养的是德智体美劳等全面发展的人，关注的不仅仅是现在学生的生命状态，更关注学生将来的生命状态，使学生成为合格的世界公民。

比如，一堂语文课上，一名刚从山西转来的张凯同学在发言时，声音小，这时，教师发现没有人指出，就问学生：“张凯有哪些地方做得不到位？”王孟同学答道：“张凯同学声音太小，我们听不清。”教师说道：“那怎么办？”学生热烈鼓掌，张凯同学又重新讲述了一遍，赢得了师生的再次鼓励。从上述案例中不难看出：发现学生不到位后，教师不是自己指出，而是抛出问题，真正使学生学会倾听，学会发现问题，培养学生倾听的美德，培养学生发现问题的能力，为学生的做人，创新能力等综合素质的提升奠定良好的基础。

其次，学生指出问题后，教师并未就此罢休，而是抓住不放，表现出教师的品味之高，即：做就做好，追求优秀，立即行动等良好做事风格。学生耳濡目染，长此以往，也必将形成这样的价值观，终生受益无穷。

再次，教师对学生的不到位现象，不是命令和指示，而是鼓励和期待，教师的这种人文关怀，学生在教师心中的重要位置可见一斑。在这种民主、和谐、平等、轻松的氛围中，张凯同学必为其所动，声音洪亮，积极发言，再次的掌声，也必将为张凯同学树立强烈的自信心做好了铺垫。自信心能力的培养不正是张凯同学终生发展所需要的重要能力吗？反之，教师见张凯声音小就不给其创造机会，那么，时间一长，张凯同学自己也会认为自己不行，在学生面前抬不起头来，并且这种印象可能将成为一种不争的事实，同学们这么看，张凯也这样认为。试想这样处理对张凯的不良影响有多深？再者，教师心中装着学生的成长而不仅仅是学生成绩，教师没有因为张凯同学声音小怕影响进度，进而影响成绩而采取不当的措施。

综上说述，这样的课堂用有效是不能完全概括的。在这样的课堂上有效是必然，但是有效却不是目的和最终的归宿，这样的课堂最终是为了学生综合素质的培养，学生全面的发展，有差异的发展，终生发展，幸福发展。使学生能学会做人、学会做事、学会生存、学会合作，塑造学生美好的人性，培养学生的思维品质等。这样的课堂我们就可以称之为“生命课堂”。

二、生命课堂的特点

（一）有效

有效是指教师按照学生的心理、生理、认知规律等办事，顺应学生天性，激活学生潜能，充分调动学生的主动性、积极性、创造性，课堂效果好。

（二）深刻

深刻是指在有效的基础上，学生从知识到能力 、从知识到方法、从知识到规律、从知识到应用、从学会到会学、从知其然到知其所以然，能举一反三，触类旁通。

“把学生当人”，就必须从尊重学生开始，从尊重每一名学生开始，尊重学生的需求，尊重学生的生命，尊重学生的价值，尊重学生成长的规律。“教育即生长”。求知是每个人灵魂里固有的能力（苏格拉底语）。为此教师就应该相信学生，发动学生，给学生充分的时间，让学生自主地去体验、去探究、去合作、去思考。通过自学，通过自我教育，促使其思想道德素质和优秀科学文化素质的提升。

只有“把学生当人”，课堂才有了赏识，有了宽容、有了等待、有了启发、有了帮助……只有“把学生当人”，课堂上学生的主体地位才会真正得以实现；课堂才会成为学堂，课堂才会回归教育的本真。

只有“把学生当人”，教师心中才不会“见物不见人”；才不会只关心进度、只关心教材、只关心成绩、唯独不关心学生的生命、学生的长生、学生的生存、学生的生理、学生的生活、学生的快乐、学生的幸福。

只有“把学生当人”，才能尊重其人格、尊重其作为人所具有的一切权利，人身权、尊严权、话语权、平等权。遇事能向学生征求意见而不是强加给学生；教师做的不到位时，能向学生道歉而不是无所谓；真正尊重学生学习的权利和自由，把学习的时间、学习的自由、学习的权利、学习的快乐、学习的探索过程都给学生。而不是不相信学生，不发动学生，不利用“学生天生有求知的欲望”等规律来进行育人、教书。

不“把学生当人”的教师，往往就要包办、讲解、命令、指示、点评、拓展、延伸、提升……不能与学生和平共处，像家人一样友爱，像朋友一样关心。

“把学生当人”，就是教师心中有学生，有对学生生命的敬畏和尊重，有学生的全面发展、有学生的个性化发展、有学生的终身发展。

“把学生等当人”，就是对学生最基本的尊重，是以学生为本的具体体现，是学生成长的基本保障，是把学生培养成人的基石。

2. 让学生做人

课堂上，知识仅仅是一个载体，课堂的主要任务之一，就是要通过知识这一载体，培养学生美好的人性，使学生成为全面发展的人。

课堂上，教师要通过对学生学习的引领，使学生逐渐地认同人类的美好品性：善良、诚实、谦虚、宽容、坚毅、团结、自主、自强、自信、勇敢、果断、担当、感恩、认真、奉献、创新……并通过实践，使这些美好的品格变成学生们自觉的习惯，让这些习惯形成性格，让这些性格成就学生美好的人生。

教育精英涌入杜郎口中学

课堂上，学生对问题的解读就是自信心的培养；学习小组的划分，就是团结合作意识能力的培养；学生规范、严谨、书写仔细，就是认真习惯的培养……做这些事不是事的本身，而是在为学生的生存、生长、生活、生命负责，为其健全人格的塑造，美好精神世界素养奠基。这样的教育忘记的可能是知识，但终生受用的却是忘不掉的良好习惯、思考的品质、研究的美德等人性中最美好的素养，这才可称得上是真正的教育。

仅把成绩作为教育目的的功利思想与把促使人全面发展，培养学生做人，培养学生美好人性的教育思想相比，二者孰轻孰重，自是一目了然。

四、生命课堂的主要理论依据

杜郎口中学生命课堂——“三三六”自主学习模式简介

（一）生命课堂的内涵剖析——“三三六”自主学习模式的内涵剖析

“三三六”自主学习模式的前“三”为：“立体式、大容量、快节奏”整体性教学。所谓立体式就是：学习目标、任务是新课程要求的三维立体式，将学习任务分配给每个同学、每个小组来完成，充分调动每个学生的主体性，发挥每个小组的集体智慧，展示模块就会有不同层次、不同角度的思考与交流；

所谓大容量就是，以教材为基础，拓展、演绎、提升，通过各种课堂活动形式展现如辩论、小品、课本剧、诗歌、快板、歌曲、绘画等；

所谓快节奏就是，在单位时间内，紧扣学习目标和任务、通过周密安排和师生互动、生生互动，达到预期的多种效果。

后“三”为自主学习“预习—展示—反馈”“三大模块”；

“六”，即展示模块“六大环节”，分别是，预习交流、明确目标、分组合作、展现提升、穿插巩固、达标测评。

预习交流，明确目标的环节，可以通过学生交流预习情况、明确本节课的学习目标；

分组合作，即教师口述将本节学习任务平均分到小组内，一般情况下每组只完成其中一项即可；

展现提升，各小组根据组内讨论情况，对自己组的学习任务进行讲解、分析等；

穿插巩固，各小组结合组别展现情况，把自己组没能展现的学习任务进行巩固练习；

达标测评，教师以试卷或纸条的形式检查学生对学习任务的掌握情况。

（二）生命课堂的课型解读——三种课型的解读

1. 对三种课型的定位

（1）预习课——基础性——对文本的初步感知。

（2）展示课——系统性、生成性——对文本的理解、拓展、升华、创新。

（3）反馈课——完美性——对文本的再理解、再系统（展示课的延伸）。

2. 三种课型的关系

（1）三种课型层次递进，密不可分。预习是基础，展示、反馈是在此基础上进行的；三者你中有我，我中有你，如预习课中，学生把预习的内容用语言等加以表述，此乃展示，学生表达的正确与否，无疑就是给师生的一个反馈信息。

（2）三种课型共性都是凸显学生的主体地位，激活学生的潜能，放飞学生的心灵，让学生愉快地学习，幸福地成长。

3. 三种课型的课时安排

对于三种课型的课时安排，并非上完一节预习课后，紧跟着的是展示课和反馈课，这要看学生的认知程度、文本的难易、文本的容量来定，以是否达到学习目标来定。

4. 三种课型的详细解读

（1）预习课解读

预习课是指用课上的时间，而并非传统意义上的用课下的时间来完成预习任务。虽然不同的学科预习方式有所不同，或编制预习提纲或制定预习步骤或告知预习方法等，但都是使学生对文本有一个初步的感知，从而使学生有充分的时间来感悟、体验、探究、思考知识体系，理清知识的来龙去脉，进而在展示课上对知识进行拓展、延伸、提炼、升华、归纳、总结以及联系生活，联系实际，进行富有新意的文本的再创作。根据学生的预习情况，从而了解反馈信息，真正做到因材施教，使不同差异个体的学生，都获得不同程度的进步，让他们获得自信，体会成功。

（2）展示课解读

展示课上学生完全可以在预习的基础上，浮想联翩、畅所欲言、释放潜能、放飞心灵。在这里，学生的个性得以张扬，才艺得以展示；在这里，质疑释疑，否定创新、思维碰撞、灵感闪现；在这里，思想交流、互相启迪……

（3）反馈课的解读

通过反馈课，把阳光更多地洒向弱势群体，温暖更多的弱势群体，从最后一名抓起，真正做到一帮一、多帮一、全帮一；通过反馈课，查缺补漏，使知识系通化、完美化。

（三）生命课堂的实质——“三三六”自主学习模式的实质

“三三六”自主学习模式是科学发展观下的主体性教育、解放人性的教育、生命的教育。它很好地实现了新课改的意图，落实了科学发展观，真正做到了“以人为本，关注生命”，是生命的课堂，真正实现了学生愉快学习，健康成长的需要，促进了学生的全面发展，个性发展、为学生的终身发展奠定了良好的基础。

（四）生命课堂的理论依据——“三三六”自主学习模式的理论依据

1. 马克思关于人的全面发展理论

①人的个性心理的全面发展；②人的社会属性，即德智体美劳诸方面的全面发展；③人的潜能的全面发展。

2. 科学发展观

科学发展观的核心是以人为本，全面实施素质教育，强调以学生为本，面向全体学生，这是以人为本在教育领域的具体体现，是科学发展观对教育提出的具体目标。

3. 教育本质论

教育从本质上是使人“文化”和“人化”，确立人的独立地位和主体地位的活动，是不断唤醒人的自我意识，反思自我存在以及他所生存的社会，从而批判地建构自我，建构理想中的生活图景的活动等。

4. 素质教育理论

其以全面提高全体学生的基本素质为根本目的，以尊重学生主体性和主动精神，注重开发人的智慧潜能，注重形成人的健全个性为根本特征的教育。

5. 新课改的核心观念

新课改以提高国民素质为宗旨，突出培养学生的创新精神和实践能力，终身学习的愿望和能力等。

6. 人本主义理论

我国传统的以人为本的思想，简言之即“人本、民本”思想，这种观念由来已久，早在《尚书》中就有“为人，万物之灵”，《管子》一书中有“以人为本，本理则国固”等。“人本”思想的核心内容是“尊重人，信任人，发展人”，最终是“为了人”，即以人为中心，以促进人的全面发展和不断完善为目的。对教师而言就要关注学生现实发展的要求，尤其是精神和灵魂塑造的需要。教师要相信每一个学生都是具有生命价值的创造体，富有鲜活生与我自信”、“我快乐我成长”。(学生语)《辞海》上说：教学是指教师把知识、技能传授给学生的过程。而我们认为教学应该是：教师引导学生采取灵活多样的教育教学形式，激活学生潜能，解放学生心灵，在活而有序的秩序下，学生自主地、自发地学习、感知知识、了解技能、寻找方法、总结规律、愉快学习、健康成长的过程。教师习惯在三尺讲台上神采飞扬、口若悬河，指点江山、激扬文字、传道、授业、解惑……教师才华得以展示、激情得以燃烧，心灵得以放飞，但台下的学生们呢？三尺讲台无疑拉大了师生之间的距离，使师生之间从形式上、心理上产生了不平等。教师在三尺讲台上往往有一种超然的师道尊严的感觉，高高在上，是神圣不可侵犯的。讲台的存在使师生难以打成一片，关系难以融洽，教师难以走进学生的心灵。美国著名教育家爱默森说：教育成功的秘密在于尊重学生。爱生是教育者必备的条件，尊重则是教育者实施教育的根本前提。讲台的存在，难说是教师心里装着对学生的尊重。可不知何年何月垒起的三尺讲台一旦被搬走、砸掉，意义则非同小可。它可以让教师从神圣的讲台上走下来，走入学生中间、走进学生心灵，成为平等中的首席。学生才能感觉到自己是课堂的主人，而不是仅仅听命于神坛上的教师。没有了三尺讲台，学生才成为学习的主体，教师才成为引导者、合作者、探究者，指引者……没了讲台，却给学生增加了广阔的平台，使学生由听众变成“主角”，变成“主宰”。没有了三尺讲台，教师就是学生中的一员，只有这样才能激活学生潜质，解放学生的心灵，让学生个体在平等中参与、在平等中探究、在平等中学习、在平等中合作、在平等中竞争、在平等中塑造完美的人格。没了三尺讲台，学生的主体地位得以凸显，学生成为课堂的主人成为可能。没了三尺讲台，使教师转变了观念，他们才会真正以学生为本，关注他们鲜活生命的成长历程，从心理上真正使学生成为课堂的主宰。总之，三尺讲台的砸掉，从教学环境上使师生之间的人格、心理平等成为可能，从心理上确立了以学生为本的先进理念，使以人为本的落实有了明确的目标和方向。

（二）设置四面黑板　落实主体地位

科学发展观的核心是以人为本，全面实施素质教育强调以学生为本，面向全体学生，这是以人为本在教育领域的具体体现，是科学发展观对教育提出的具体目的。在教育教学改革中，一切都要围绕以学生为本来进行，尊重学生、理解学生、关注学生、面向全体学生。杜郎口中学把原来教室内的一面或两面黑板改成了如今的四面黑板，使全体学生都有了展示自己的机会和舞台，每个学生都可以随时随地的到黑板上画想画的、写想写的、抒发自己的真实情感、表达自己真切的感受。学生每个人都能有属于自己的一片天地，在这片天地里，都可以展示自己的才华、体会成功的喜悦，实现自尊的需要。通过与其他同学的比较，也可以借鉴别人的长处、发现自己的不足，悄然无声地、无意识地学习了不少、长进了不少、收获了不少。这种教育不是强迫的，是自发的、自主的、自觉的、自愿的行为。教师通过学生的板演，从而更好地了解每一个学生，真正做到有的放矢、对症下药、因材施教，使每个学生都有幸福的感受，成功的体验。学生带着一种渴望，带着一种自信，带着一种兴奋来到黑板前，你争我抢，争相展示，学生个体的生命感得以淋漓尽致地展现。反馈及时，时效性高，低耗高效，又好又快，学生轻松、愉快、兴奋、紧张、快乐……因为学生通过板演，可以在第一时间里知道对在哪里，错在哪里，省去了中间环节，比课下布置作业不知要好多少，对此学生喜闻乐见，乐此不疲。通过板演，学生书写能力得以提高，中国传统文化意识得到升华和落实。“先生的责任不在教，而在教命的本性的东西被真正释放出来。有了时间作保障，教师可以更好地关注每个鲜活生命的成长历程，对优生的指点，对“潜能生”的帮扶，对中等生的关心，都能很好地得以实现，分层次教学也得以具体落实 。

（四）排列座位为“田字式”激活主体

科学发展观强调以人为本，也就是要促进学生自由、全面、和谐的发展，要关注每个学生的存在和发展，尊重学生的个体特长，重视学生的兴趣和需要，发挥学生的潜能，培养学生的心理品质。一个班集体人数较多，如何保证每个学生都得以关注，得到全面和谐的发展呢？为保证每个生命体都得到充分的关注，使每个学生的潜能都被激活，杜郎口中学根据班级实际情况化整为零，使活动单元缩小化，任务具体化，效益最大化，学生的座位从“插秧式”排列改为“田字式”排列，根据学生意愿，性格爱好、男女比例等把全班学生根据人数多少分成 6 ~ 8 个学习小组，“在小组内采用‘小先生制’鼓励学生互教互学”①，在小组内“他们可以互相激励，互相帮助，一个人的心理可以激励另一个人的心理，一个人的记忆可以激励另一个的记忆”②，而实现其最佳的途径，就是把班集体再进一步划分成小组，采取小组学习方式。小组内充分发扬民主，选出自己组的权威做组长，组长提名一位同学任副组长，小组内同学人人结成对子，互相督促，互相鼓励，互相启发，互相提高。小组长既是学生中的一员，又要充当教师的角色。为保障小组内每个成员都积极主动参与到学习中来，真正释放自己的潜能，放飞心灵，组长可以拿起评比这一武器，统计组员发言的数量，统计组员发言的质量，统计组员创新的见解，

---

① 《布卢姆掌握学习论文集》. 福建教育出版社，1986 年版

② 夸美纽斯《大教学论》. 第 134 页到 135 页

及时公布或张贴，使大家你追我赶，形成强烈的学习氛围。因为教师有对小组的评比，每个组员在组长的带领下合作意识、团队意识、帮扶意识、竞争意识、创新意识都得到极好的加强。人人都力争成为“敢讲小勇士奖”、“明星奖”、“进步奖”、“创新奖”、“特别贡献奖”等中的一员。各学习小组在教师的统筹下，在小组长带领下，人人有机会，人人有事做，人人有榜样，人人有动力。因为学生都有强烈的表现欲望，人人追求进步、不甘落后，争当第一，所以课堂上就形成你不让我，我不让你，争问抢答，争妍斗奇的格局。通过几年实践，“田字式”合作小组的建立，对于学生持久的热情、持久的兴趣、学生智力开发成长，人格塑造，综合能力的培养都产生了深远的影响……

（五）创设三种课型 科学服务主体

真正尊重学生、理解学生，切实减轻学生课外负担是以学生为本、科学发展观在教育教学上的重要内容。怎样才能减轻学生负担呢？

杜郎口中学为了减轻学生负担，首创了三种基本课型即：预习课、展示课、反馈课，通过这三种课型，使学生由对文本的初步感知到对文本的挖掘、拓展、联系，再到文本的新的创作等形成知识链条，使学生对知识的预习、理解、创新全部在课堂内完成，而不再有课外作业，使学生真正从繁重的课业负担中走了出来，使学生身心得到真正的解放。

早在2500多年前，我国古代伟大的思想家、教育家孔子就提出因材施教，如何才能做到呢？通过我们十几年的尝试和探索，发现通过预习就可以很好地实现这种目的。在预习课上，让学生预习，即让同学们在课内的时间内来完成预习目标，而不是在课外去完成。充分尊重学生已有的认知，并在已有认知的基础上，让学生去感悟、体验、探究、思考，感悟知识体系，体验知识的

第二篇　生命课堂的实施

一、生命课堂主要依托形式

（一）小组合作形式

座位的排列方式从“秧田式”改为“田字式”，这样的小组合作形式，目的就是面向全体学生，真正关注每一个鲜活生命的个体成长，自然也大面积地提高了课堂的有效性。采取小组合作的形式，学习的单位缩小化，任务具体化，同时这样做，学生才会更好地合作，大面积的、有针对性的互助才会成为可能，效益最大化才能实现。更难能可贵的是，学生在学习的交往过程中，学生的学习、做事、做人融为一体，浑然天成，相得益彰。

（二）四面设置黑板

四面设置黑板，增加学习的空间，凸显每个鲜活生命个体的主体地位，让每个张扬的个性都得到尊重，让每个前进的足迹都得到赏识，让每个精彩的展示都成为人生的导航……

（三）撤掉讲台

讲台的去掉，不仅从形式上，更从心理上给学生创设了民主、平等、宽松、和谐的氛围，使学生自由成长，自主发展，由“可能”变成“现实”。

（四）“10 +35”时间模式

学生是学习的主人，学生就应该是时间的主人。一堂课中，只有把绝大部分时间还给学生（一堂课45分钟，适当给学生的时间越多越好，不仅仅是35分钟），有了时间，才有了学生的体验、学生的探究、学生的思考、学生的合作、学生的质疑、学生的争论、学生的发现、学生的发明、学生的发展。

二、生命课堂的三种主要课型

（一）预习课

就像著名教育专家、原国家教育部基础教育司司长王文湛所言：杜郎口中学的教改经验可学、可用、可取。那么，杜郎口中学的教改经验核心是什么呢？其核心乃是凸显学生主体地位，激活学生潜能、放飞学生心灵的主体性教育理念。在该理念的引领下形成的“三三六”自主学习模式有其独特的首创性，其中“三三六”自主学习模式中的第一个三是指预习、展示、反馈，那么怎么理解这个“预习”呢？

1. 预习的基础性

预习乃基石，是展示课、反馈课的基石，没有很好的预习，基础就不牢固，就谈不上展示的精彩性，展示、反馈就成了无源之水、无本之木。预习就是要完成对文本的初步感知和了解，一切预习都应围绕之并与目标的三维性和谐而统一。

2. 预习的有效性

不同学科预习的特点各不相同，但通过预习都可以达到有效的目的，如数学的预习课可以编制预习提纲、预习步骤、预习方法等。因为通过预习可以发现知识上的不足，做到有的放矢、抓住重点、便于因材施教、提高学习效率。

3. 预习的时间

杜郎口中学的预习不是在课前而是在课上，就是要在课堂的40分钟内完成预习任务，向课堂40分钟要效益。

4. 预习的课时

根据大纲的要求，根据学生的实际情况，预习可以是以单元为单位，如在大语文观的引领下语文课的预习，可以是一节也可以是两节。又如英语课的预习也可以第一课时预习第一课，第二课时预习第二课，第三课时，展示一二两课预习的内容等。当文本内容不多或文本难度不大时，也可以边预习、边展示、或边预习、边展示、边反馈，像语文、历史、地理等，这时预习就不再是一整堂课，而是一堂课的一个环节。

5. 预习课的操作

以英语预习课为例，其预习目的就是让学生通过不同方法记住生词短语、初步感知对话或文本大意，熟读课文（不同的学生要求不一样）培养学生学习英语的兴趣、培养学生的语感。开始可以让学生尝试读，从而使学生知道自己不会的单词或短语，有的放矢，减轻负担；然后放录音泛读，跟读，等学生达到一定程度后，让学生采取不同的记忆方式，去记单词和短语。或接龙读或依画读或依意读或边写边读或男女对抗读或领读或齐读等，使不同的学生选择适合自己的方式，真正使学生的个性得以张扬，学而不厌、轻松愉快，而不是在教师高压下，采取一刀切的措施，学生都在那里高声喊叫，效率却极差，劳民伤财，得不偿失。对于学生单词记忆的效果如何，必须马上进行检测。一部分学生只要在板面上写的正确规范就可；程度稍微好一点的学生，不仅写单词，还可以围绕刚学的单词写句子；再好一点的学生，不仅仅写句子，最好是围绕一个中心写句子或段落。当然，说话要讲究艺术，千万别说：一般学生只要写出正确的单词就可以；稍微聪明一点的学生可以写一些句子，最聪明的同学如何等等深深伤害学生自尊的话语。所以，教育不仅需要爱，爱更需要艺术。然后老师可提前编制几个有梯度的题目（要让80%的学生把80%的题目做正确，以提高学生的兴趣，提高学生的自信心），让同学们围绕这几个题目，程度好的学生，可以不用看书，直接听录音，听力不好的学生可以边听边看，然后通过听或边听边阅读，完成对于对话或短文的初步感知。由于目的性强，所以学生兴趣浓，效率高，又因为题目照顾到了好、中、弱，使全体学生都有了成功的喜悦，树立了坚强的自信心，同时又培养了学生的听力和阅读理解能力。对于个别不会的题目，大家通过思考、讨论、探究，在认知上就有了一种新的提高，脸上就会不时变幻着对知识的“疑惑”，思路打开后的“惊奇”，得出结论后的微笑……对于还有困惑的问题，就可以作为展示的重要内容来处理。

6. 预习课的备课

上课如此，备课就应该紧紧围绕上课而备，备课的内容，不仅是知识的积累和分析，更重要的是教师要有自己的见地，如预见性困难是什么，如何解决？课堂亮点是什么，为什么要设计这样的亮点？学习措施的优化，多元化的设计及原因，达标测试、备课反思等。

总之，预习课是指用课上的时间，而并非传统意义上的用课下的时间来完成预习任务。虽然不同的学科预习方式有所不同，但都是使学生对文本有一个初步的感知，从而使学生有充分的时间来感悟、体验、探究、思考知识体系，理清知识的来龙去脉，进而在展示课上对知识进行拓展、延伸、提炼、升华、归纳、总结以及联系生活，联系实际，进行富有新意的文本的再创作。同时通过预习了解学生的学习情况，真正做到因材施教，从而使不同差异个体的学生都获得不同程度的进步，让他们获得自信，体会成功。

（二）展示课

中央教科所原副所长滕纯先生称杜郎口中学是“散发着本土性、原创性芳香的教学改革新篇章，充满着民族性、时代性阳光的农村教改好榜样。”那么杜郎口中学课堂成功在什么地方呢？“三三六”自主学习模式中，哪一个课型能代表其精髓呢？当然无疑是预习课、展示课、反馈课中的展示课，那么又如何理解展示课呢？

1. 展示课的特点

(1) 展示课的拓展性

展示课是在预习的基础上进行的，是预习的延伸和深化。通过展示，目的就是让学生能够前后联系，纵横比较，把一节节文本知识这一子系统，归结到其知识网络的大系统之中，使学生既见树木又见森林、归还知识的本来面目，使学生对知识有一个全面、系统的了解，进而达到掌握。

(2) 展示课的创造性

展示课上，学生不仅要学习文本知识，在文本知识的范围内设疑、质疑、析疑、思想碰撞，思维交流，学知识，长智慧；学方法，长能力；温故知新，由此及彼，更重要的是要联系生活，联系实际，结合实践，发现问题，提出质疑、运用知识、加以解决，学生的观点新颖、独到、标新立异、独树一帜。

(3) 展示的价值性

展示是课堂的精髓，学生为展示而学，学生为展示而教，教师为展示而导，教师为展示而引，预习是展示的基础和准备，反馈是展示的延伸和补充，展示是三环节之中的核心。不可没有预习，否则展示无从谈起，但更不可没有展示，否则，预习的效果也不可能得到巩固。学生的才艺、学生的个性、学生激情，在展示课中，将会散发出其灿烂的芬芳，学生自信的目光，满腔的热情，旁若无人的演、唱、画、描、舞、算、作……独到的见解、创新的思维、争妍斗奇，百花竞放，心灵放飞，个性张扬……就像一片云吹动另一片云，一阵风卷动另一阵风，一个学生的积极性变成了全体学生的积极性，你想阻挡学生自主学习，都将是一种奢望，展示真正成了课堂的一道靓丽的风景线。

（4）展示课的互动性

展示课的互动性是指：展示是相互的，是同学们之间思维的碰撞、思想的交流、灵感的撞击、你争我抢、质疑争辩……对于展示的内容，或拓展或提升或否定或联想或补充或找方法或寻规律或谈感悟或谈发现……

通过展示知识更加清晰、认知得以提高、情感得以流淌、个性得以张扬、能力得以培养、生命得以成长……

2. 展示的课时

展示课可以是一节，也可以是两节。若内容较多，需归纳总结的太多，可以多展示几节，具体要视情况而定，要灵活机智，多元化，动态化。

以一节语文课为例，展示课的具体操作，可按以下步骤进行：

（1）回顾板演　适时点评

该阶段可充分利用四面黑板，对不同的学生提出不同的目标要求，使各个层次的学生都能得以提高，从而了解预习的效果，及时、适时地由学生展示目标，并适时进行补充，适时点评，使各个层次的学生都有成功的喜悦。

（2）文本理解　文本挖掘

学生分小组进行学习，不同小组结合自己的学习内容，可就字、词、语句、段落、主旨等说出自己的想法，亮出自己的观点，批判地继承、质疑释惑，或泛读或美读或对抗读或接龙读，形式多元，体会文本意境、语感和内在之美。

（3）文本提升　文本创新

在对文本的理解和挖掘上，要学以致用，联系生活，联系实际，以诗歌或散文或小品或相声或京韵大鼓或京剧或三句半或双簧或唱或舞或描或书等多种艺术形式，进行新作品的展示和表达，生成此情此景下的课堂文化，使学生心情轻松愉快、学习幸福快乐。课堂上，亮点不断、高潮无限、人人参与、人人创新、人人精彩、人人幸福、人人快乐。

（4）点面结合　达标测评

要利用 6 分钟左右的时间，采取点面结合的方式或口头表达，或书面表达的形式，进行效果的落实。点是指：找层次不同的 4 ~ 5 名学生，让其完成精心准备的、不同梯度的题目，让其当堂完成，并批阅。面是指面向全体学生，互改、互评，进而了解学习效果，以调整今后的学习策略等。

3. 展示课的备课

展示课的备课要围绕以上内容进行，要真正体现学生的主体地位，诸如学生预见性困难解决办法，课堂亮点的设计及措施，学习组织形式的多元化等，都要围绕展示而设计。

总之，展示课是杜郎口中学最能体现学生主体地位的课型，在这里学生主动、自觉、自愿、自主，他们敢说、愿说、会说、善说，真正解放了嘴巴，或抑扬顿挫或栩栩如生，或慷慨陈词或激扬文字……他们的心语，让人眼前为之一亮，精神为之一振，深刻地感动了人，深情地打动了人，学生情感得以流露，才艺得以展示，激情得以燃烧，心灵得以放飞，人性得以彻底解放。在这里，学生思想相互沟通、心灵相互交流、思维相互碰撞，灵感得以迸发，浮想联翩，纵横捭阖、左顾右盼、上挂下联……质疑、析疑、否定、推理、归纳、总结、提炼、升华、延伸、拓展、举一反三、触类旁通，思维的敏锐性、深刻性、广阔性、独到性、批判性得以发展。学生见解独到，独树一帜，另辟蹊径，敢创新、愿创新、会创新、善创新，创新能力得到提高。

附：杜郎口中学语文展示课的基本要求

1. 要有充分的预习时间或准备时间，一定要让学生有话可说。课堂因学生的生动而精彩。

2. 学生在准备时若涉及到表达，那么准备阶段就应该音、形、情兼备而绝不是到展示时才有。

3. 学生表达时的音、形、情要逼真，要表达得旁若无人，表达得忘乎所以，表达得得意忘形……这才叫表达到位。

4. 读是基础，要注意读的多元性，或默读或泛读、或美读或唱读、或齐读或对抗读、或分角色朗读等。

5. 创作的形式要讲究多元性如：组词、造句、仿写、顺口溜、对联、三句半、诗歌、童话、寓言、小小说、小说、日记体、剧本等，当然要根据大纲要求有所侧重。

6. 表达形式的多元化：相声、小品、戏剧、双簧、四簧、情景剧、访谈录、歌曲、舞蹈、绘画、戏剧等。

7. 课堂上要有亮点，或辩论赛、或质疑赛、或奇思妙想等，令人惊奇、惊讶、惊叹，让人驻足长留、流连忘返、难以割舍……让学生有乐、有得。

8. 展示的内容应可由读、折、疑、悟、得、作六块组成，当然也可由其他必要环节组成，但共性的要求是要找规律、觅方法、探根源、究真谛……

9. 展示后必须有学生的自动点评。

10. 字体工整、清晰、认真、规范。

11. 注意彩色笔的运用，对重点、难点、易错的地方要予以凸显。

12. 要做到目标与达标的有机结合。

13. 可以采取适当的激励性评价机制，调动全体学生的积极性，消除课堂中不和谐的音符。当然，学生的积极性非常高就不用评价了，也就是说，最好的评价是没有评价的评价。

14．达标测评时，可抽测几个不同层次的学生、或一个小组、或全体等。要适时变化，因人而异。总之，目标要具体、达标有效；学生展示时应多元、精彩；点评时自动、到位；争辩质疑，亮点凸显……整堂课字好、情真、课美。

（三）反馈课

杜郎口中学能率先在一所农村中学走出自己独特的教改之路，能做到真正尊重学生、解放学生、发动学生、发展学生，使学生的主体地位得以凸显，无疑是创新之举，而与之配套的课堂创新举措则是“预习、展示和反馈”的实施，下面对反馈在课堂中的实施略加说明，仅供参考。

1. 反馈的目的性

反馈课的目的之一就是进一步帮助潜能生、提高潜能生、发展潜能生……实施时，可以利用多种多样的形式：“一帮一”、“多帮一”或“全帮一”。可以是小组内的兵教兵、兵练兵、兵强兵等形式，也可以是班内教师指定的学习、竞争、合作对手，也可以是学生自愿组成的“一帮一”等。“多帮一”则是全班几个同学帮扶一个同学，“全帮一”则是全体同学献计献策、群策群力、集思广益，真心去帮扶一个同学，当然老师也是其中的“一帮一”、“多帮一”或“全帮一”中的一员，并对各个帮扶小组提出帮扶标准，从而互相合作、互相竞争、互相比赛、互相比较、互相学习、互相提高……真正实现参与的全体性，体验的全员性，进步的共同性，让每一个鲜活生命的个体都能得到尊重、得到关爱、得到提高、得到完善、得到发展……实现人与人之间的友爱、亲情、理解、宽容、信任、和谐……使课堂充满浓浓的爱的芳香，使课堂充盈深深的帮的厚意，使课堂充实厚厚的善的情意……

反馈课的目的之二就是在知识上查缺补漏。通过预习、展示、如果有些问题仍然得不到解决或很好地解决，就需要师生一起利用反馈课进行知识上的弥补，从而使知识系统化、体系化，使学生学会完善、学会严谨，学会坚持、从而进一步培养学生的自学能力。

2. 反馈课的必要性

所谓反馈乃是对学习过程中存在的问题进行的必要梳理、系统、完善、整合的过程，通过反馈，使潜能生获得自信、体验成功的快乐；通过反馈，使知识成为一个完整的体系，归还知识本来的科学面目；通过反馈，使全体学生形成一个有机的知识体系、夯实“双基”，为使学生学知识，长智慧，学文化，增才干，打下坚实 、雄厚的基础；通过反馈使学生体验到合作共赢，合作共生，合作发展，合作提高。使学生和谐相处，和谐前进，和谐发展，为其情感因素、交际能力等非智力因素的发展奠定良好的基础。

3. 反馈课的课时

反馈课的课时也要视具体情况而定，以完成反馈目标为宜。

4. 反馈课的时间

反馈课可以在展示课后去上，也可以在学完某单元或某章节后去进行反馈，一定要从实际出发，要视情况而定。

5. 反馈课的备课

反馈课的备课要围绕以上内容进行，在凸显学生主体地位的同时，在知识上要查缺补漏，重点突破；在关心弱势群体上，要形式多样，机动灵活，要注意写明查缺补漏的多样化的方式是什么，重点突破的技巧是什么，关心弱势群体方式的艺术性、实效性是什么等，要使反馈真正起到应有的作用，达到应有的效果。当然，备课内容也应围绕反馈课的两个目的而设定等。以一节数学课为例，可按以下步骤进行：

①回顾板演　适时点评。

②重点反馈　弱势帮扶。

③弱势展示　提炼升华。

④小组帮扶　达标测评。

总之，预习、展示、反馈可以是三个课型，也可以是一堂课的三个环节。有时一个小时间段中就既有预习、展示又有反馈，比如，语文课上，让学生通过字典查生字词就是预习，学生给大家读出来就是展示，读的正确与否就是反馈。可见预习、展示和反馈也是你中有我，我中有你，三者并未截然分开。

除此之外，在实际操作过程中，还常常有预习·展示课、预习·展示·反馈课等。

所以，没有绝对的什么课型，要视一节课的内容多少、难易程度、学生理解能力等具体情况而定。当然，预习是基础，展示是在预习基础上的提升，反馈是展示的完善。同时，三者的共性都是在课堂上而不是课下完成的（比如预习课，就是在课上预习而不是在课堂以外去预习），都是为了更好地凸显学生的主体地位，张扬学生的个性，使学生“自由呼吸，自主成长”。

三、生命课堂的48个要素

（一）主体性

主体性是指课堂的主人、主角是学生。一句话，主体性旗帜鲜明地解决了课堂上主人是谁的大问题。这一问题，是区分新课改下课堂与传统课堂的根本之所在，是低效课堂与有效课堂的重要分水岭。主体性问题，实质就是看课堂上在参与时间、参与面、参与空间中参与的主角是学生还是教师，在这个意义上可把教师分成三个层次，即教师参与多课堂活或死，第二层次即教师参与少课堂活或死，第三个层次教师“0 参与”课堂活或死。

课堂上教师完全不参与或“0 参与”做不到的话，但最起码应该做到少参与，使课堂活而有效。分析杜郎口中学的“10 + 35”，实际上就是在时间上给教师的参与作了一个界定，当然这个界定不是绝对的，其含义是：真正把学习的时间归还给学生。比如杜郎口中学在教改初期，为了凸显学生的主体地位，适时实施了一个月的“0 + 45”时间模式，也是想矫枉过正，以启发教师进行角色转换，真正使学生成为主体。又比如杜郎口数学学科，在某一阶段，针对数学课堂，教师参与过多的情况，提出了“封口、暴晒、多元、亮点”八字方针，其中“封口”也是再次强调学生主体地位问题。当然课堂上凸显学生的主体地位，并不是说教师的主导作用就没有了，实际上学习设计离不开教师的主导作用，只不过这种作用是隐形的而已。课堂上当学生远离学习目标的时候，教师要及时“收拢”；当学生的知识面难以解决课堂中出现的问题时，也需要老师站出来予以点拨。比如在初中一节化学课上，初三的学生问及电灯发光是不是一种新物质，电灯发光是物理变化还是化学变化时，教师就要给予明示；当学生点评的高度达不到应有的水准时，教师也应在抛出问题仍然解决不了的时候，进行必要的点评。比如在证明四边形的内角和是360 度时，学生用了五种方法证明，教师就可以抛出问题：这五种方法有什么共同之处？当学生明白后还要进一步抛出问题，这个题的解决给我们今后的思考、做事等有一种什么样的启发？这些都是教师的主导作用的体现。

主体性的实现不是精英式展示，也不是精英们的学习、合作、交流，而是全体同学的学习、合作、探究。仅是精英式就不能实现真正的主体性。这就要求教师关注全体同学，尤其是弱势群体，采取适当方法，去创设必要条件，使全体同学都参与到课堂中来。

主体性的凸显往往包含着师生互动和生生互动，师生互动一定不要太多，生生互动才是课堂文化的主旋律。当然也不要有假的生生互动，如找一个学生作小主持人，代替老师。课堂上，小主持人与众多的学生互动，这也不是真正意义上的互动，仍然是变相的师生互动。

主体性要求教师认清、把握好自己的角色，从尊重学生开始，实现学生的主体地位。因为有了对学生的尊重，教师才不再有过多的参与、不再抢话；学会了等待，学会了宽容，学会了赏识、学会了征求、学会了商量，甚至学会了道歉。

主体性要求我们说课、备课、上课、听课、评课等都要真正体现出学生的主体地位。在课堂上，课堂的一切意图，课堂的一切设计，课堂的一切活动……都是学生自己的事，教师千万要耐住性子，不要瞎搅和、乱参与、要尊重学生、要相信学生、发动学生、鼓励学生、启发学生、激活学生……一定要学会等待、学会放手、学会放心……把学习的时间、学习的空间、学习的自由、学习的权利、学习的快乐全部都归还给学生。就像杜郎口中学的“10+35”模式以及小组合作学习，四面设置黑板，砸掉讲台等都是很好的、必要的凸显学生主体地位的重要方式。

（二）全体性

全体性也叫全员性，是指学生在课堂上的参与是全体学生而不是性格外向或者说是学习成绩相对较好学生的精英式展示，而是全体同学，否则，课堂教学就失去了教育的公平，一部分学生也因此失去了学习的权利，这些学生的生命尊严也就得不到应有的尊重。

实现学生参与的全体性方法有二：其一是划分学习小组。如果要使学生全体都参与成为现实，仅仅是全体同学都到讲台等聚焦处来展示是不可能的，同时也是低效的。比如，一节课以40分钟来计，假设一个班级中的学生，也正好是40名学生，如果每一名学生都来展示，那么，每一名学生最多只能展示1分钟。试想，每人1分钟的展示效果会怎么样？不说想必大家也一定知道。所以，若想实现全体参与，必须是学生人人有事做，事事有人做才可以。为此，就可以把全班按照一定的标准分成若干小组，每组成员的人数，视班级人数的多少而定，或四人一个小组，或六人一小组等，这样，每一小组的成员，在小组长的安排下，或自学或讨论或合作或探究，每一名同学在小组内都可以真正体验学习过程，发表自己独到的见解，张扬自己鲜明的个性，放飞自己的梦想，自由地呼吸，快乐地成长。这样，通过划分小组，使每个学生都可以在小组内有学习的空间，展示的机会，这样就有利地保障了学生的全体性参与。

其二是成立互助组。互助组主要是指在小组以内，根据自愿的原则，两人组成互助小组，坐在邻近的位置上，以便于进行互助、合作、交流。比如，对于学习内容，通过每个学生的自学，对于自学解决不了的问题，就可以充分利用互助组的形式，在互助组内把问题解决，真解决不了时，再求助于四人小组等。这样，也利于每个学生真正投入到学习状态之中。

互助组的形式多样，只要学生乐意，互助组可以是一个，也可以是多个，只要学生自愿，这些都可以去尝试。

在评价的初期，对于互助组的情况要进行捆绑式评价。比如，第一节课时，甲互助组的课堂达标率是多少，经过几天后，达标率是否提高；当然也可横向比较。比如比较甲互助组与乙互助组之间的进步性等，从而调动学生学习、合作的积极性，最终实现学生的全员参与。

当然，教师在课堂上，对积极性不高的学生，要给予高度关注，真正走进这些学生心灵的深处，搞清原因，区别对待，给予机会，悉心关注，跟踪帮扶，真正使班级中的每一名学生，都能愉快学习，幸福成长。

（三）展示性

展示是指学生对已预习内容的重点、难点、困惑以及需要强化的、举一反三的知识的讲解、拓展、质疑、互动、系统、提升的过程。课堂上学生灵性的放飞、个性的张扬、自由的呼吸，自主的成长等都将通过展示的环节，淋漓尽致地表现出来，也是学生生命力迸发、灵性飞扬、教师预设不到的“亮点”、教师预想不到的“奇迹”闪现的时段，是课堂的最大看点。

展示是学生求知欲形成的动力。学生天生就有一种强烈的求知欲望，这种强烈的求知欲望，能不能持续地发展下去，那就要看这种求知欲形成的表现欲能不能得到很好的实现。展示的设置，可以使任何一名学生都有表现的机会，从而通过展示，真正使学生的求知欲得到源源不断的动力。学生为了获得同学们的认可，为了证实自己的实力，必然会积极学习，认真思考，对学习产生一种强烈的兴趣，并且因展示的久远而持久。

展示是学生表现欲实现的窗口。著名心理学家威廉·詹姆士说过：“人类本质中最殷切的需求是渴望被肯定。”学生通过展示，讲一讲、练一练、议一议、争一争、辨一辨……或拓展或质疑或联想或提升或发现……学生自由呼吸，灵性放飞、个性张扬、人格铸就、创新培养、习惯养成。对于这些，教师是一个赏识家，是一个宽容者。赏识学生，哪怕是一丁点的长处；宽容学生，哪怕是不可理喻的常识性错误，这些都将促进学生身心愉悦，健康成长。

展示是学生发现、发明、发展的奠基。展示是开放的、展示是民主的、展示是和谐的、展示是平等的……比如，一次学习初中化学《分子的性质》时，同学们竞相参与，勇于表达，敢于质疑，善于联想，当一名学生说道：10ml 的水与 10ml 的酒精混合后可得到 19.8ml 的液体，20ml 的水与 20ml 的酒精混合后可得到 39.7ml 的液体时，一名女同学就提出疑问：水和酒精混合后的液体体积总数有没有公式？对于这一问题，不管有没有公式，这位女学生的这一问题，无疑类似于牛顿发现苹果落地，发现万有引力定律一样重要。类似事情在展示的环节层出不穷，为学生将来的创新发明、发展打下了坚实的基础。

展示是学生进步的起点。同学们之间围绕一个问题质疑争辩，你方唱罢我登场，思维碰撞，思想交流，灵感凸显，能力提升，或因参与豁然开朗，或因参与茅塞顿开，或因参与反省自强……展示的存在与学生的成长同在，与学生的进步并行。

展示是学生获得幸福的基石。通过展示学生的才艺得到淋漓尽致的体现，学生的表现得到学生或教师的赏识，学生心中自然有一种成就感，有 种自信心，同时心中拥有一股幸福的暖流。所以，通过展示，学生的学习就是幸福的、快乐的，充满阳光的。

除此之外，通过展示，同学们的语言表达能力、应变能力、发现问题、分析问题、解决问题的能力、思维能力、合作能力、赏识能力等都可以得到不同程度的提高。

展示要注意其价值性、有效性、互动性、准备性等。展示价值性是指：展示的内容一定要有所选择，不是任何知识都需要展示。展示的内容重点应该是困惑的问题，通过对这些问题的全方位、立体式的剖析、解读，纵向联系、横向比较，分析归纳、总结提升、变式练习，艺术强化，从而达到展示的目的。

展示的有效性是指：展示要有实效性，真正使学生通过展示，使知识得以应用，能力得以增强，习惯得以培养……不能为展示而展示。学生不能是任务式展示，学生仅仅忙于自己的任务，而不顾及其他同学的展示等。

展示的互动性是指：不展示的学生与展示的学生之间要有质疑、补充、联系、拓展、提升等，从而实现知识的共享，实现学生对知识的真正理解，实现学生的能力的提升，实现学生的综合素养的提高。

展示的准备性是指：为了展示，为了使“展示”的内容精彩、深刻、独到、广阔等，学生要进行必要的思考、交流、合作等准备，准备的过程就是再次学习的过程，就是提升的过程，就是创新的过程。所以展示前的准备是必要的。没有准备的展示是没有内涵的。

总之，必要的准备是展示的前提，准备不充分，展示也就失去了应有的光彩。展示是课堂的精髓，精彩是展示的特点，不精彩不叫展示。提升是展示的目的，不提升，展示就没有了存在的价值。课堂中不能没有展示，没有展示，学生的生命感就体现不出来，没有了生命感，学生的健康成长、学生的全面发展就会黯然失色。

（四）互动性

互动性是指：课堂上师生之间、生生之间的交流、质疑、争辩、补充等。课堂上师生互动越少越好，生生互动是课堂文化的主旋律。

在新课改的理念下，教师参与的少了，但也有一些现象值得大家关注。比如课堂上教师被小主持人代替，课堂上小主持人与学生之间交流碰撞，一问一答，或同学们走马灯似的来到黑板上，你方讲完我登场，展示、展示、展示……或者有的学生讲后，其他同学有补充、有归纳、有提升、但似乎是事先安排好的、缺少了生机和及时的思维碰撞等。实际上这些都是因为缺乏了真正的生生互动造成的。

生生互动是课堂的文化主旋律。当然生生互动并不是说没有师生互动，但师生互动却不是主旋律，师生互动，仅是支流，生生互动才是干流。（当然要防止个别学生充当老师角色，进行所谓的生生互动，这实际上是变相的师生互动，这是要不得的。）

课堂的互动性就是由生生互动来体现的。课堂上十几至几十个学生在一块学习，本来就是一个群体学习行为过程，也只有学生在自学的基础上，让学生在拥有了自己的思想、观点、疑惑后，通过生生互动，才能实现思想的交流，思维的碰撞，情感的流露，心灵的放飞，才艺的展示……也只有这样，大家的认知结构才会得以提升，健全性格得以养成，良好习惯得以形成……所以生生互动是课堂的重头戏，没有了生生互动，就没有了课堂存在的价值性。同时互动的存在，也是学生作为人，实现其社会属性的重要途径。

所以课堂上，学生是主角，是主体，是学习的主人。师生互动过多，会喧宾夺主，生生互动才是课堂文化的主旋律。所以课堂上应该看到的是：学生展示、学生点评、学生讲解、学生质疑、学生分析、学生归纳、学生追问、学生提升、学生拓展、学生演示、学生练习、学生讨论、学生表演、学生绘制、学生讨论、学生争辩、学生互助、学生探究……学习的权利，学习的自由，学习的快乐，学习的空间等都真正归还给了学生。

通过生生互动，学生的学习活动或个体之间或群体之间或个体与群体之间，因交流而提升、因碰撞而感悟、因帮扶而和谐、因竞争而进取、因自主而创新、因和谐而平等、因宽松而愉悦……

实现生生互动的途径：

首先，教师要创设一种宽松、和谐、平等的民主氛围，让大家充分自学，让学生都有话说。要坚持课堂无错论，言论自由等。

其次，在互动的内容上，开始时，教师可以告诉学生，可以围绕哪些内容去说，是温故知新、寻找规律、还是探究方法；是联系学生已学过的知识，还是联系生活、生存、生命、生长，还是联系过去，现在、甚至未来；是谈感悟、还是谈创新、作品的生成等。

再者，评价调动。教师可采取灵活多样的形式，来调动学生互动的积极性，比如激励赏识、评价积分等。

互动的注意事项。当然学生在生生互动的实施过程中，教师要注意互动的内容要紧紧围绕目标，要注意对活而乱、活而无序的及时调节，注意生生互动的主动性，而不是任务安排的被动性等。如果教师注意了这些事情，通过生生互动，课堂上一定可以使学生人人参与、个个展示，心灵放飞、享受学习、健康成长。

总之，教学是学校的中心，课堂是中心的核心，展示是核心的精髓，互动是精髓的灵魂。

附：课堂互动点滴

学习是学生个体行为，更是学生群体的行为，正是由于有了学生群体的行为，才构成了课堂文化互动的高效运转，使学生个体的智慧得以丰富，学生的个体创新得以实现。也正是通过互动，实现了学生的社会属性和自然属性的和谐统一，为使学生成为一个全面发展的人，奠定了良好的基础。

有关生生互动的认识：

1. 互动的前提是教师的放手

2. 互动的条件是民主的氛围

3. 互动的基础是倾听

4. 互动的动力是学生兴趣盎然

5. 互动的关键是学生有话可说

6. 互动的实质是思维的碰撞

7. 互动的核心是深度思考

8. 互动的内涵是人性的培养、思维的训练

9. 互动的结果是认知结构的变化

10. 互动的目的是学生的全面发展

（五）个体性

个体性是指学生学习主要以个体为单位，学习的形式或一个人的自学，或个体与个体之间的合作、交流、探究等。

个体性是实现学生个性发展的需要。学生在课堂上的自主学习、自我认知的教育是最好的教育。任何外在的教育只有施加于个体，经过个体的理解、消化，才有可能内化成自己的东西。所以个体性学习是基础，有了个性化的学习，合作学习才有了必要性、针对性、价值性。即使是合作性学习，最后也要再通过个体化学习，才能形成个体的、完整有效的知识或能力体系。

增加个体性学习机会。课堂上应尽可能减少群体与群体之间的互动，否则，学生的每一个鲜活生命的个体质量就不能得到尊重，浑水摸鱼的多，因材施教的少。只有个体与群体，尤其是个体与个体之间的互动，才能真正使学生的个性化教育成为可能，使学生的积极性、能动性、创造性被挖掘出来，为学生的终生发展奠基。比如课堂学习中的小组之间的比赛，齐答等都不利于课堂效果的提升，更不利于学生生命的健康成长。

当然，课堂学习中，并不是没有群体与群体之间的合作、互动等，但却不是课堂学生学习的主旋律。

（六）关爱性

关爱性就是指课堂上，教师心中有潜能生的个性发展、潜能

生的全面发展、潜能生的健康成长。

提高认识。课堂上教师的主导作用如果不到位，没有注意到潜能生，那么课堂上往往成为精英式展示，时间一长，潜能生就会更弱，教师就不能真正体现面向全体学生，关注每一个鲜活个体的生命现状和终生发展。

实现关爱性的途径。教师有了这种强烈的意识，就会有各种各样的办法。比如多种形式的互助小组、小组内的两人互助组、小组外的两人互助组等。通过这些形式，使每一个学生都不是孤立的学习者，而是一个小团体或一个大团队内的一分子。比如采用捆绑式评价，对某一名学生的评价不仅看本人，而且评价其所在小团队或大团队的进步性，从而增强互助效果。再比如每个小组在安排上，可以让潜能生去讲解基本知识，让中等生点评，让优等生提升，从而使人人有事干，人人受关注，人人能体验，人人能进步。

在评价上，对于参与较多的学生可以婉转地告之，在参与若干次比如三次后，就可以把机会让给其他未参与同学；也可以对表现积极的潜能生多给一些分数。比如对一个中等问题，潜能生回答后，可以给 10 分，而优等生回答只给 5 分，让优等生从规律方法上多用力，同时也给潜能生更多的机会。对于小组的评价，可以统计小组内每个学生参与的次数，以此来激励小组内的所有人员积极参与，让每个人都知道人人参与的重要性。

在态度上，教师心中有学生，不仅有优等生，更有潜能生，这样教师就会心中无差生，使所谓的差生成为后续发展势头猛进、前进空间巨大的潜能生。课堂上不存在什么帮扶组而是互助组等，因为帮扶名字的本身就伤害潜能生的自尊心，使他们抬不起头来。

教师对潜能生要给予更多的关注、更多的赏识、更多的宽容、更多的期待，这些关爱不仅仅局限在课堂，而且也包括课外，不仅是嘘寒问暖，更是心灵的慰藉和鼓励。

在课堂上要特别关注潜能生的心理、心态、情绪等，课下也要继续关注和跟踪。当然除此之外，还有很多方法，比如：引领上，为了真正使教师关注潜能生，学校可以采用积极的引领方式比如实行教师所任教班级后三分之一同学综合素质评定，要占教师业务考核的80%，从而使教师真正意识到对潜能生高度关注的重要性，进而真正从引领的被动走向积极的主动，从无奈的举动到积极的行动。当然除上述方面，还有很多方式，而这一切都是在说，课堂上没有潜能生的参与不行，没有潜能生的主体思想不行，没有他们，课堂就不会成为课堂，课堂就走偏了。

（七）赏识性

赏识性是指教师心中有对学生生命的敬畏和尊重，教师能够从学生心理的需求出发，遵循客观规律，及时捕捉学生的闪光点进行鼓励、称赞、认可，是教师尊重学生主体地位的必然。没有赏识的课堂，根本就体现不出学生的主体地位，学生的主体地位理所当然就应该有教师的赏识，如果没有赏识，说明教师还是没有把学生真正当作课堂的主人。

赏识性是课堂有效性的艺术手法之一。赏识促进师生和谐，增强学生兴趣，是实现学生主体地位的必然要求，没有赏识，学生的主体性就不能很好地落实。

赏识性是建立师生关系的重要手段之一。赏识是创设良好氛围的手段之一，是教师主导性的隐性体现，是对学生的一种认可行为，是对学生爱的一种保底体现。比如对于最先表现的如，第一个发言的、第一个讲解的、第一个质疑的、第一个创新的；又比如对于需要鼓励的、进步大的、表现突出的等都需要及时进行赏识，使学生得到认可，使学生的表现欲得到满足，学生的尊严得到体现。学生也将因被赏识而自尊感增强，因自尊而自信，因自信而幸福，因幸福而快乐。学生从内心深处“亲其师、信其道”。

不过，有的课堂上，学生虽然有出色的表现，可是教师却没有发现或发现了也懒得赏识或头脑中根本没有赏识的意识，更不用说拿放大镜去看学生的优点了。这些都是教师不尊重学生的体现。

附：杜郎口中学赏识的几个原则

1. 变化性

教师的赏识语要富于变化，切忌廉价。比如每当学生回答正确问题时，如果教师总是千篇一律地说：你真聪明或者说你真棒等等，就会形成这样的误解：学生不说的时候就不聪明，是笨蛋?这样赏识学生，长此以往，不仅不会达到赏识的目的，反而会深深地伤害学生的自尊心、上进心。

2. 及时性

教师在进行赏识时一定要及时，只有这样才能使学生马上感觉到成就感，幸福感，从而进一步激活学生学习的内在动力，使学生的学习热情得以持续地保持。切莫为了进度，错过赏识的机会，等意识到后，再进行赏识，效果已经大打折扣，为时晚矣。

3. 科学性

科学性是指赏识要体现学科的特点，不要不论什么学科都是：“你真棒”、“你好聪明”，空话、套话、假话，时间长了根本起不到应有的作用。要注意其科学性，要体现出学科素养。如语文课上，当学生诵读文章时，表现的好，好在什么地方，在赏识时就要体现其学科性。或称赞该学生读得声情并茂、感情真挚、语速适中、抑扬顿挫；或称赞该学生读得声若洪钟，感情充沛；或称赞该学生读得音、形、情和谐统一，浑然一体……又比如数学课，在赏识学生时就可以称赞学生或运用了数形结合的思想、转化思想、化难为易思想，化繁为简的思想……或称赞联想丰富、思维广阔、能一题多解；或称赞学生运用了逆向思维、多元思维……真正体现出数学学科的特点。

4. 独立性

教师在赏识学生时一定要就事论事不要附带条件。比如在一节语文课上，有一位叫杨行的小学生，在黑板上配合文本所作图画特别新颖、形象、生动。这时教师表扬道：杨行小同学真不简单，画得色彩斑斓，形象逼真……虽然他的学习不是太好。哎！怎么有这样的教师，这样做无疑是在向学生说：杨行小同学，虽然画画得好，但是学习太差，我不喜欢他。这则事例充分说明教师在赏识学生时，要就事论事，切莫附加条件，否则使赏识的作用不复存在，有了赏识，反而起反作用。

5. 真诚性

教师的赏识要出自内心，发自肺腑，是真情实感的自然流露，是从心底发出的、对孩子由衷的喜爱和赞赏，而不是应付，走形式，敷衍搪塞，为赏识而赏识。

6. 夸大性

人性中本质的需求就是渴望得到赏识、尊重、理解和关爱。教师要善于捕捉学生在学习中的闪光点，或一句赞赏的话语，或一个微笑的示意，或一个幸福的点头等。目的就是强化赏识的功能，使学生变得越来越自信、越来越快乐、越来越阳光。

7. 辩证性

辩证性是指赏识的运用不是越多越好，而是要适时、适情而定，适可而止，不可滥用。

8. 实效性

赏识是对学生尊重和关爱的一种具体体现，在进行赏识时，要注意赏识的有效性，及时反思，及时提升，真正使每一次赏识都能发挥它的最大效能。

9. 多样性

多样性是指赏识的方式可以是语言赞美，也可以是一个微笑、一个点头、一个拥抱等。

10. 力度性

赏识要大张旗鼓，不要扭扭捏捏，尤其是在开始阶段。比如一节作文讲评课，学生甲通过修改学生乙的文章，把乙的文章题目《超越自我》改成了《快乐的自我》，并且从立意谋篇、结构布局、遣词造句等方面进行了阐述。教师如果没有进行赏识，绝对是一种教育的悲哀。试想：学生能做到此，是何等了不起！教师对学生的尊重的重要方式之一就是赏识、大力赏识，极尽夸张之能事，就是要让学生有一种幸福感，有一种成就感，有一种学习带给他的快乐和美好的感觉。这不仅仅是对甲同学，而且对全体同学也是一种良好的真实的教育。当然，在这里赏识的内容还包括甲同学做事认真、做事有根据，有自己的逻辑思维等，这些都要让学生心知肚明。

（八）激活性

激活性是指课堂伊始阶段，教师要采取适当的方法和策略，使课堂迅速进入主题，使学生迅速进入学习的亢奋状态，使学生产生强烈的学习兴趣。

课堂开始时，学生的精神状态往往需要一定时间才能稳定下来，这时如果教师充分发挥其主导作用，进行有效的教学组织，或设置悬念或情境导入或故事引入，从而把学生的注意力吸引过来，使课堂上的每分每秒都得到充分利用，使学生全身心地投入，这才是对学生学习权利的一种尊重，对学生生命的一种敬畏，对学生主体地位的尊重和落实。比如，初中化学课本在学习二氧化碳一节时，就可以让大家来猜一个谜语：左边月儿弯弯，右边月儿圆圆。（打一个常见气体的化学式）。又比如学习碳酸钙的有关化学性质时，可以借用明朝诗人于谦的诗“千锤万凿出深山，烈火焚烧若等闲，粉身碎骨浑不怕，要留清白在人间”，从而引起同学们强烈的学习兴趣，同学们的求知欲望马上就被调动起来。

现实的课堂中，教师往往忽略开场白的设计或过于平淡，不能吸引学生的注意力，学生不能产生兴趣，或根本就没有兴趣。学生在课堂伊始就游离于课堂以外，课堂的效果大打折扣，学生的学习权利因厌学而失去。

课堂伊始的激活意义非同小可，它是教师教育思想的映衬，是教师对学生尊重的折射。

激活性要求教师要精心备课，优化方案，忍疼割爱，敢于取舍，用最新、最奇、最巧而又紧紧围绕目标的方案来达到激活的目的，或生活化激活或情景化激活或趣味化激活等，从而实现好的开头等于成功一半的目的，进而实现对学生生命的尊重。

（九）民主性

民主性是指学生学习的氛围是平等的、和谐的、宽松的、科学的、自由的。同学们可以畅所欲言，质疑争辩，拓展延伸、浮想联翩、自由呼吸、心灵放飞、个性张扬。教师仅是一名指导者、启发者、合作者、引领者、服务者……绝不是命令者、指示者、独裁者、霸权者、强调者……

民主性是教师对学生的一种尊重，是以学生为本，关注学生生命的体现。是实现学生主体性的必要条件之一。没有民主，学生的主体性就难以实现。

民主性要求教师要尊重学生，要把学习的权利、学习的自由、学习的空间、学习的话语权、学习的过程、学习的快乐、学习的幸福等都真正归还给学生。

民主性要求教师要相信学生，利用学生，发动学生，发展学生。教师对学生要放心、放心、再放心，这才是对学生的真正尊重。

民主性要求教师要设法调动学生的主动性、积极性、创造性，激活学生的思维，开发学生的潜能，这才是教师的职责和权力。教师越勤快，学生越懒惰，教师越懒惰，学生越勤快。教师要相信学生，揣着明白装糊涂，大智若愚；学会“偷懒”，做一名智慧型教师。

民主性要求教师要学会倾听、学会征求、学会商量、学会道歉。有了这四个学会，师生之间的关系才会真正和谐、融洽、平等。学生在这种环境下学习，学生是自由的、快乐的、幸福的；心情是愉悦的、阳光的。此时此刻，学生的创新能力，学生表达能力、学生的情商、学生的智商，才能得到最大限度的提升，学生的个性发展、全面发展、终身发展才能得到最好的实现。

（十）宽容性

宽容性是指课堂之中，对于学生学习过程中的认识的浅显、理解的片面、讲解的肤浅等，教师能够充分理解，真正包容。

学习的过程就是学生出错的过程，课堂就是“错堂”，此时学生该出的错没有出现，教师怕影响学习进度，不让错误出现，或出现以后，教师急于讲解，不给学生思考时间，学生就不会有自己的体验、有自己的感悟，学生学习的权利就无情地被教师剥夺，学生的主体性就会丧失，同时，学生的错误还会重演。

教师要针对学生的错误，要正确对待，要积极面对，而不是遮遮掩掩，要把错误当作一种优质资源，要错中取胜，化腐朽为神奇。教师对学生的错误，不要不加思考，要么不处理，要么就大包大揽，自己沉不住气，自己给学生说出答案，使学生丧失了一次学习的最佳时机，下一次，学生遇到类似的问题，仍然是目瞪口呆，错误重演。

当出现错误时，教师要充分珍惜，要给学生充裕的思考时间，要让学生充分思考、全方位思考、深入思考。只有这样学生才会真正理解，彻底搞清弄明。此时教师的放权、教师的等待、教师的智慧，才会换来学生各方面能力的真正提升。

课堂教学中，教师不宽容的教学案例很多，比如，语文课上，当学生表达不精彩时，教师不是鼓励而是再换他人表达；表达不精彩的学生却没有了机会，实际上，这就是教师的一种不宽容的表现。教师应该鼓励学生，自己或让学生指出不精彩的地方，是情感不饱满，语速过快、还是声音过小等，如何改正这些，然后再让这位学生试一试，只有这样，全体学生的语言表达能力才能逐步提升。诸如此类的现象在现实的课堂上很多，举不胜举。

宽容性要求教师，对待学生要有宽广的胸怀，博大的胸襟，先进的理念，冷静的思考，人文的行径，等待的目光。让学生去探究、去尝试、去体验、去质疑、去发现、去想象、去归纳、去总结、去提升……决不能越俎代庖，剥夺学生学习的权力。

宽容性是教师是不是真正尊重学生，是不是按认知规律做事的重要体现，教师一定要处理好这一问题，体现教师的宽容性，体现学生的主体性。

（十一）激情性

激情性是指教师在课堂上要精神饱满，全身心地投入，与学生“同呼吸，共命运”。激情是爱的流露，是对学生心智的点燃，是对学生生命的尊重。

现实的课堂上，不时看到有的教师萎靡不振，不知什么原因分心走神，全然不顾学生的感受，这怎么说也是难以理解的。教师就像运动场上的教练员看比赛，又像导演在拍摄一部人生大戏。每一位教练员、导演都会全身心地投入，更何况，比赛输掉，可以东山再起，节目不好可以推倒重拍，可是学生的成长有彩排吗？

激情性的意义。教师节节富有激情，就是给学生一个良好的信号，教师很愉快，教师特别阳光，教师特别乐观。长此以往，耳濡目染，潜移默化，学生就是教师的影子，学生就会处事乐观，对生活、对未来充满了美好的憧憬。

激情性对教师的要求。一是教师要提高认识。有的教师自以为自己的一举、一动、一笑、一颦无所谓，不在乎，不注重。实际上，情绪是互相感染的，一个不苟言笑的教师，整节课面孔绷得紧紧的，不知道笑为何物的教师所创设的课堂氛围，学生哪里敢有个性的张扬，心灵的放飞。要知道，教师的微笑对自己是阳光的心态，对学生是一种温暖的尊重。一名没有激情的教师，很难说他对学生会有什么尊重。二是教师要情绪高涨。要用自己的激情点燃学生的热情，用自己的心灵唤醒学生的心灵，用自己的真诚感染学生的心扉，用自己的微笑换来师生关系的和谐。因为课堂是生命和生命的对话，是心灵和心灵的沟通、情感和情感的交流。三是要注意坚持，始终如一。四是教师要加强修养，提升品味。

（十二）艺术性

课堂的艺术性是指课堂中问题的解决方法或解决形式要富有创造性。艺术性是思维多元化下的一种优化。

艺术性乃人智慧性的重要表现。课堂是培养学生智商、情商的学堂，教师看似从事的脑力劳动，倘若在备课中体现不出教师的艺术性，则脑力劳动就无从谈起。所以说，在备课中，教师必须体现出课堂教学的艺术性，多些策略和方法，少些生硬和直白。

1. 艺术性分类

课堂教学中，以教师的教学艺术为标准，可把教师分为四个层次。一是杰出的教师是“激发”。通过激活学生的思维，激发学生的兴趣，诱发学生的动机，学生自发、自动、自觉、自愿地去学习；二是优秀的教师是“启发”。通过启发，让学生有所悟、有所学、有所思、有所得……三是一般的教师是“直发”。通过直接发表言论，直接表白，开门见山地发表想法、见地，不管你想不想听，愿不愿学，我直抒胸臆，真情告白；四是最差的教师是“生发”。即生硬地说教，强硬地表白，不容不同意见，不容相左看法，不容你反对，我行我素，以我为中心，绝对霸道，绝对权威，绝对主体兼主导。

2. 艺术性地设计

（1）课堂导入的艺术性设计

高明的教师往往课堂开始后，学生便会很快便进入学习状态。而一般教师的课堂，往往课上了很长的时间，学生才“苏醒”或“沉静”下来。这就要求教师备课时心中有数，胸有成竹，匠心独运，或趣味导入或情景导入或生活化导入等，目的只有一个，就是快速地激活学生，让学生兴趣盎然，让学生迅速进入学习状态。比如，在学习初中化学科学探究的有关内容时，设计如下的导入：请同学们想一想：楼上发生火灾时，是高姿势逃生还是低姿势逃生好？问题的提出，贴近生活，使学生产生了浓厚的学习欲望，凸显了科学探究对生活的重要意义。

（2）课堂环节的艺术性设计

课堂环节的设计，以一节语文课为例，读·析·悟·作，“一读一析”，“一动一静”，“一悟一作’，”一动一静”，动静结合，张弛相依。学生既有紧张的学习，积极的思考，又有宽松的氛围，愉悦的体验。一个个鲜活生命徜徉其中，学生合着韵律的节拍，智商、情商等在愉悦之中快速提升。

（3）课堂结束的艺术性设计

在课堂结束时或高屋建瓴，纵观全局，或整合所得，谈收获或不足，进而指明今后课堂学习的方向或提出问题，发人深省，诱导学生进一步学习的强烈学习动机等。

（4）细节处理的艺术性设计

①不为而为的艺术。

课堂上，学生讲解时，往往不面向同学，而是后背对着同学。这时教师是生硬的命令，比如同学们：面向同学讲解时，一定要面向同学，还是将生硬命令变为婉转的提醒：一会我要让张云同学查一查，讲解的同学讲解时，与大家交流了几次眼神……不温不火，疏而不堵，曲径通幽，妙不可言。因为只要交流的眼神次数多，才有可能保证面向大家讲解的次数多。

②艺术性强化。

小学一年级的学生，在记忆“鸟”字时，有一些学生忘记“鸟”中的点。老师若采用命令式，让学生把“鸟”字写十遍或二十遍等，则是机械、呆板、毫无人文关怀的举止；是生硬、讨厌、毫无情感因素的行径，这是最不负责任的做法，这是最没有爱心的表现。孩子是怎么做的呢？有的是先把“乌”写十遍，最后加上点；有的是满脸不高兴地写；有的逆反，根本就不想写……为什么？因为没意义。真是难为孩子，让孩子遭罪。但是如果动一动脑筋，运用点智慧，讲究点艺术，效果就大不一样。如让孩子想一想真实的鸟：“鸟”有哪些地方像“点”，孩子可能说很多地方像“点”，如眼睛、头、吃进的米粒等都像“点”；也可让孩子想象一下：给孩子一只鸟，让他放飞，则“鸟”就会越飞越高，问孩子：这时，鸟像什么，想不出来就问是像“鸟”还是像“点”等。我想，这样从不同角度、不同侧面让学生去想象、去体验这个字，一定是记得特别牢固。因为这样记忆既有了趣味性又有新奇感，又合记忆之道，既有兴趣又有动机感，学生愿学、乐做，效果能不好吗？又如：三国故事中，关羽水淹七军统帅于禁，有时人们常常记不住统帅于禁的名字，或记住了却易忘记。如果我们由“水”联想到“鱼”，鱼与于是同音字，这样一下子就记牢了，因为这样记忆，把左右脑之间联系了起来，建立了一种比较深层的联系，符合记忆之“道”。这就是艺术的魅力，这就是艺术的光芒所在。

（5）语言的艺术性设计

在英语课堂上，学习了单词后，为了检验同学们的学习效果，一名教师曾这样说道：一般学生可以写单词，稍微好一点的学生可以造句子，优秀的同学可以围绕单词造句子。试想：这样人为地把学生分成了三六九等，岂不是使学生的心灵受到深深的伤害？哪里还存在和谐的师生关系呢？学生没有了人格的尊严，谈何愉快学习，幸福成长呢？教师们为什么不换一种处理方式呢？完全可以说：一部分同学可以写单词，一部分同学可以围绕单词写句子，一部分同学可以围绕一个中心写多个句子。这样，每个同学都可以根据自己的掌握程度，来自由书写，没有“优秀”、“一般”的干扰，学生的强烈表现欲望都被诱导出来。你认为不优秀的学生是变化的，上一节不优秀，这一节可能会围绕一个中心写多个句子，给你带来意想不到的惊喜。而这一切的形成，都与教师先进教育理念下的语言的艺术性设计有关。所以，教育无小事，事事总育人。这就要求我们教师要心中有学生，胸中有艺术。

（6）留白性艺术的设计

像国画一样，留有空白，会使人产生无限的想象。课堂上也应该给学生认真思考和感悟的时空，让学生去整合，让学生去归纳，让学生去提升，让学生去思考，让学生去想象。

不要一堂课满满的，多给学生点时空，让学生去充分思考，自我学习，因为自我教育才是效果深刻的、最好的教育。

课堂应该是快乐的、幸福的，学生有了自由呼吸的时空，这些才会变成现实。就像农作物种植时，不是越密越好，而是合理密植，给农作物以足够的阳光、充分的通风、适合的生长空间一样。

① 何时留空白？应该像国画一样，适时（课堂的首、中、尾）、视课堂、视学生的个性不同而各异。

②课堂留有空白是“道法自然”的体现，也是有效课堂的真实再现，是教师主导作用的隐性体现，是课堂学生进行自我教育的必然。

当然，课堂中的艺术无处不在，只要我们教师有心、用心，我们的课堂就会充满艺术的光辉。

总之，课堂教学是博大精深、无有穷尽的艺术，采撷点滴也是挂一漏万。像这样的例子举不胜举，俯首皆是，这就要求我们教师要变“堵”为“疏”，变生硬为策略，变说教为方法，让艺术之花在课堂中尽情去绽放吧！

（十三）主动性

生命的课堂上，学生是主角，但是学生的精神状态如何？是主动积极，还是被动消极？学生是否全身心投入？学生的一言一行是否发自肺腑，出自内心的自动、自觉、自愿、自发的行为？课堂上学生是否眼睛炯炯有神，争抢意识强烈，精神亢奋，情绪高涨？课堂气氛是否异常活跃……只有做到这些，学生的主体地位才能真正地得以实现。否则，如果没有学生的主动性，学生的主体地位就会打折、缩水、走样。

主动性就是指学生在课堂上自由呼吸、畅所欲言，心灵放飞、个性张扬；是自主、自觉、自愿、自动的举止或言行。课堂上，学生你争我抢，欢呼雀跃，质疑争辩，互不相让；你方唱罢我登场、灵性放飞、情感流淌、自由呼吸、幸福成长……这一切都那么真切，那么自然，都是学生主动性的外在显现。

课堂就是学堂。学生是学习的主体、主角、主人。学生的课堂行为，就应该是学生自觉、自愿的行为，就应该是学生以主动状态从事学习、从事探究、从事合作的行为。唯有如此，学生的生命感才会真正体现，学生的学习才是自我的教育，才是最好的教育，学生才会自由地呼吸，自主地成长。

那么，主动性主要体现在哪些方面呢？主要包括形为的主动、语言上的主动、心灵上的主动和思维上的主动。形为的主动主要是指学生或坐或站或蹲或立，高低不同，层次分明，围成一个圈也好围成几个圈也好，围而学之。语言上的主动是指学生敢说、愿说、善说、会说、乐说，说得头头是道，说得条理清晰，说得乐在其中。心灵上的主动是指学生不矫揉造作，而是落落大方、旁若无人、得意忘形、忘乎所以、自由奔放、无拘无束、自由呼吸、极尽联想之能事。思维的主动是指学生敢于发现问题、善于分析问题、乐于解决问题，积极思考，提出质疑，敢于否定，善于批判，勇于创新。

如何做到主动性呢？当然方法很多。首先，教师要提高对学生主动性的认识。课堂上是不是学生的课堂，课堂是不是学生做主的课堂，课堂是不是学生成长的课堂等，都取决于教师的认识程度。教师一定要管住自己的嘴，少说或不说，把学习的权力还给学生，让学生自主学习、自觉合作、自愿探究。课堂上的事，让学生说了算。要加强对学生自主性学习的评价力度，真正使学生主动思考，自由表达；主动展示，自由互动；主动整合，自由互助。

有些课堂，学生情绪不高，精神萎靡不振，两眼发呆，课堂沉默，走神现象时有发生，虽有展示但冷场较多，同学们之间思想交流少，质疑碰撞少，究其原因就是因为教师的认识，教师的“主宰”影响了学生的主动性。比如在一节政治课上，张老师不是让学生自主回答问题，先是叫了一名张三同学回答，并且同时下达了命令：当张三同学讲解时其他同学不能说话。可这时就有一位学生小声说话。也许这位同学想发表自己的观点，但是教师却没能叫到他。当然，教师点名叫学生回答问题也未尝不可，也许叫的张三同学是需要特别关注的。可接下来，这位张老师又接二连三地点名，叫了几个同学来回答问题，并且下面一直有说话者。试想：张老师这样做是不是束缚了学生的手脚，束缚了学生的思维，学生想主动，可是教师根本没有给学生提供机会，这样的课堂就无法谈什么主动不主动了。

其次，教师要创设一种宽松、和谐、民主、平等的课堂氛围。要允许学生犯错误，宽容学生、赏识学生，鼓励学生敢于讲话，敢于发表见解，更要鼓励学生发表不同的见解，有了这种氛围，学生的主动性才有了一个良好的环境。

再次，要让学生有话可说。即一定要让学生先独立学习，有自己的见解。自学解决不了的，可以利用两人小组进行“对学”，“对学”解决不了的，再利用四人组成小组的力量，进行群学。目的都是让学生对问题有充分准备的时间，对问题都感兴趣，对问题都有独到的观点，对问题都有话可说。这是主动性的前提。又比如：可采取竞争、挑战、对比的评价方式，这样做的目的，就是让学生不服输的强烈表现欲望得以实现。当然调动学生主动性的方法还有很多，可参见附《调动学生主动性的常用方法》。

主动的反面，就是被动或任务安排式。在这种情况下，学生迫于无奈，在组长或教师的安排下，被动发言，也许很流畅，但却是精心准备好的内容。这样学生的学习就是被动的，学生就不会真正成为课堂的主人。比如现实的课堂上，学生有序的发言，一一的展示，简洁流畅，没有波澜。没有学生新方法的出现，没有学生的质疑，没有学生的真正自由……一个或几个学生展示完，接着下面的学生再展示，学生个体之间，学生个体与群体之间或群体与群体之间没有即兴产生的问题，没有思维的碰撞，没有资源的互动，展示是机械的、呆板的、没有人文气息的活动。学生为展示而展示，严重缺乏自主性，毫无个性张扬，毫无心灵放飞，毫无合作意向……总之，学生不自愿，不投入，积极性差。但愿这些课堂的假“繁荣”越少越好，这样才能真正实现学生的主动性，使学生自由呼吸、自主成长成为现实。

当然，主动性并不排除学生任务式安排，但毕竟是权宜之计，只是在操作的初期，任务式可以多一些，但是，随着时间的流逝，任务安排式就应该被自主式学习方式所取代，或兼而有之，以自主式学习方式为主，最终走向自主。

附：杜郎口中学调动学生主动性的常用方法

1. 你来比划我来猜

比如，初中生在一开始接触化学仪器和化学药品时，可以把要猜的比如试管、坩埚、胶头滴管等一一显示在大屏幕上。只让比划的同学看到，让各小组派一名学生，根据比划同学的举止、描述来猜测，同学们既表现出强烈的兴趣，又有特别好的学习效果。

2. 接龙比赛法

化学课堂上，同学们在学习了物理变化和化学变化后，可以把学生分成甲乙两大阵营。比如，男生为甲阵营，女生为乙阵营，然后让甲乙两阵营一一去说物理变化和化学变化的例子，但却不能重复前面学生所说的例子，当然所说的例子也不能错。看甲乙双方，那一个组无话可说，一旦超过三秒，则判为输方，另一方则为赢方。这种游戏更便于全员参与。

3. 奇偶相配法

班级内，学习小组可分为 6 个小组，1、2、3、4、5、6。当上课的日期是奇数号时，就激励奇数组 1 组、3 组、5 组同学，看他们有没有信心在课堂上的各种表现超过2、4、6组。然后再激励一下2、4、6组：1、3、5组向你们发出了挑战，你们服输吗？从而激发全体同学的参与的主动性和积极性。

4. 评价法

评价法包括内容很多，可以评价全员参与性，也可以仅仅评价未参与的同学，从而激励大家积极参与。教师在评价过程中，要注意提醒未参与学生或未参与学生所在小组，或给予未参与学生以问题或机会，增加其参与的可能性，从而调动全员的参与。

5. 挑战法

对于基本问题，在大家充分准备的基础上，学生出题向其他同学发难。比如1组与2组，3组与4组，5组与6组互为挑战组，看哪一组未被问倒，以此决定胜负。然后取胜的三个组可以再进行比赛。

（十四）生动性

生动性也就是精彩性，课堂有没有亮点问题。一堂课如果没有亮点，课堂最多也就是一般课。

生动性用一句话来说就是看课堂有没有亮点。根据课堂有没有亮点来划分，可以把课堂分成4个层次，即一般的课是没有亮点的课；良好的课是仅有预设性亮点的课；优秀的课是既有预设性亮点又有生成性亮点的课；杰出的课是亮点不断、精彩无限的课。亮点的有无，直接反映了教师的教育理念，是不是以学生为本，真正尊重学生的生命成长规律，是心中有学生的成绩还是心中有学生的生命的分水岭，在某种意义上说，就是教师师德的一种真实体现。

精彩的课堂，学生欢天喜地、眼睛放光；满面笑容、掌声连绵；精彩的表现震撼心灵、感人至深；精彩的表现耳目一新，耐人寻味。精彩的表现让人流连忘返，击节称奇。比如，学习《三峡》时，学生或说或演或唱……形式多样，这时一个口吃的学生，用歌声表达了对祖国山河的赞美之情，扬其长，避其短，学生的聪慧彰显殆尽，学生的生命健康成长。又比如，学习初中化学科学探究时，当学生们讨论相同质量的一杯盐水和一杯水，在同样的条件下谁先结冰时，一名学生说道：这个实验我没有做过，但是，冬季来临，当高速公路上有冰雪时，通常向路面撒一些盐，可见，盐可以使冰雪融化，所以我认为，相同质量的一杯盐水和一杯水在同样的条件下，水会先结冰。学生的想象多么丰富，并且从思维的逆向考虑做出合理的推断，又是多么的睿智。

精彩的课堂对教师的要求。一是要求教师要创设民主、平等、和谐、宽松的课堂氛围。这样，学生的潜能才会释放，学生的灵性才会闪现，学生的创新才会凸显。二是要求教师要给学生以充裕的时间去思考、充足的空间去想象、足量的实践去体验，这样学生才会视通万里，有感而发；浮想联翩，奇思妙想。三是教师要预设课堂的亮点，增加人为的精彩。比如形式要出新、出奇、出妙；多元上，如文科上：内容多元化、表达多元化、题材多元化。理科上：学具化、生活化、争辩化、表达多元化（相声、小品、情景剧）、接龙、猜一猜等。比如方法上要联系生活、联系生存、联系生命、联系生长、联系实际、联系未来等。目的就是寓学于乐、寓学于趣、寓学于情，体现以人为本，关注生命的教育理念，把学生当人，让学生做人。

（十五）多元性

多元性是指针对学生不同的个体生命特征，从学生个体不同的差异性和独特性出发，采取灵活多样的学习方式，使每一名个体，都能最大限度地得以发展和提升。

多元性的创设，总有一种是适合学生的，从而使学生的多样性需求得以满足，使学生差异性的生命需求得以落实，真正做到了面向全体学生，面向不同生命个体的需求，为每个学生的个性化发展负责，为学生的终生发展负责。

1. 多元性的意义

课堂上，多元性的学习方式，增强了趣味性、提高了生动性、增强了有效性、增强了吸引性，使学生轻松学习，愉快成长。并且在实行多元性学习方式的同时，使每个学生都可以找到适合自己个性特点的方式，张扬学生鲜活的个性，放飞腾空的心灵，使每个学生独特的天赋都被最大限度地激活，使每个学生经过努力，都能体验到成功的快乐和自豪。使学习不再是一种负担，而是一种乐趣；使学习不再是一种无奈，而是一种向往；使学习不再是一种折磨，而是一种享受……

以语文课为例，多元性就可以包括题材的多元性和表达方式的多元性等。题材的多元性如：散文、小说、小小说、童话、寓言、诗歌、对联、日记体、读后感、歌诀、打油诗、报告文学等。学生在学习了文本之后，谈感悟、说创作，完全可以用自己喜欢的体裁，去表达自己的真实感受和心声；表达方式的多元性可以包括歌曲（民族的、通俗的、流行的……）、舞蹈（古代的、现代的……）、各种剧种如京剧、豫剧、吕剧……各种地方戏（莱芜梆子、河北梆子、京韵大鼓……）以及小品、相声、三句半、双簧、四簧、皮影戏、评书等。同学们完全可以根据文本情景的需要，自己的爱好特长，尽其所能地利用自己喜爱的艺术形式，去直抒胸臆，以叙情肠……这样的课堂呈现的必然是异彩纷呈、精彩不断、亮点无限的欢快局面。学生乐以忘忧、乐以忘疲、乐以忘时、兴趣盎然、精神焕发、百花齐放、争妍斗奇……一幅连一幅，一景连一景，美不胜收。比如，王超老师的课堂就有专门的各种小组，如刘鑫的“朗诵组”、张县的“小品组”、李飞的“歌声组”等。又如荆马老师班里的“解读英才”、“构思神童”、“变换角度大王”等。试想：这样坚持下去，难免第二个赵本山或小沈阳不会诞生在该班级中，世界第二个帕瓦罗蒂不会出自这样的学校……这样多元化的学习方式，对学生的发展无疑是功德无量的一件事。为此，就需要老师在备课过程中，精心设计，哪一个小组为小品组，哪一个小组为歌曲组等。当然，时间长了，可以调换一下，同时两个小组也可以同是小品组，从而形成挑战。当然，教师要顺应学生的天赋，让学生自愿参与其中，绝不能命令、指示、强人所难，最后要走向自主。使学生自主用自己喜爱的学习方式，彰显自己的心智灵感、多彩年华。

又比如在英语课堂上，为了记住单词，老师往往这样处理：同学们自己记吧！或是：两分钟把单词记住。可是效果如何呢？优等生早已记住，无精打采或搞小动作；潜能生或许根本不会读而丧失记忆的信心，从而表现得无所事事……老师的一句话，在同一时间内一刀切的要求，使课堂效率大打折扣。但是，如果老师让学生用自己喜欢的方式去记单词，或领读、或小组对抗读、或齐读、或接龙读、或“依画读”、或分角色朗读等，则会一扫课堂沉闷之气，使每个学生都焕发出生命的活力，充满好奇、充满挑战、充满快乐，课堂效率大大提高。这类似于一台晚会，吹、拉、弹、唱、相声、歌曲、小品、舞蹈、杂技……各种艺术形式应有尽有，晚会才生动形象，丰富多彩，美轮美奂，精彩绝伦。又如一桌酒席，花色各异、风味不同、人们才会大饱眼福，食欲大增。这就要求教师备课时，教师要在多元思想的指导下，让学生采取灵活多样的方式，关注不同个体的需要，因材施“学”，对症下药。对同一个问题，引导学生从多种角度、不同侧面、全方位、立体式考虑，多管齐下，让学生选择一种适合学生自己的方式去学习，从而提高学习的效果。也唯有如此，才算是真正关注每一个学生，真正面向全体，使全体学生都得到全面发展。

其他学科也是这样，在结合学科特点，体现学科素养的前提下，也应该引导学生进行多元性学习。为此教师可以在多元性思想指导下探索、制定出不同学科的多元性的学习方式，使学生在原来的基础上，因找到适合自己的学习方法而快速提升。

2. 多元性对教师的要求

上述不难看出，多元性要求教师要解放思想、视野开阔、发散思维、浮想联翩。读则有读的方式，各式各样；表达则有表达的方式，各有千秋；解题则有解题思路，各不相同；参与则有参与形式，灵活多样（个体、群体，个体群体相结合）；达标则有达标时间，不尽相同；评价则有评价方式，千差万变（个体评价、分组评价、整体评价）；测试则有测试对象，各不相同，如抽测小组、抽测全体等。

3. 多元性应注意的几个方面

多元的形式要注意目标性、辩证性、有效性，创新性。目标性是指一定要紧紧围绕目标，突出目标、服务目标，这样才能最终实现目标。辩证性是指课堂学习过程中，不论是内容还是形式上的多元，不是越多越好，要适可而止，不要为多元而多元，花里胡哨，要实实在在，适合学生的才是最好的。从形式上来讲，“两元”化的学习方式是保底的，否则学习方式单一，学习效率低下，不同禀赋、不同资质的学生个性发展受到影响。有效性是指多元的目的就是学习效果的提高，学生个性的张扬与发展。多元的设计也要围绕重点、难点、困惑来设计，把劲用到刀刃上，使多元化的学习方式，发挥其最大的价值性。创新性是指多元的学习方式要与时俱进，要根据不同学生的不同特点、不同学科的不同特点、不同内容的不同特点，适时变化，时用时新。不要一成不变，机械呆板，不知变通。下面介绍两个多元化的方法，一是游戏法、二是挑战法。

4. 多元化方法

（1）游戏法

课堂教学中适当设置游戏可增加学生学习兴趣，使学习不再枯燥，使学生不再厌学。让学生在不知不觉、轻松愉悦的氛围里，愉快学习，幸福成长。

游戏的设置非同小可，它会使学生精力更加集中，思维更加活跃，兴趣更加浓厚，个性更加张扬……游戏的设置，是教师对学生的尊重，是教师教育思想的外在显现。游戏的设置，符合学生身心发展的规律，是教学艺术的体现。

游戏的形式灵活多样。针对不同年龄段的学生，针对不同的学科、不同的学习内容，游戏的形式也千差万别，灵活多变。比如，在小学阶段，学习英语单词的过程中，教师可以把刚学的单词和一幅飞机图画写、画在卡片上让大家读。并告诉学生，当看到卡片上出现飞机时，就要立即把身子趴到桌子上，看谁做得不好，不好的同学，可以自己先读一遍或代替老师拿写有单词的卡片，让大家去读，从而极大地调动学生的积极性，使学生对英语学习充满了极大的兴趣，使厌学变成了乐学。又比如在学习胶头滴管、蒸发皿等仪器时，可以采用“我来比划你来猜”的方式进行，比划的同学绞尽脑汁，极尽夸张之能事，猜的同学“挖空心思”浮想联翩，答案千奇百态，同学们的热情空前高涨，潜能得以真正挖掘，愉快学习，幸福成长变成现实。

当然游戏的设计要注意凸显目标，服务目标，切忌为游戏而游戏，远离学习目标。同时游戏要适宜。游戏有其独特的作用，但也并不是越多越好，要注意适可而止，否则就会适得其反。

另外游戏要富于变化，课堂上的游戏就是同一学科也不能固定不变，要时用时新，富有变化，只有这样，才能使游戏的作用发挥出来，否则，游戏就起不到应有的作用。

（2）挑战法

挑战法是指对于同一个目标或同一个问题，采取竞争、比赛等方式进行评价，激活学生潜能，调动学生学习积极性的一种方法。挑战的内容可以包括：

①目标的挑战。

目标的挑战主要是指面向全体学生，针对不同学生的不同认知程度，通过制定相应的目标，使全体学生经过努力，都可以达到较高的目标。

通过挑战目标的制定，激发全体学生的学习动力，激活其潜能，点燃其学习的强烈欲望，从而使学生一个个摩拳擦掌、跃跃欲试、不甘落后、永当第一。挑战性目标的提出，使学生彻底抛弃了惰性，学生自动、自觉、自愿地学习成为课堂的主旋律，真正焕发出了学生的生命活力。

学生的基础不同，知识结构不一，所以课堂学习中不能一刀切，针对不同的学生，教师要区别对待，因材施教。比如题目的设计可分为基本题、变式题、综合题。潜能生可做基本题，中等生可做变式题，优等生可做综合题或各自提高一个档次即：潜能生做基本题或中档题，中等生做“变式题”或“综合题”，优等生做“综合题”等。这样就能使不同层次的学生既有成功的体现，又有刺激性和挑战感。从而使全体学习都能够在原有的基础上得到不同程度的进步，时间长了，不同的学生就可以离开教师的引导，自己去选择适合自己需要努力或能达到的目标，从而真正使学习成为学生自己的事。

当然这就要求教师在备课过程中，对每位学生的认知程度都应该掌握（也就是人们常说的备课要备学生），从而根据学生的不同情况，制定出具有挑战性的目标，最后还要根据当堂反馈，看学生的目标是否达到等。

②问题的挑战。

以上是针对学生个体目标而言的挑战，除此之外，挑战也可以指针对某一问题或问题的某一方面，让个人和个人之间或个人与小组之间或小组与小组之间等开展的挑战性比赛等，从而增强危机意识，加强合作意识，强化竞争意识。即通过不同形式的挑战将个人、小组、班集体激活，真正提高全体学生的参与积极性，从而提高课堂效率。比如，一名语文老师根据个人或小组等不同的表现命名了“闪电王”（行动迅速的个人）、“讲解精英”、“黄金搭档”、“高效组合”、“创新小霸王”等，然后让个人或小组进行比赛、挑战，从而经过几次较量，看谁最终赢得这些荣誉称号。

当然，课堂上的挑战无处不在，挑战的内容还有很多。总之，向目标挑战，向自己或自己小组挑战，向他人或他人小组挑战，向书本挑战，向教师挑战，向权威挑战，挑战自我，挑战极限，不甘落后，永不认输，“明知山有虎，偏向虎山行”。课堂因挑战带来互动，因挑战带来生机，因挑战带来活力，因挑战带来高效。

当然多元的方法远不止这两种，只要大家心中有学生，有对学生生命的敬畏和尊重，有学生的愉快学习、健康成长，善于思考、勤于实践、及时反思、不时归纳，就一定能运用最佳的多元化的方式，使学生终生受益，幸福成长。

（十六）预设性

预设性是指教师在备课时要精心预设，使课堂因教师的精心预设而激活学生思维，诱导学生兴趣，从而使课堂充满主动、积极、向上的生命活力。

1. 预设的内容

预设的内容包括预设性的亮点、预设性困难及相应的措施、预设性的课堂突发事件及相应的措施、预设性的其他内容。

2. 预设性的亮点

预设性的亮点包括形式和内容两方面。形式上如，课堂的环节设计：生活化、情景化的激活导入、多元化的灵活展示、艺术化的课堂收尾；内容上：对文本的拓展、生成、感悟、质疑、发现、发明等。以初中思想品德课为例，在学习《走可持续发展之路》一节时，教师就可以在上课伊始，在黑板上写上六个字即：人——从——众；森——林——木。然后让大家思考：由上述六个字你想到了什么，从而很自然地引起大家对环境、人口、资源的思考，为这节课的进行做了很好的铺垫，这种课堂导入的设计，就是教师精心预设的结果，属于预设性的亮点之一。

3. 预设性困难及相应的措施

每一节课都是鲜活的，动态的，因为学生是成长中的个体，教师是发展中的主导，知识是变化的，学情是变化的，每一节课中学生的困惑也是必然存在的、并且是各不相同的。比如初中化学，在复习化学方程式一节时，教师就可以根据学生对化学方程式的掌握情况进行预设：学生书写化学方程式时，仍然在以下三个方面出现错误：①忘记必要的化学反应条件；②忘记化学方程式的配平；③忘记用适当的符号标出气体、沉淀。针对以上困惑，教师就要采取针对性的措施：①通过学生讲解，达到理解；②通过艺术化练习，达到掌握；③通过错例分析达到纠正；④通过歌诀达到领会。（检验化学方程式正确与否的歌诀：向上向下个数等，外界条件不可省）。最后教师要选择适合学生学情的方法进行操作，才可能收到事半功倍的效果。

4. 预设性的课堂突发事件及相应的措施

以初中化学课为例。在学习《走进化学实验室》一节时，教师必须注意课堂的突发事件，如：万一学生在用酒精灯加热物体时着火了怎么办？教师不能临时想办法，要未雨绸缪，防祸于未然，提前做好应急准备，这样才能遇事冷静，临阵不慌，避免突发事件因为预设不到位而造成的不良影响。

当然预设性的内容还远不止这些，只是希望大家一定要心中有数，做好必要的预设，这才是教师对学生生命的关注和重视，对学生的真正尊重。

5. 预设性要注意目标性

预设的主观动机再好，也不能为预设而预设，要紧紧凸显目标，围绕目标，这样，最终才能实现目标。

6. 预设性要注意新、奇、巧

预设的设计要突出新、突出奇、突出巧。新就是指教师的设计要不落俗套，要标新立异，这样才能吸引学生，调动学生的学习热情；奇就是指教师的预设要出乎学生的想象，从而激起学生的强烈求知欲望，激活学生的学习内驱力。“巧”就是指教师匠心独运，别出心裁，独树一帜，别开洞天，使学生产生强烈的好奇心，浓厚的学习欲望。

（十七）人文性

人文性是指一切利于学生健康成长、幸福成长的举措，诸如良好习惯的养成、各种能力的训练、认知、情感、人格方面的教育、对学生生命的敬畏和尊重等。

人文性实际上就是以把学生成就为人为目的。课堂上教师对学生的尊重，对学生生命的敬畏诸如：把学习的时间、学习的空间、学习的权力、学习的自由、学习的快乐等归还学生；赏识学生、包容学生、鼓励学生、启发学生、激励学生、激活学生；创设生活情境、营造民主氛围、搭建沟通桥梁、设置展示舞台……这一切都是人文性的具体体现。

人文性对教师的要求。一是提高认识。学知识不是目的，目的是成就人，成就学生的全面发展，成就学生的个性发展，成就学生的美好人性，成就学生的灵魂的卓越，成就学生的完美人格等，这些都应该成为教师工作的出发点和落脚点。二是注意艺术。

比如美术课上，剪“春”字时，在教师的启发下，一名学生剪出的“春”字中有两个鲤鱼跳龙门元素；一名学生剪出的“春”字中有两只和平鸽元素等，这两幅作品蕴含着学生对美好人生的追求，对世界和平的祝福，这样就把生活、情感等人文元素与美术很好地结合起来，既有艺术性又有人文性。

（十八）生活性

生活性是指学习要结合实际，联系生活，使知识更好地为生活服务。因为知识本来就来源于生活，又服务于生活。离开了生活，知识就成了无源之水，无本之木。从更大的范围来讲，生活性不仅仅是指学习时要联系生活，还要联系生命、生存、生长、社会、自然、环境、人口、过去、现在、未来、国家、民族、世界等。也就是说，学习要充分利用联系的观点，这样学习的知识，才能更好地为生活服务，为社会的发展和进步服务，这才是学习的真正目的和归宿。

学知识，长才干，学知识，会做人。学知识是积累、是手段，长才干，尤其是学做人才是根本。如有一节思想品德课是《感恩的心》，学生自由交流时，都谈到了如何孝敬父母，可就是不说自己在家里、在生活中哪些做到了孝敬、哪些做得不好。试想：不联系生活参照对比、不深刻反省，这样的课，还有什么真正意义？为什么不敢面对现实，为什么不敢自我揭短，只是做些表面文章，搞些假、大、空的东西呢？有的教师有时说，学生难管了。可是教材提供了这么好的切入点，教师为何不好好把握，让学生的心灵受到深刻的触动呢？所以，教师一定起到应有的主导作用，联系实际，联系生活，有感而发，有感而谈，这才是真正意义上的教育。

当然，生活性并不能说明，我们学习的目的是纯粹的实用主义，而是说在指导学生学习时，要结合生活，联系实际，使学生有话可说，使学生感觉到学习的价值，增强学生学习的兴趣，激活学生学习的内驱力。同时，课堂也将因生活化而真实、自然、人文、有效，体现学生的生命价值感。

（十九）有效性

有效性是指课堂学习要符合学生的生理特点、符合学生的认知规律，学生学得轻松、愉悦，在有限的时间内全体学生的知识的掌握度高，效果好。

教师方面。对教师而言，要使课堂有效，就必须坚持以人为本，关注生命的理念，尊重学生、相信学生、发动学生、发展学生，使学生真正成为课堂的主人。必须坚持“最好的教育就是自我教育”。所以课堂上，应该让学生先思后学、先练后学，让学生去体验，让学生去思考，让学生去感悟，让学生去归纳，让学生去提升。教师要把更多的时间、更多的空间、更多的快乐、更多的权利归还给学生。必须坚持“教育即成长”的原则。为此教师必须少讲或不讲，要做的唯一事情，就是把学生灵魂固有的强烈的求知欲诱发出来，生命感激发出来，创造更宽松、平等、民主、和谐的课堂氛围，让学生自由地呼吸，快乐地“狂长”。

有效课堂要解决的问题。为了使课堂有效，一定处理好对疑惑的“暴晒”问题。也就是说，根据先思后学、先练后学的原则，让学生先自学，从而发现疑惑，自己解决不了，再靠两人的“对学小组”去解决。“对学”解决不了，再靠四人的“群学小组”去解决。如果问题仍然解决不了，再靠六人小组去解决。这时，如果还是解决不了，就需要写到黑板上进行“暴晒”，对于“暴晒”的问题，同学们共同探究、上下联系、纵横比较、想方法、出主意，依靠集体的力量去突破困惑。这样处理，针对性强，目标集中，效果明显。决不能胡子、眉毛一把抓，会的、不会的都涉及，平均用力。

另外，对于困惑“暴晒”后，要注意对困惑的“透释”，从而使困惑真正得以彻底解决。对于困惑，要拓展、要联系、要找方法、要寻规律、要举一反三，触类旁通。不能就题论题，要生活化、具体化、生动化、人文化……要使学生有所思、有所悟、有所得、有所发现、有所发明、有所发展。

效果检查方面。课堂中达标测评，是检验课堂学习效果的一种常用方法。教师要提前编制好有梯度的题目，然后再结合课堂中即时生成的有关题目，严格要求，认真测试。可采取抽样方式，抽取 1 ~2 个小组进行测试，立即批改，当堂反馈，当堂纠正。在课堂上，让学生反思，积累整理，并且要跟踪、关注未过关的学生，从而更好地促进课堂效果的落实和提升。

学生方面。为了实现学习的有效性，教师必须调动学生的积极性，这很重要。否则教师所坚持的有效性原则就实现不了，课堂的有效性也就实现不了。调动学生积极性的方式和方法很多。有从育人入手的，有从根源入手的，有从游戏入手的，有从兴趣、爱好入手的等，只要教师想办法，就一定会有很多有效的办法，有了学生的积极性，效果自然会好。

当然，课堂的有效性还有很多方面，比如，学习环节的科学设计，教师语言的设计，学生在课堂上的时间感等，这些问题的到位性，也是课堂有效的重要内容。

（二十）科学性

科学性是指教师对学生传授的知识正确无误、规范严谨、教学设计、教学方法等合理有效。科学性是课堂有效、深刻的基础。

1. 科学性的意义

科学性是课堂成功最基本的保底的条件，是课堂有效性、深刻性、可持续性的基石，没有了科学性，课堂也就失去了方向和引领。

2. 科学性的内容

（1）教育理念的科学性。如要把学生当人，就是尊重学生，敬畏学生的生命，尊重学生作为一个鲜活生命个体——人的一切权利如学习权、话语权、人格权等。有了这种真正的尊重和关爱，才可能有创造性的教育活动，才会有让学生做人的实现，即培养学生美好的人性，健全的人格，卓越的灵魂。

（2）知识的科学性。开放的课堂对教师提出了更高的要求，要求教师要做到“三度”即：对教材的钻研要有深度，知识面要有广度，课堂的点评要有高度。如在学习中国近代史时，一名学生提出除中国以外，世界上还有没有半殖民地半封建的国家，这时一名学生答道：我认为印度也应该是半殖民地半封建的国家。对这一问题教师就不能错误回答，误认为印度也是半殖民地半封建的国家等。

另外，学习过程安排的科学性，课堂伊始的“激活”、课堂多元化、个性化学习，课堂个体之间的互动合作等都要整体谋划，有效落实。

3. 科学性对教师的要求

教师一定要与时俱进，提高完善，及时充电，提高理论水准，增加知识内涵，完善知识体系。这样才能做到高屋建瓴，厚积薄发。

另外，教师要虚心好学，日臻完善。向专家学习，向先进理念学习，向教育同仁学习，向学生学习，在实践中学习。

（二十一）学科性

学科性是指不同的学科有不同的特点，因此课堂呈现的应该是相关学科的特点。

学科性要求我们首先对不同的学科要有准确的把握。比如数学学科就是要面向全体学生，适应学生个性发展的需要，运用动手实践、自主探索与合作交流的学习方式，使学生理解和掌握基本的数学知识与技能、数学思想和方法，获得基本的数学活动经验。培养学生的推理能力、抽象能力、想象力和创造力，培养学生发现问题、提出问题、分析问题和解决问题的能力。培养学生数学素养（如数感、符号意识、运算能力、模型思想、空间观念、几何直观、推理能力、数据分析观念等应用和创新能力。）[①] 重视“四基”：基础知识，基本技能，基本思想和基本活动经验的训练。

总之，数学就应该使学生人人都能获得良好的数学教育，不同的学生在数学上得到不同的发展。

语文学科就是要培养学生听、说、读、写的能力，全面提高学生的语文素养，激活学生的生命活力和创造精神，师生和谐，共同成长和发展。

英语学科就是要面向全体学生，激发和培养学生学习英语的兴趣，充分考虑语言学习者的个体差异性，采取灵活多样的学习手段，体现语言学习的渐进性和持续性，体现语言学习的实践性和应用性，体现英语学科工具性与人文性紧密结合的特征。[②]使学生树立自信心，养成良好的学习习惯和形成有效的学习策略。学生在掌握一定英语基础和听说读写技能的同时，培养学生的英语语言运用能力、认知能力、思维想象能力和积极的情感态度和正确的价值观，促进学生的心智发展，提高学生的综合人文素养，发展综合语言运用能力，为学生的终身学习发展打下良好的基础。

学科性是课堂有效性的基础，一个不知道学科教学整体真实内涵的人，是不可能使课堂有效的。

（二十二）遵循性

遵循性是指课堂教学必须遵循有关课堂活动的客观规律。没

① ② 摘自义务教育课程标准修订稿。

有对各种课堂规律的遵循，课堂的有效性就会无从谈起。

1. 遵循的客观规律

比如遵循学生身心发展的特点，遵循学生的认知规律，遵循“以人为本，关注生命”的教育理念，遵循教育的最近发展区理论，遵循“教育即成长”理念，遵循教育要以育人为本的理念，要遵循学生是课堂的主体的理念等。

2. 对教师的要求

遵循性要求教师心中一定有学生，一定要尊重学生，相信学生，发展学生。如何才能做到这些呢？以育人为本来说，教育的目的是什么，实际上就是培养学生如何做人、如何做事、如何生存、如何竞争等。做人是第一位的，一名学生做人都不会做，很难说做事如何。如果做不好人，能做事，恐怕做的事也是损害他人的利益。所以，教育的育人功能就显得尤为重要。

（二十三）目标性

目标性是指课堂一定要有目标，课堂的所有活动一定要紧紧围绕目标、突出目标、服务目标，最终才可能实现目标 。

一堂成功的课， 定会有科学、规范、具体的日标。不论是知识和能力、过程和方法，还是情感、态度、价值观，这是毋庸置疑的，可在实际操作过程中，学习目标却成了摆设，学习的整个过程不能真正实现围绕目标，服务目标，凸显目标，最后也不能很好地实现目标。目标的制定并不是说要限制学生的思维，而是要学生围绕相关内容去想象、去拓展、去对比、去联系……这就要求既放得开，又要收得拢，就像蓝天上放飞的风筝，飞得再高，总是有一根线在相随才可。有一位到杜郎口中学来学习的张老师，在这一点上做得很好。她第一次给我们的学生上课，课题是《苏州园林》。课堂伊始，张老师首先作了自我介绍：同学们好！我是一名小县城的小学教师，身材比较小巧，有一张小脸，长一双小眼……现在有幸来到了你们这个名字响亮的大学校。来时，我们领导给了我很大的任务，自己感觉有很大的压力，不过，通过和同学们的接触，我有了很大的动力，这几天我的学问有了很大的长进……张老师的介绍通俗、直白、幽默、风趣，用“大”和“小”作比较的说明方法，既紧扣目标又为学习作了很好的铺垫，同时又拉进了和学生之间的距离，真可谓“一箭双雕”。

从学习开始、学习过程到学习结束以及课堂的众多环节设计，目标的重要性概莫能外。比如，英语课上，有的教师为了增加趣味性，创设情境，设置了一个小品、一个对话、一个双簧表演，可是真正围绕目标的却不多，这样就失去了应有的价值；又比如语文课堂上，学生学习了文本，稍做准备后，谈感悟、谈体会，生成了自己的作品。但情况却是：学习《背影》时，学生的创作，无一人有比喻或拟人手法的运用；学习《湖心亭看雪》时，学生的创作中也没有文本强调的“白描”手法的运用等。试想：学生的作品不能运用刚学习到的知识，与不学习这些文章又有何区别呢?

当然，目标的实现，有的可以当堂实现，有的目标，比如习惯的养成、能力的培养则需要假以时日，并不是一节课、两节课就可以实现的。

目标的出示方式。目标的出示方式，因不同的学科、不同的内容，会有所不同。或开门见山或重点凸显或归纳总结等。但是，不论如何出示目标，都要灵活机动，适合学生、适合内容，注意技巧和艺术，增强其科学性。

（二十四）暴晒性

暴晒性就是要让学生在自主学习、合作探究的过程中，呈现出学习的困惑、呈现出认识的不足、呈现出理解的错误等。对于这些错误，让大家都来认识、都来分析、都来改正、都来寻找其中的奥妙。把错误当作一种资源，错中取胜，化腐朽为神奇。因为在某种意义上讲，课堂就是“错堂”，对于错误，我们需要“暴晒”。

1. 暴晒性是课堂有效的基础

因为通过困惑的暴晒、解决，使学生对难点或重点或困惑认识深刻、理解到位。抓住了困惑，就像抓住了牛鼻子，课堂的针对性强了，课堂的有效性自然就强了。

2. 暴晒性是课堂生命的体现

对于暴晒的问题，教师不讲解，学会了在关键的地方放手，学会了在关键的地方放心，学会了在关键的地方等待。表现出了教师对学生生命的敬畏和尊重，学生的生命活力得以提升。同时，学生在困难面前的自信心得以强化，学生之间的合作意识得以强化。

暴晒性的反面，就是教师一旦发现学生的错误，往往就沉不住气，有四怕：怕学生讲解不了，怕学生讲解不透，怕学生讲解起来费事、费力，怕影响学习进度，可是就是不怕剥夺学生的学习权利。

对困惑问题，不进行“暴晒”的影响有三。

影响之一：学生丧失了解决困难的信心。如果学生遇到困惑解决不了，这时候教师总是一马当先，冲锋在前，时间一长，学生就养成在困难面前依赖教师的心理，长此以往，学生就会丧失解决困难的信心。

影响之二：不利于优等生的优化。本来出现了错误，这是再正常也不过的事情，教师自己却乱了方寸。实际上教师完全没有必要一显身手，这时才更是应该让学生思考、深入思考的时机，这样做才能真正产生“不愤不启，不悱不发”的效果。这时候，学生知道教师“不肯帮他们”，他们的强烈探究欲望才会被激活，强烈的表现欲望被点燃，一些程度好的学生就有可能在这种“放心”的氛围下，豁然开朗，眼前为之一亮，把问题解决。教师不参与的结果，是全体学生的智力、潜能被激活，学生分析问题、解决问题的能力的提升，尤其是程度好的学生能力，会有大幅度的提升。

影响之三：潜能生受冷落。既然学习过程中出现了错误，大家都一筹莫展，这时教师的讲解，对于较好的学生也许能听明白，但是对于前进空间大的潜能生而言就很难说。教师讲解之后，如果没有其他措施，这些“潜能生”必然是一头雾水，搞不清楚。试想：这样对这些学生公平吗？可是教师的参与，冷落的不正是这些学生吗？以人为本，关注生命，只是关注优等生吗？不是，可是，如果教师真正放心、真正放手，学会等待，给学生时间空间，学生的学习兴趣会更浓，学生战胜困难的意志力、自信心将会增强。程度好的学生会得以提升，潜能生得到发展，师生、生生关系融洽，课堂氛围更加科学、民主、和谐。

（二十五）优化性

优化性就是教师在备课时，大到教育理念，小到一堂课的环节以及各环节之中的细节，都要优中选优，从多种方案中进行比较、分析、甄选，用最好的方案去引导学生自主探究，合作学习。

1. 优化的内容

（1）目标的优化。有一位小学二年级的语文老师，在学习《雷锋在哪里》这一课时，制定的目标有：一是掌握生字，二是分析阅读文本，三是学生展示自己生成的作品。一堂课下来，前两个目标完成得不错，第三个目标没有很好地完成。为什么？就是因为目标太多，没有根据学生的实际情况考虑，没有进行目标的优化造成的。如果教师根据学生的情况，把目标进行优化，把第三个目标改成学生完成生成性作品的写作，则一定会顺利地实现目标。

（2）细节的优化。一名小学二年级语文教师，在引导学生用“一边…一边”造句时，先是让全体学生，分别读出自己所造的句子，然后选出最佳的句子写在黑板上，大家再去读。这种安排，就不如让全体同学以组为单位，让每个小组选出最好的句子，然后立即写在黑板上，再让大家去读。这样容量又大，又节约时间，效果还好。所以，我们教师一定要精心设计环节，优化组合，敢于取舍，用最佳方案，落实学生主体地位的理念。

当然，优化的内容还有很多。比如学习环节的前松后紧问题、拖堂问题、没有达标时间问题等，这些都是未进行事先优化的结果。只有我们教师有优化的强烈意识，解放思想，不墨守成规，敢于否定，善于取舍，勇于创新，优化、优化、再优化，那么，通过优化就能出效率，通过优化就能出质量。

2. 不优化的原因

一是教师没有优化意识。设计时，思维不开阔，或图省事，仅仅设计一种方案，从来没有设计第二种方案，更不要说进行更多的预设。二是不相信学生，教育理念出了问题。比如，上述用“一边……一边……”造句时，让全体同学都说完，根本是不可能的，但是，在小组内，每个人都说一次却是可能的。教师为什么按第一种方案实施？是因为教师不相信学生，认为学生解决不了。实际上学生完全能解决的了，就是真解决不了，还可以随时问同学或教师。当时我问一个叫李嘉的小男孩，你说用“一边……一边……”造句子，怎么才算正确，他说：二者不能重复，比如，“赵慧同学一边玩，一边做游戏”，这个句子不正确，因为玩和游戏是一回事。可见我们的学生都能总结出规律，老师为什么仍然要当霸主，不充分利用有效资源，分小组进行学习呢？

3. 优化性对教师的要求

优化性要求教师要相信学生，利用学生，不要再当主宰，不要再做霸权。多否定自己的设计，设计时多设计几套方案，择优而行，才可能使课堂更有效。

（二十六）充裕性

充裕性是指学生用来思考的时间一定是足够的、充足的。

学校一词在希腊人看来，就是必须让学生用充足的时间来体验、来思考、来感悟、来琢磨……要用足够多的时间，使学生自己细细地品、慢慢地思、深深地悟，以真正发展学生的心智能力，点燃其智慧的火焰，培养其优秀的头脑。

充裕性的意义。思考的充裕性意义非同小可。在某种意义上讲，课堂就是“思堂”，就是要给学生足够的时间来思考，培养学生思考习惯，培养学生思维能力的。这样做，是学生思维品质培养的基本保障，是学生养成良好思考习惯的必然举措。充裕性的思考时间，对于学生终生思考习惯的养成，必将会奠定坚实的基础。

充裕性可从课堂的首、中、尾入手。比如，在学习朱自清先生的《背影》时，教师就应该给学生充分的时间来思考以下问题：①由文章题目你想到了什么？②你自己如何写这个题目？学生充分地思考后才可以阅读文本，然后，教师还要给予学生足够的时间让学生思考：①通过阅读文本，有哪些你没有想到？为什么没有想到？今后怎样做才能做得更好？如果这样做，学生的求知欲被激活，学习的兴趣被激发出来，自己的水平如何也会被显现出来。同时，学生的想法通过与文本的比较，学生的认识能力、写作能力就会自然提升。并且，同学们会发现自己的不足，产生学习的后续动力。在对照比较完毕之后，教师仍然要给学生留出足够的时间让学生思考：我得到了什么？我的不足是什么？我要采取什么措施提升自己等。总之，课堂因为有了学生自己的充分的思考，学习的效果才会更加明显。

当然，思考的内容可以不是这些，但是，学生一定要去思考，一定要用足够的时间去思考是不能动摇的。

可见，课堂的开始要让学生有足够的时间去思考，中间要让学生有充分的时间来反思，诚然，课堂结束时，也要给学生留出充裕的时间来思考，归纳所得、所思、所感、所悟，要让“思考”贯穿课堂的始末，贯穿学习的任何一个环节，使思考成为学生的良好习惯。

充裕性的注意事项：

①要高度重视，不要为了进度而打折扣，减少思考的时间，甚至是没有时间思考。

②课堂上，问题的提出，开始可由教师提出，时间一长，就要靠学生自己的思考。

③要做到思考与练习相结合，思考与互助相结合。

（二十七）有序性

有序性是指课堂过程有条不紊，活而不乱，学习活动有效、有秩序地进行。有序性是课堂有效的基本保障、必要条件。

有序的必要性。新课改下的课堂、民主、和谐、科学、平等，尽显学生主体，张扬学生个性。学生你争我抢，质疑争辩，百花竞放，争妍斗奇，自由呼吸，自主成长。学生强烈的求知欲，旺盛的表现欲彰显殆尽，学习的主动性、积极性空前高涨，但课堂的“活”并不一定要乱，乱说一阵，齐答一通，分不清彼此，听不清你我，而是“活”而有“序”。同学们争抢不减，礼让有序，否则课堂效果必定大打折扣。

有序性的方法。为了使课堂活而不乱，有序进行，可采取以下方法：

1. 限制法

限制法主要是指限制优秀学生不必要的展示，把机会让给其他同学。比如当一名优秀学生展示超过三次时，教师就可以婉转地告诉这位同学：你能不能把发言的机会让给尚未发言的同学等，时间一长，优秀的学生就会主动把机会让给他人。

2. 弱势倾斜法

弱势倾斜法即对于同一个问题，程度好的同学回答可以加 5 分，但程度较差的同学回答则加 10 分（当然程度好的同学知其然，并知其所以然，要多加分数以示鼓励）。这样做的目的，就是向弱势群体倾斜，同时，也促使程度好的同学对问题做更深入的思考。

3. 岗位法

岗位法就是指在一定阶段内让潜能生讲解，中等生点评，优等生拔高，当然这种岗位安排，可由学习小组长负责，对不同的问题有不同的安排，不是固定的，而是因问题的不同而做出不同的处理。

当然，有序性的方法还有很多，只要大家重视，把问题当天大的事来对待，当课题来研究，就一定能做大、做强、做好，找到最适合的办法，使课堂活而不乱，活而有序，活而有效。

有序性的注意事项。一定要注意既要保护学生的积极性，又要保证课堂的有序性。这就要求教师要多动脑子，多些艺术和策略，少些指示和命令。关注全体学生，关注弱势群体，建立和谐的师生关系，从而使课堂活而不乱，活而有序，活而有效。

（二十八）直观性

直观性就是指在课堂教学中，运用具体的实物、挂图、实验等以增强学习效果的一种手段。

直观性的意义。直观性的教学，由于其具体、形象、看得清、摸得着，从而便于学生理解，利于学生掌握，并且锻炼了右脑，为学生的形象思维奠定了良好的基础，同时也为左脑、右脑协调活动，进一步提高学生的智力和创新能力奠定了坚实的基础。

直观性的内容。直观性在课堂教学过程中，主要是指利用现实生活中存在的实物、模型、挂图等；多媒体的利用、制作的学具、实验操作；学生在课堂上即兴绘制的各种图形：如数学上的工程图、物理上的等效电路图、地理上的地势地形图、复习阶段画的知识树等。

直观性手段在课堂上的应用。在历史课堂上，在学习小篆、甲骨文、楔形文字时，就可以充分利用多媒体，让学生对这些知识有一个更直观、更具体的认识。在初中物理教学中，在学习光的反射、光的折射时，就可以通过实物，来让学生进行体验和感悟，从而使学习变得具体、形象、生动，利于学生加深对知识的理解以及更准确地把握。在学习初中生物有关脑的作用时，就可以借助脑的模型，这样学习起来更直观、更形象、更有效。

为了更好地理解、掌握知识，把知识变成能力，靠灌输是不行的，要靠学生的体验、感知、探究……比如学习“电磁感应”时，就必须让学生通过实验做一做，观察观察、体验体验才可以。又如初中化学学习“氢气的还原性”时，让学生记住氢气与氧化铜反应的现象很快就会忘记，只有让学生亲自做一做，印象才会深刻难忘。

直观性对教师的要求。教师要从学生认知规律出发，不要嫌麻烦，要创设条件，准备或制作必要的学具、模型等，使学习变得更有兴趣，使学生学得更有效果，这样才是对学生的真正尊重和关怀。

（二十九）捆绑性

捆绑性是指学生展示以后，针对展示的内容，学生进行点评，展示与点评的不可分割性。

捆绑性的意义。展示和点评犹如一对孪生姐妹，千万不要人为地把二者生硬地割裂开来。知识将因展示而清晰，因点评而深刻。

捆绑性的内容。学生的讲解、表达、演示、朗诵、歌唱、辩论……都属于展示，同学们展示后，同学们针对展示而表达自己的见解，或补充、或质疑、或追问、或延伸、或点评、或拓展、或辩论、或出题等都属于点评。

捆绑的必要性。只有展示没有点评，就不能形成个体之间的互动，没有互动，就不能形成知识的共享，能力的提升。学生只准备自己展示的内容，不关心别人的展示，展示的效果再好，整堂课也是低效的。这样的展示，因得不到未展示同学的关注，也将失去应有的价值，时间一长，展示将只会展示给教师看，从而失去展示的必要性。

（三十）整合性

整合性是指教师要引导学生对于同一个问题、相同的问题或一节课学过内容的一种必要的归纳和总结，以便使学生对知识有一个系统的、清晰的认识。

整合的意义。在新课改下的课堂上，学生争先恐后，质疑争辩，畅所欲言，吐露心声，陈述观点……这些观点中，难免有相似之处，也难免有遗漏之处，也难免有不当之处。教师不能认为学生说完就算，教师要引导学生进行归纳、总结。围绕研讨的问题，到底有几个要点，这些要点是从哪几个方面来叙述的，它们之间有什么联系等，一定让大家都非常清楚，否则，没有必要的整合，就不能使知识系统化，就不能使学生对知识有一个整体印象，学生就只见树木不见森林，学生的提升性就不大。整合做得好，学生的归纳能力就得以提升，学生的发散思维能力就得到进一步培养，这些都将为学生的终生发展奠定良好的基础。

整合的内容。整合的内容就一节课而言，包括两个方面：一是对各环节的整合，二是对一节课的整体整合。对一节课的整合如：学习了思想品德《独具特色的民族区域自治》一课，围绕为什么说中华民族是一个团结的多民族的国家，就可以整合如下：中央人民政府向西藏自治区赠送“民族团结宝鼎”；参加全国人民代表大会中的少数民族代表每届的比率逐年提升；青藏铁路的开通；西电东送；西气东输等。

整合的注意事项：

①教师心中要有整合的理念。整合不是可有可无的，而是课堂不可或缺的重要组成部分。

②整合者不是教师，是学生。开始时，教师要适时引导，时间一长，学生就学会了整合，这时教师就要完全退到幕后，真正使学生的各种综合素养得以大幅度提升。

③不要流于形式。整合尤其是课堂结束时的整合，由于时间紧，整合往往流于形式，效果不好。这就要求教师要课前精心预设，要留有充足的时间来整合，而不是虎头蛇尾，仓促收兵，落荒而逃。

④整合的提升性。整合不仅是知识的整合，更有在知识之上的提升。如在一位初中化学教师的课堂上，学习了科学探究与生活一节时，桑菊同学整合道：我们今天学习了科学探究在我们身边，科学探究与温室效应，科学探究与低碳经济等，诚然，这只是知识的整合。这时，李凯同学整合说：科学探究与我们的生活密切相关，可以利用科学探究证明社会的热点问题，可以利用科学探究创造美好的生活……这种整合显然是一种提升，是一种高层次的整合。这时，教师加了一句：生活即化学，化学即生活，这更是整合的进一步提升。

（三十一）达标性

达标性是指一堂课中要对所学的基本知识、基本技能等进行检测，从而了解学生的掌握程度。达标性是一堂课中不可或缺的重要组成部分。

达标题目的内容。达标题目的内容由两部分组成。一是备课时精心设计的题目，二是课堂即时生成的有价值的题目。这些题目或是应该出现，可是由于种种原因没有预设到达标题目中，或是学生容易出错或需要强化的题目。

达标题目的类型。达标题目的类型可以分为基本题、变式题、综合题。三种类型题目的数量比例，基本掌握在7∶2∶1。当然，还要根据课堂的内容、不同的时段来具体确定。比如，新授课的学习时期，综合题目较少，但是复习阶段时，没有综合题就不妥。

达标形式。达标的形式以书面表达为主，以口头表达为辅。比如，学生刚学习了说明文的说明方法，给学生适当的时间后，学生即兴的口头作文，就是达标的一种很好的形式。因为从学生的表达之中，就可以发现学生的立意谋篇、层次结构、遣词造句等水平如何；又比如英语课堂上，学习了句型或语法后，学生稍做准备，就即兴表演的情景剧，只要学生把刚学过的知识，灵活地运用到生活情境之中，运用的正确与否，规范与否等，通过学生的表演就昭然若揭。

达标的时间。因为达标分整堂课达标和及时达标两种，所以达标的时间比较灵活。

检测的对象。仅靠教师自己当堂检测全体同学是不可能的，也是没有必要的。当然如果时间允许，教师可以把学生做的题目在课下批改研究，但通常不这样做。要完成“四个当堂”即当堂练习、当堂反馈、当堂矫正、当堂沉淀才可以。所以教师可以根据情况进行抽测，可以抽测一个小组或两个小组，并且完成“四个当堂”。其他小组的同学可以互相批改，统计结果，从而了解全班同学的学习效果。

达标的目的。达标题目的目的，简单说就是看一看学生的学习效果如何，也就是落实课堂效果的“实”字，以便进一步改进下一步的工作。具体说，就是看一看学生通过学习，是不是学会了，是不是会学了。

注意事项。达标的题目不要过多，达标要常态化。对于达标题目的反馈，要注意艺术，要让学生自己认识到不足，而不是教师生硬指示和命令下的、学生被迫而无效果的“感悟”。

（三十二）深刻性

深刻性是指在有效课堂的基础上，解决学生由知识到方法、由知识到规律、由知识到思想、由知其然到知其所以然、由有效课堂的“学会”到“会学”的过程。

课堂深刻性的方法。课堂深刻性的方法主要包括：质疑性、方法性、规律性、思维性、思想性、联系性、生成性等。

（三十三）质疑性

质疑性就是指学生在学习过程中，不仅要学习知识，更重要的是发现问题，敢于否定、敢于向书本挑战、敢于向教师挑战、敢于向权威挑战，并且能提出独到的观点。

质疑的实质。质疑实际上就是不盲从，通过否定进行思索，提出自己的主张。在提出自己的主张时，学生必然要积极思考，认真学习，其求知欲望、学习的动力都是空前的，远比承认某种道理所付出的要多。这样学生的内在潜能就会被激活，聪明才智就会被真正地点燃，学生的生命活力就会真正地焕发出来。

质疑性的意义。质疑意义非同小可。质疑实际上就是思维的批判性，是创新能力的重要组成部分。能够发现问题，不拘泥于课本、传统、常规、权威等的束缚，而提出自己的见解，这种否定思维习惯的培养，对于学生创新能力的提升，将起着不可估量的作用。

质疑性对于教师的要求。教师要创设条件，给学生充分的思考时间，让学生发现问题，提出问题，分析问题，解决问题。教师要保护学生的质疑心，并给予积极的认可和赏识。教师要积极引导学生，进行否定、发现问题、提出问题，而且可以建立相应的评价机制，使质疑走向科学、规范、走向常态化。

（三十四）方法性

方法是指关于解决思想、说话、行动等问题的门路、程序等。

学生的学习不是知识的记忆，材料的叠加，而是以知识为载体，学知识，长才干；学知识，悟方法；学知识，究真谛；学知识，寻规律。

所以，我们教师在备课中要注意这些问题，要通过不同学科的学习，让同学们在自主、探究的学习过程中，对各种各样的学习方法由不知到知，由不会到会，由会而不熟到熟练运用，这样，学生才真正是学习到了本领。为此，要求我们教师在备课时要胸中有数：这节课应该让学生掌握什么学习方法、如何去掌握、怎么检验，学生是否已经掌握了这种学习方法等。如数学上的数形结合思想、转化思想、归纳法、类比法等都应该通过学习，让学生熟练掌握并有所创新。比如数形结合思想在数学上的应用如：函数图像，工程问题等，化学上的溶解度曲线图，地理上的人口变迁图等。又比如小学五年级的数学中，在学习圆柱体的表面积时，有一题目是：一个圆柱体的底面周长是260cm，高是80cm，如果把该圆柱体截成大小相等的三个圆柱体，那么，圆柱体的表面积增加了多少？我们知道增加了四个圆柱体的底面积，可是一部分学生不明白，只是摇头，这时老师让同学们画了一张简图，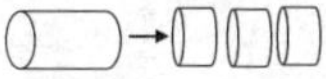，同学们一看见黑板上的图形，马上就豁然开朗，茅塞顿开。这一实例足以说明数形结合思想的重要性。又比如，在学习小学四年级语文课《珍珠泉》时，老师不能简单、机械地让学生去记忆珍珠泉“清、绿、深”的特点，珍珠泉水泡的有趣等。而应该引导学生知道从哪些方面，为什么从这些方面来写其特点和有趣的，即不仅知其然，更应知其所以然，这样才能真正学会知识，才能举一反三，触类旁通，真正培养学生的学习能力。

总之，“授人以鱼，不如授人以渔”，我们一定要引导学生勤于思考，善于总结；敏于发现，善于归纳；敢于质疑，善于提炼。找方法，寻规律，究真谛，知其然，更知其所以然，做一个善动脑、会思考的研究型学生。

（三十五）规律性

规律性就是指事物内在的、本质的必然联系。

1. 规律性的意义

（1）规律性是学生终身学习能力培养的必需。规律性是学生课堂学习的较高境界，是学生从学会到会学，从学会到能学的必要训练。

（2）规律性是学习知识的归宿。学生学习知识不是目的，通过学习知识，要发现问题，探究真谛，寻找规律。这样，教师的教，才会达到“教是为了不教”的目的。

（3）规律性是学生思维品质培养的必经途径。学习知识只能知其然，却不知其所以然。知其然，不知其内在的奥妙，则不足以真正激活学生内在的潜能，激活学生的思维，学生内在的活力、灵性不能被真正诱导和唤醒，不利于学生优秀头脑的产生，而规律的探究过程，就可以使学生的强烈求知欲望被激活，学生心智的火焰被点燃，学生的智能被开发……

2. 课堂中规律性的表现

比如，在求证四边形的内角和等于 360°时，学生可以用多种方法给予证明，教师不能仅仅满足于此，要引导学生发现规律，学会转化思想，化难为易的思想，并且引领、启发学生，在今后的学习过程中要注意运用这一个规律。又比如英语学习中，关于 a、an 的用法时，要引导学生在大量感知材料的基础上，让学生自己总结出如下规律：an 常用于元音（指发音）开头的可数名词前面，如 an apple，an orange；a 常用于辅音（指发音）开头的可数名词前面，如：a book，a desk 等。

3. 规律性对教师的要求

（1）教师要有规律意识。

（2）教师要引领学生探究规律。

（3）教师要给予学生充裕的时间思考、总结。

（4）教师要放心。教师千万不要自己去总结规律，一定要让学生自己归纳出来，总结出来。

（5）教师一定要启发引导学生，不仅要总结规律，而且要运用规律。

（三十六）思想性

思想性是指在课堂教学中，要挖掘蕴藏于知识之中的规律、方法等。思想性的实质就是知识内在的真谛和内在的本质性联系。

1. 思想性的内容

不同的学科所涉及的思想性有所不同。比如，初中数学中，在证明四边形的内角和时，方法有多种，但是，不论是从四条边上任取一点，四边形内任取一点，还是从四边形外任取一点等，都要利用三角形的内角和等于180 度，教师不能仅仅让学生会证明就没事可做了，否则，学生永远也不会把知识变成能力。在这里涉及到：①转化思想。即把复杂的内容，变成简单的已学过的内容。②发散思维的思想。这里的一题多解，就是发散思维，要引导学生从不同的角度、不同的侧面，去思考问题，寻找解决问题的途径。③收敛思维的思想。同学们仅仅一题多解还不行，要运用收敛思维的思想，从中寻找最简单的办法，这才是发散思维的目的和归宿。对于以上三种思想，教师在开始必须予以明示，时间一长，要让这三种思想，内化成学生的一种常态思维习惯。又比如学习初中化学《影响蜡烛燃烧的因素》一节时，不要仅满足于这个实验的科学探究，而是要渗透一种发现问题、提出假设的科学探究的思想。靠科学探究来验证自己的假设，化学如此，物理亦如此。当然类似的例子还有很多，在此不再详述。

当然，不同学科涉及的思想也有共性的东西。比如，思维的发散性，化难为易的思想等。又比如小组合作学习的开展就要渗透团结合作思想，表达要精彩，书写要规范就是要渗透至美至善的思想等。

2. 思想性的意义

教师有意识地对学生的思想渗透，是教师主导作用的重要体现。是学生学知识、长智慧的必要途径，否则，就题论题，学生就会成为知识的奴隶，学生的聪明才智就会被扼杀，学生的灵性就会荡然无存。

3. 思想性对教师的要求

思想的渗透性，要求教师要提高认识，付诸实践。要求教师要加强学习，学习不同学科所包含的众多思想，从而为自己在课堂上灵活熟练地渗透做好铺垫。

（三十七）联系性

联系性是指学生在自主学习过程中，要与学过的知识、生活实际、社会实践等诸多相关因素相关联。

1. 联系的内容

联系的内容可以是已学过的知识，比如在学习《影响蜡烛燃烧的因素》时，对于为什么要试验4次，有的同学就联系到物理中，测电阻时也要测多次，测量书本的厚度也要测量多次等，从而总结出科学探究过程中要采取多次测量，以增加准确性的方法。联系的内容也可以是生活实例、社会实践、自然现象、人类生存、环境保护、社会发展、低碳经济等。

2. 联系性的意义

一是通过联系可以加深记忆和理解。美国心理学家威廉·詹姆曾说过：一件在脑海里的事物，与其他多种事物发生联系，记忆就深刻；二是通过联系可以使知识形成系统。在学习物理“三态变化”时，对于固体变成气体的升华过程，需要吸热，气体变成固体的凝华过程需要放热等现象，联系化学知识：固体、液体、气体分子之间是有间隔的，用此解释升华、凝华现象则非常容易理解；三是通过联系，可以使知识更好地为生活服务。比如学习了分子之间有间隔的知识，联系生活中，工人师傅在铺水泥地面时，铺一段后，中间隔一小间隔，就是利用了热胀冷缩的原理，使水泥地面经久耐用。又如，为了防止蚂蚁对千里江堤的破坏而发明的探测仪，也是利用了蚁穴与周围土质电阻不同的原理设计而成；四是通过联系，培养学生的联想能力等思维品质。

3. 联系性对教师的要求

联系性要求教师要有联系的意识，要积极引导学生上挂下联，纵横比较；要给予同学们足够的时间。在充裕的时间内或相似联系或对比联系或自由联系等；教师要及时进行评价，使联系的观点内化成学生的习惯，为学生的可持续发展奠基。

（三十八）生成性

生成性是指学生在自主学习的过程中或学习后，学生形成的新的感悟、新的收获、新的发现、新的发明等。

1. 生成性的内容

学生自主发现现象、规律、学生的作品、学生总结的口诀、学生自我编制的练习题、学生当堂产生的新的想法、做法等。比如学习初中化学《走进化学实验室》时，一名学生在如何放置块状固体时，他认为：可以把块状固体放在试管口，然后用相应的试管刷，把块状固体推进试管底部。我们先不谈论用试管刷有没有必要，但这种做法却是这位学生的创新之处，比直接倾斜试管更可靠，不能说不行。其可贵之处就在于，不拘泥于大家常用的做法，而是组合出一种新的做法。在这节课中，同学们通过学习还自己创作了两个人的对白，使同学们对知识的掌握有了一种新的理解途径。两同学创作的有关内容如下：

谁厉害

滴管：哥们，告诉你，我可厉害了！咱们两个合作也不是一天两天了，难道你就没发觉吗？

试管：你厉害？谁说的？没有我试管你做实验，没门！要说厉害啊，那还得数我试管最牛！

滴管：什么？你厉害？那咱可得说道说道！你看，往里放块状固体的时候还得把你试管横过来，放在口处，还得慢慢滑进去。放粉末状固体时还得放到底部，得讲究“一横二竖三弹”，这也太麻烦了吧！

试管：让你一说啊，还真有点麻烦，不过你使用规范不就 ok 了！咦！别只是说我啊，我看啊，你也不怎么地！

滴管：我怎么了？我用起来既方便又实用，人们可喜欢我了！嘿嘿！！(表情)

试管：行了吧！仗着牛不大，你提着吹！我试管可以放块状、粉末状固体以及液体等，你能吗？啊？

滴管：这点是不能，可清洗你的时候也忒麻烦了吧！还得用试管刷，你看上下左右的，还得转着刷。“洗刷刷，洗刷刷，洗刷刷，噢，噢”就是刷不干净。我再刷，再刷，也忒麻烦了吧！

试管：清洗你的时候，连刷子都不用，直接用水冲，太浪费了。这样我还担心你牙龈出血呢！

滴管：咱们还是别争了，我们和好吧！

试管：你这句话才有点道理。希望咱们都别忘了咱们的用处，也要表现积极，多为人类的科学探究做贡献吧！

课堂是动态的，更是生成的，因为学生的学习过程是一种自主、自觉、自愿意义上的建构过程。一定要利用文本、超越文本，联系生活、联系实际、联系社会发展等，否则文本的学习就会失去其存在的价值和必要。

2. 生成性的本质

生成性的本质，就是让学生通过文本的学习，学以致用。通过联系实际，有所发现、有所发明、有所创新、有所发展，这才是学习的真正目的。

3. 生成性对教师的要求

生成性要生活化。比如在学习《责任》这一课时，学生有的谈意义，有的谈感恩，有的谈要孝敬父母……不一而足，可是整堂课却没有发现一个学生，谈自己在家里是怎么做的，有哪些方面做得不好，说的都是大话、空话、套话、假话。试想这样不联系自身而谈、而学，这样的课堂有何存在的价值和必要呢？

4. 生成性要实践化

学习文本后学生的创作、学习了文本后学生的演出、学习文本后学生的小制作、小发明等，这一切都是生成。比如学习了《珍珠泉》以后，学生自觉地去观察生活，贴近自然，融入自然，短短几个月，同学们就把对祖国大好河山的赞美，通过生花的妙笔，写下了一篇又一篇感人至深的文章等。这样的生成，从课内课外，从课本到实践，从工具到人文。从简单的知识学习，到对祖国山河的热爱，真正达到了教育目的。

5. 生成性要民主化

比如，教师要积极引导学生的生成，创设民主的氛围，对于学生的生成，不论其深刻与否，都要认可其积极的一面，婉转地指出其不到位的地方。要建立灵活多样的、有效的相关评价机制，使学生的创新走向科学、规范、走向常态化。

6. 生成性的意义

课堂有了生成，课堂才回归了教育的本真，学生的生命活力才得以彰显，课堂才深刻，课堂才有生命力，学生才会喜闻乐见，乐此不疲，学生的兴趣才会被激发，学生的求知欲望才会被激活，学生自我实现的愿望才能得以实现，学生的实践能力、创新精神才会得以培养。一堂没有学生生成的课不是好课。

（三十九）终生性

终生性是指课堂教学要为学生的个性发展、全面发展、终生发展奠基。要让学生学会做人、学会做事，要培养学生终生发展需要的各种能力，要让学生从学会、会学到能学。

1. 终生性的内容

终生性的内容包括：美好的人性、健全的性格、阳光的心态、思维的卓越、演讲的非凡、自信的素养、良好的习惯等。这些有利于学生终生发展的内容，都需要在课堂上体现出来，这才是课堂的出发点和归宿。

2. 终生性的意义

终生性是课堂的最高境界，是教育的最终目的和归宿，是课堂的灵魂。一堂好课就应该体现终生性、体现教师育人的睿智。

（四十）思维品质

思维品质的培养是指课堂学习过程中，教师要着力培养学生的思维品质，培养学生思维的批判性、广阔性、灵敏性、独特性、深刻性等，使学生的智力因素得以提升。

1. 思维品质内容

思维品质的内容主要包括思维的广阔性、思维的深刻性、思维的批判性、思维的灵敏性、思维的独特性、思维的逆向性、思维的收敛性、思维的直觉性、思维的广阔性等。比如思维的广阔性，就是指学生可以张开想象的翅膀，从不同的角度、不同的侧面、立体式、全方位、海阔天空、无拘无束、自由驰骋、异想天开地探究灵活多样的问题解决方式。如数学上的一题多解问题等。又比如思维的逆向性，就是从事物相反的角度思考，从而取得意想不到的效果。比如刘禹锡的《陋室铭》短短 81 个字，但却令人回味，除文字优美，意境深远外，与作者匠心独运，巧妙运用“逆向思维”有关。一般说来，文章对山的赞美，长称其为“俊秀、伟岸、险峻、高耸……”而刘禹锡反其道而行之，曰：“山不在高，有仙则灵；水不在深，有龙则灵……”。又比如小学语文课本中，讲到的司马光砸缸的故事，常规下人掉入水中，救人的办法是“使人离开水”，而司马光根据当时的情况，从相反的角度考虑问题，“使水离开人”，从而非常巧妙地解决了问题。化学课上，讨论“相同质量的一杯水和适量浓度的一杯盐水谁先结冰”，一名学生联系生活，用撒盐的办法来加快道路上冰雪的融化来阐述一杯水先结冰，就是利用了逆向思维的方式。这样的例子还有很多，这就要求我们教师要善于引导，有意识地培养学生的逆向思维能力，为学生的创新精神奠定良好的基础。

2. 思维品质的意义

课堂学习的第一件大事就是做人，思维品质的培养是课堂的第二件大事。教师只有真正把学生的思维品质培养起来，学生的创新精神、实践能力才会真正的提高，学生内在的心智火焰才会被点燃，学生灵性的头脑才会变得更加优秀，我们的人力资源大国才会走向人力资源强国。

（四十一）表达能力

联合国教科文组织，在提出的提高全民受文化教育程度时有几个关键词：终身教育、全民教育、全纳教育。可见终身教育的重大意义。再者，我们培养学生到底是为了什么，说到家就是为了让学生进入社会以后有较强的生活能力，能幸福愉快地生活。为此，教育就必须为学生终身发展而奠基、而服务、而准备。所以课堂教学中，就必须对此要特别予以关注，给以高度的重视。为此，教师就应该知道学生今后人生应该需要哪些基本能力或素质，结合不同学科的不同特点，高屋建瓴地进行有目地的训练和培养，持之以恒，锲而不舍。比如世界500强企业中，优秀员工必须具备多种能力，比如人际交往能力。那么如何在课堂中去培养这种能力呢？众所周知，人际交往能力的核心是语言表达能力，为此，课堂教学中尤其是语文教学中，必须把培养学生的语言表达能力作为重中之重来训练、来学习。让学生能说清楚、讲明白。并且作为教师，还必须把语言表达能力再进一步细化，即到底如何去培养语言表达能力，应该从哪几个方面入手（见附：“语言表达的三要素”一文）。

经过我们在语文课堂上的探索，我们认为语言表达要从三方面入手，即音、形、情。使学生在课堂上，敢说、愿说、会说、善说、乐说，说得条理清晰、说得口若悬河、说得抑扬顿挫、说得栩栩如生……说得感天动地、说得跃跃欲试、说得剑拔弩张、说得顿开茅塞……为此，我们的课堂教学中就应着重从以上三方面，来具体地培养学生的语言表达能力，从这三方面入手，那么语言表达能力的提高就落到了实处，继而人际交往能力的培养才会变成现实。

在课堂中，围绕音、形、情这三个方面，要义无反顾地、大张旗鼓地、旗帜鲜明地去做，只有这样，才能培养学生的语言表达能力，才能为学生的终身发展奠定良好的基础。

附：杜郎口中学语言表达的三要素

人的生存离不开良好的交际能力，而交际能力的核心之一就是语言表达能力。如何从学生起就开始培养较好的语言表达能力，就显得尤为重要。长期的教学实践告诉我们，可以通过音、形、情三个方面来培养这一重要能力。

一、音

1. 语音

学生的声音，一定要洪亮，虽不能说句句声若洪钟、掷地有声、铿锵有力，但一定要让全体学生都能听得清清楚楚，这是最基本的，也是最首要的要求。

2. 语调

学生的语调，一定要和文本的情感起伏相协调，做到抑扬顿挫，唯有如此，才能真正融入文本之中，体验作者的真实感受，也才能让听者受到感染、得以启迪、得到陶冶，进而被感动、被打动、被震动……

3. 语速

学生的语速，一定要根据文本内容和情感需要或快或慢，语速适中，切忌太快或太慢。

当然，除以上三方面外，还要注意学生的表达要清晰明了、口齿清楚、不要有口语现象等。

二、情

1. 感情

感情是指学生要热情饱满、激情充盈、精神抖擞，决不能毫无生机、打不起精神、无情感可言。更不能机械地、呆板地、麻木地、冷若冰霜地诵读或表达，让听者恹恹欲睡、萎靡不振。

2. 入情

在表达前，学生要认真感知文本、仔细分析文本、用心感悟文本，唯有在此基础上，学生方能真正体会文本的深刻意境，入其情，为表达做好铺垫。

3. 真情

在“入情”的基础上，学生表达时要有真情实感，不要矫揉造作，要与文本作者同喜、同忧、同悲、同哀……这种情感来源于心，运用之妙，在于突出一个“真”字。

4. 达情

要“入情”、有“感情”、用“真情”，在此基础上学生表达时的精彩“达情”也就顺理成章，水到渠成。

只有入其情、有感情、用真情、达其情，“四情”合一，学生的表达才能精彩、生动、感人肺腑……切忌“学生腔”。

三、形

学生的表达以音传言，以情感心。与之相伴而生的就是外在形体的自然行为：或握拳或抱手、或扬头或沉思、或微笑或忧愁、或怒目而视或虎视眈眈……要么自然、大方，贴切到位，让人感动；要么生硬、拘谨、让人感到做作……

当然，面目表情、形体动作等肢体语言都是与语言相伴而生的一种必然结果，绝非有意添加，故作姿态之举，实为顺其自然之作。

对于表达的三个方面仅举一例加以说明：如某人表达时“潸然泪下”，这时为什么能感染人、打动人？不就是因为其中声、形、情兼备，有声、有形、更有情吗？所以我们指导学生的语言表达时，要特别关注这三个方面。

总之，对于表达的这三个要素，教师要让学生清楚地知道、明白地理解、熟练地应用。这当然要求教师要做好示范，用似火的激情点燃学生的满腔的热情，用鲜活的生命唤醒学生尘封的心灵等。在课堂上就是要让学生敢说、愿说、能说、会说、善说、乐说，说得是头头是道，说得是乐在其中。说得或神采飞扬、蓬荜生辉，或栩栩如生、形象逼真，或满腔怒火、义愤填膺，或号啕大哭、潸然泪下，或雷霆万钧、群情激昂，或婉转动听、动人心弦，或手舞足蹈、得意忘形，或满面愁容、惆怅万分……

语文课堂上的学生语言表达如此，其他学科也概没能外，不无借鉴价值。当然，初始阶段，无论学生的哪一方面表达不到位时，都需要教师给予悉心指导、精心示范、诚心关注……这样假以时日，必定有意想不到的惊喜，从而使课堂因学生主动、生动、精彩的表达而生色添彩，使学生愉快学习、幸福成长成为可能。

当然，学生在表达时还要注意到“聚焦处”，注意脱稿等问题。

总之，课堂上，教师要注意学生语言表达的三个方面，使三者和谐而统一，从而让我们的课堂因学生的精彩表达而散发出迷人的芳香吧！

（四十二）养成教育

比如在小学五年级的一节语文课堂上，张锐同学的精彩讲解以后，一位戴眼镜的男同学善意而又婉转地提出了自己的不同见解。听后，张锐同学感激地一边点头，一边说了声谢谢。老师立即抓住时机，在表扬了戴眼镜的男同学的积极主动的同时，又对张锐同学的文明、懂事的举止及时鼓励。在这里，就是通过教师的赏识，加强对学生良好文明习惯养成的强化，从而让学生学帮助、学会感恩，学会做人。

（四十三）自信能力

下面通过张老师、李老师对课堂细节的处理，来看自信能力的培养。

先看张老师的课堂。每当学生讲解完毕后，张老师往往对学生的精彩讲解，不住地点头称赞或说句“嗯”。教师的“嗯”字说出以后，学生获得了认可，满足地看了一眼老师。试想，学生讲解之后，总是寻觅教师的身影，总想探知教师的观点，如此不相信自己，这样的教师何时才能培养起学生的自信呢?

再看李老师的课堂。学生讲解完毕后，李老师总是先把机会让给学生，除非是万不得已，李老师绝不表态。没有了老师的抢白，学生失去了依靠，却有了自信；没有了教师的表态，学生失去了依赖，却有了自信；没有了教师的认可，学生失去了权威，却有了自信。

从上不难看出，细节的处理不一样，学生的自信心就不一样，时间一长，其影响将会更加明显。我们教师不经意的举止，也许就会影响学生的终生发展能力。所以我们教师一定要加强学习，反思自己的课堂行为，优化细节，为学生的终生幸福负责。

（四十四）认真习惯

良好习惯的养成教育就是最好的教育之一。做事认真的习惯，对于学生的一生来说就是好的习惯，也就是好的教育。

认真的习惯如何培养，我们认为主阵地在课堂。课堂上，为了真正体现学生的主体地位，把学习的更多空间还给学生，杜郎口中学的课堂上，设置四面黑板，其中的一个重要目的，就是实现对学生认真习惯的养成教育。有的教师，仅仅认为让学生在黑板上写字，可以一目了然，对于写的不规范、不认真的同学可以及时提醒，这样就可以提高学生的成绩，也就是实现了黑板的功效之一；还认为抓书写就是抓成绩，有了黑板就是素质和应试的完美统一。实际上，绝对不是如此，如果这样定位，教师就有点功利了，不利于学生的成长。

对此，教师应该提高自己的品味，真正为学生的一生着想。教师应该通过学生的书写，让学生养成只要做事就像写字一样，认认真真，一丝不苟的习惯，让这种认真的习惯变成学生的性格，让这种认真的性格成就学生辉煌的未来。

如何去做呢？对于书写不认真的同学，教师要采取艺术化的方式。比如一名学生书写不认真，教师绝不能批评学生，要注意引领。因为学生心里也非常愿意写好，愿意受到同学、教师的表扬，只是书写的习惯一时难以改变而已。这时教师可以引导学生看一看哪一名学生书写的好，让书写不好的学生去学习，去模仿。学生在下一次书写时，教师要格外关注，如果这名学生有了进步，哪怕是一点点进步，教师也要及时赏识。因为对这名学生来说，这一点进步也许就很困难。当然，教师的赏识要注意真实性，不要空洞。比如可以说：哪几个字写得不错，哪几个字中的点、横、撇几笔写得很好。如果这样，学生书写还不认真，教师也不要着急、上火，更不能批评学生，否则，就会前功尽弃。毕竟教育是慢的意术，教师要学会等待，等待不仅是一种智慧，更是一种美德。为了学生一生的幸福发展，有什么不可以等待的呢？

学生的书写是这样，学生课堂的其他行为也是这样，我们不仅要注重学习的表面现象，更要注意教师的主导作用，要有意识地培养学生认真的良好习惯，为学生的终生发展而奠基。

综上所述，学生终生能力如语言表达能力、创新能力，合作能力，竞争能力，自信品质，做人道理、搜集处理新信息的能力，分析问题、解决问题的能力、团结合作意识的能力等还有很多。为了学生的终生幸福，我们必须高度重视，精心揣摩、诚心雕琢、细心打造，认真去做，坚持去做。真正实现：学生学几年，着眼其成长十几年，着想其人生几十年，考虑国家发展几百年。

（四十五）主导性

1. 主导性就是指教师的主导作用

它包括显性主导作用和隐性主导作用。

显性主导作用是指教师在课堂上的启发、点拨、引领、提升等。主要表现在以下三个方面：

（1）当学生在自主学习过程中，远离学习目标时，教师就要婉转地给予提醒，发挥教师的显性主导作用。

（2）当学生的知识水平难以解决课堂中涉及的问题时。比如：在学习初中化学，关于物理变化和化学变化，判断电灯发光是物理变化还是化学变化时，一名学生认为电灯发光是化学变化。因为他认为电灯发光，光是一种新物质。这里关于光是不是一种新物质，根据学生的知识储备，是不能解决这一问题的，这时教师就要起到显性主导作用，言简意赅的给予说明。

（3）学生点评不到位，需要教师提醒时。比如初中数学中，证明四边形的内角和等于360°时，有很多种方法，教师除启发学生，让学生自己归纳出转化思想外，教师还要启发学生学会发散思维、学会收敛思维，并内化成一种学习习惯，这一点就需要教师给予点化，有意识地培养学生的创新思维品质，尤其在开始阶段，需要教师的及时点化。

隐性主导作用主要表现在教师课堂过程的环节设计、方法运用、教学组织、达标题目的设计等。比如达标题目的设计，要注意做到分层次，由基本项、变式项、综合题组成。题目的难易程度按7∶2∶1的比例划分，即简单题占到7成，中等程度的题目占到2成，较难的题目占到1成。当然难易题目的多少，还与新授课、复习课有关，复习课时综合性题就可以多一点。

2. 主导性的意义

新课改下的课堂，也并不是不要教师的主导作用，在某种程度上讲，对教师的主导作用要求更高了。不论是显性的主导作用，还是隐性的主导作用，对于整个课堂的科学性、人文性、民主性氛围的创设，对于目标的实现，对于课堂的有效性、深刻性的实现，对于学生终生发展能力的提升等都起着重要的作用。

3. 主导性对教师的要求

教师一定要正确认识主导作用的显性和隐性作用，夯实基础，发挥其最大价值，正确处理好主导性与主体性的关系，发挥主导性而不是充当主体。

（四十六）至善性

至善性就是教师的标准要高、要规范、科学、至美至善。

1. 至善性的内容

至善的内容很多：规范性方面，学生的书写要仔细认真；学生作图不可随意而为，该用直尺的用直尺，该用圆规的用圆规；语言表达时要落落大方、要声音洪亮、要情绪饱满、要抑扬顿挫、要语速适中，不能有口语等；讲究语言表达的精彩性。思维方面，讲究思维品质的培养，注重学生终身能力的培养。对于学生的情景表演，要求一个真、像、活、实等。

总之，对学习过程中的任何一个环节，任何一个问题的处理，都要有一个高远的目标，按照最高的标准去执行。

2. 至善性的意义

至善性的目的就是给学生一个信号，做任何事都不能马虎大意，不做则已，做就做到最好。该规范的规范，该遵循规律的遵循规律，该用最好方法的用最好的方法等。

（四十七）创新性

创新性就是指以学生为主体的自主课堂上，教师要时时、适时地不断变化，以适应学生个性的需要、心理的需求、学情的变化等。

1. 创新性的内容

创新性的内容很广泛。比如评价方式的创新。为了调动学生的积极性，有时教师采用了很多不同的评价方式，比如，表现好的画一张笑脸，表现不好的画一张哭脸；表现好的画一个果实，表现不好的画一条吃果实的虫子等。时间一长这些评价方式学生就会感觉到厌倦，起不到应有的评价作用，这时教师就要变化评价方式，使评价方式与时俱进，适应学生的需求。又比如课堂伊始，激活方式的创新，课堂结束方式的灵活多样等。

2. 创新的意义

课堂只有创新才有活力，学生求知欲望才会强烈，学生的表现欲望才会迫切。课堂上，如果教师每节课总有出乎学生想象的新主意、新举措、新办法，学生就会充满着等待，充满着希望、充满着好奇……学生的潜能就会被激活，积极性就会增强，灵性就会迸发……课堂的有效性增强，学生的自由呼吸，自主成长就变成了现实。

3. 创新的注意事项

创新要注意生活化、趣味化、动态化，事事、时时创新，创新永无止境，当然不要为创新而创新。

4. 创新对教师的要求

教师要有创新的强烈意识，要虚心学习课堂创新的方法，日臻完善，永不满足，生命不止，创新不已。

（四十八）智慧性

课堂教学是充满智慧的课堂，绝不仅仅是知识的简单传授、机械训练、克隆、复制、翻版……一定要体现出教师的聪明才智，通过教师的聪明才智来点燃学生的智慧、激活学生的潜能、唤起学生的灵感，使课堂成为思维相互碰撞、灵感相互迸发的真正意义上的本真的课堂、智慧的课堂。

课堂上学生的生龙活虎，欢呼雀跃，你争我抢，欢声笑语靠智慧；课堂上活而有序，活而有效靠智慧；课堂上争论、讨论、辩论靠智慧；尝试、探究、否定靠智慧……课堂的点点滴滴无一不是智慧，因为课堂原本就是一个智慧的课堂，离开了智慧，课堂就没有了生命。

比如数学上的数形结合思想、化难为易、化繁为简、化大为小的转化思想；物理上的类比法、实验归纳法、联想思维法、理论演绎法等都是课堂学习中智慧的闪烁、智慧的生成、智慧的流淌……

敢于怀疑、善于否定、尝试假设、缜密探究、巧妙推理、上挂下联、延伸拓展，发现、发明、发展……求异、求变、求奇、求巧、求新……因智慧而创新。

课堂上不参与，但却通过激活学生，而达到参与的目，这自然是课堂中的大智、大慧。在该理念引导下，时时、处处、事事做一个智慧的点燃者，这就是“不为而为”“不战而战”的智慧的最高境界。

学生是有智慧的鲜活生命的个体，教师千万不要不利用这一巨大的潜能，而做些远离智慧的事情。

让我们利用自己的智慧，去点燃学生的智慧，让智慧来的更猛烈些吧！

当然，课堂除48条要素外还有很多要素，比如知识的应用性、课堂的趣味性、课堂的容量性、教师对课堂的调控性等，在此不再赘述，通过课堂的48条也只能是抛砖引玉，借以引起大家的重视，借以引起大家的研究，进而更好地实现我们的教育目的。

第三篇　生命课堂的评价

一、定性评价

众所周知，一个国家的发展靠教育，教育的发展靠教师，而教师实施素质教育的主阵地是课堂，课堂是教师专业提升的主要平台，是学生愉快学习、健康成长的主要舞台。因此，如何评价一堂课就显得尤为重要，因为课堂上能不能落实以人为本、关注生命，能不能培养学生的创新精神和实践能力，能不能让学生学会做人、学会做事等，这些都主要靠课堂来解决，也是教育的最终目的和归宿。近几年结合我校的实际情况，我们在这方面进行了有意的尝试和探索，仅供大家参考。

（一）评课的原则

1. 人文关怀的原则

评课人一定要以人为本，尊重授课教师的人格和劳动，既不要居高临下、也不要指手画脚，要用博大的胸襟、期待的目光、激励的话语，从授课教师的角度出发，既把存在的问题说得清清楚楚，话语又要说得中肯、亲切、和风细雨，真正做到“良言一句三春暖”，这样才有利于授课教师的接受，有利于他们的专业成长和发展；切忌“恶语伤人六月寒”，用刻薄的话语讽刺、讥笑、挖苦；切忌“麻辣点评”式。如“你这样授课，是在坑孩子”、

“当初老师是怎么教你的，课怎么会上成这个样子”等。只有心灵一颤，才可行为一动。要从思想深处打动授课教师，使他们产生改进的愿望，产生主动完善发展的动机。比如，在一节英语课堂上，学生表演对话时，其他学生有精力不集中者，评价时首先要充分肯定对话表演对英语学习的作用，又要指出：没有表演对话的同学，必须在对话结束时说出对话中包含的知识点、关键点各是什么，好在何处、有没有错误等，让授课教师真正感受到真切的关怀。

2. 实事求是的原则

课堂是有缺憾的艺术，为了使缺憾更少，课堂更完美，评课时必须实事求是、客观公正。对于优点，不言过其实，对于缺点不遮遮掩掩，做老好人。只有这样，才便于授课教师更全面、更深刻地把握课堂，才便于为授课教师的课后反思提供更准确无误的信息，才便于授课教师今后对课堂效果的准确定位。比如，一位优秀的数学老师由于种种原因，上的某一节课，很糟糕，作为评价教师，可以肯定以往的成绩，但更要指出这节课的不足，帮助他从思想上找原因，避免类似课堂的出现。

3. 详略得当的原则

评课的目的在于让授课教师对自己的不足有所认识，并能在今后的课堂教学中加以改进，以利于其课堂水平的提高。这就要求评课人要对教师课堂上存在的主要问题加以评价，要言简意赅、一语中的；要详略得当，重点突出。通过评课，要让授课教师对自己充满信心，而不是让其感觉自己所上的课一无是处、一塌糊涂。要让他们充满着自信，走出不足的港湾，走进更科学、更规范、更健康、更愉快的课堂。比如一位刚执教的语文老师的课，无论从结构安排、学生的主体性，还是语言表达上都有很大的漏洞，这时评课就应该有所侧重，告诉授课教师结构安排有何不合理之处，如何改进等。对于其他几点，可以稍微一提，而不应该予以强调。

（二）评课的方式

1. 选出主评人

如果听课人数较多（3 人以上）就要选出主评人，对授课教师的课堂情况进行评价。为此，主评人要首先召集听课人，让大家各抒已见、畅所欲言、充分酝酿、集思广益，最后达成一致的认识。要点明：这堂课的优点、缺点、各是什么？有什么建议？主要问题是什么？最需要改进的是哪些？在改进中应注意么等。要求操作性要强，要有根有据，表达要清清楚楚，明明白白。

2. 不选主评人

如果听评课人数较少（1～3 人），那么就不必选出主评人，大家都可以与授课教师互动，充分发表意见，最后达成共识，当然授课教师仍然要注意把握以上事项。

（三）评课的标准——好课的标准

对于美好的事物人们都希望它是科学和艺术的统一，比如对于战争可以艺术到不战而屈人之兵，我们对于教学也希望做到是艺术和科学的统一，所以我们的教学尝试着让学生去教，让学生去学，让学生快乐的去教，让学生愉快地去学，也希望达到“道常无为而无不为”的境界，所以我们评价一堂课是好是坏，不是看教师讲的多么生动、多么精彩，更主要的看学生是不是学习的主人，是课堂真正的主宰者，换句话说就是看学生在课堂上是否主动、生动、快乐，课堂效果是不是有效等四个方面。

1. 主动

课堂上学生全员参与、学生的主体性、创造性、主动性得以淋漓尽致地表现，学生强烈的学习欲望，巨大的学习潜能，张扬的个性得以精彩的展现。学生是学习的主人，他们或跳或唱或小品或表演或实验或演示……或蹲或坐或站或高或低，都表现出高度兴奋和极高的热情，你争我抢，活而不乱。学生自主发现问题，自主分析问题，自主解决问题，质疑答惑，互帮互学。敢于、善于、勇于提出问题，向书本挑战，向权威挑战，向困难挑战。学生唱主角，教师是配角，学生是课堂真正的主人。他们既分工又协作。在合作中竞争，在竞争中合作。每个学生都能畅所欲言，各抒己见，争论、辩论、讨论，活而有序。他们在教师恰当地引导、温馨地唤醒、亲切地激励下，科学探究、体验知识的生成过程，感知知识的来龙去脉、分析、归纳、提升出规律性的结晶，在民主的氛围下展开想象的翅膀，延伸、拓展、升华、感悟、内化成自己的体验。以数学展示课为例：学生的讲解是精彩的、点评是恰当的、表扬是真诚的、批评是婉转的、联想是独特的、追问是及时的、提问是有意的、反思是静静的、争论是热烈的……而这一切都是学生自由、自主、自发、自觉的行为。

2. 生动

课堂上，学生的心灵得以放飞，激情得以燃烧，情感得以流露，才艺得以展示。争妍斗奇，百花竞放。触景生情，高兴者可手舞足蹈，悲痛者可痛哭流涕……这里没有遮遮掩掩，有的只是真真切切，这里没有矫揉造作，有的只是自然地表白。师生互动，生生互动，形式五彩纷呈，实用有效：或歌唱或舞蹈或小品或相声或京韵大鼓……课堂安排，动中有静，静中有动，张弛相依；课堂气氛热烈、高涨，亮点不断地闪现，高潮迭起，掌声不断，笑语绵绵，精彩纷呈，流光异彩。

3. 快乐

这样的课堂，学习不再是一种负担，而是一种享受；生生间互相启发、互相鼓励，互相提高。这里没有挖苦，有的只是激励；

这里没有歧视，有的只是尊重；这里没有体罚，有的只是宽容；这里没有“暴风骤雨”，有的只是“和风细雨”……这里正努力地把以人为本，关爱生命落到细微之处：黑板上是学生的“名言”，是他们自己的感悟、体会，是他们发自内心感情的真实流露；学生是学习的真正主人，他们是课堂的真正主宰者，他们可以说自己愿意说的，唱自己愿意唱的……每个学生都能真实地、亲自体验学习过程中的酸、甜、苦、辣，脸上不时变幻着对知识的“疑惑”、思路打开后的“惊奇”，得出结论后的“幸福”……

4. 有效

一堂好课，学生学习主动、生动、快乐是必须的，当然也应该是有效的，即通过课堂教学培养学生的正确的人生观、世界观、价值观，使之学会做人、做事；培养他们的创新精神和实践能力，加强对“双基”的理解和掌握，很好地实现三维目标。以一堂音乐课为例：一个来自河南的小男孩张同，暑假刚来，却很快喜欢上这种开放、民主、和谐的课堂，一首新歌曲刚学完，他就第一个冲到黑板前，用自己的心声演唱，虽谈不上字正腔圆，但却字字含情，感情饱满，韵味十足，毫不怯场，赢得全体师生和外校听课教师的热烈掌声。不仅音乐课是这样，学生在其他课也照样有精彩的展示。长此以往，学生的自信得以加强，心理素质得以强化，为他们的人生发展奠定了良好的基础。学生在这种民主、和谐、平等、宽松的课堂上获得了尊重和赏识，耳濡目染、潜移默化，他们也就学会了对别人的尊重和赏识，从而学会了做人和做事。

总之，课堂上学生动了起来、课堂活了起来、效果好了起来。主动会带动生动，生动有利于主动，主动、生动的课堂给学生带来了快乐，从而塑造学生健全的人格和灵魂，促进学生健康、愉快地成长。当然，评课的时间越早越好，最好在听课的当天进行评课，评课人员原则上凡听课的人都要参加，评课的地点应该安静等。

（五）评课的注意事项

1. 评课前，倾听授课教师说课

评课前，要认真倾听授课教师的说课，领会、把握授课教师的意图，从而使评课更有效。比如：在听完一节英语课后，不论授课教师的课堂是否精彩，评课这都要尊重授课教师，静下心来认真聆听授课教师对课堂的设计意图，如学习目标的设计、结构的安排、学习形式、时间的分配、学生主体地位的凸显等；要给授课教师充分的时间，让其阐述目标的设计是否科学、规范、具体、明确；结构安排是否匠心独运，进行了哪些优化、取舍，是否紧紧围绕学习目标；采用了那些学习形式，是不是灵活多样，从而诱导学习兴趣，激发学习活力，使学生的学习真正成为自主、自觉、自愿的行为；时间是如何分配的，能否为突出重点、突破难点服务，英语的领读、齐读、接龙读、据意读、据画读或对话表演、英文演讲、比赛等是否留有时间的空挡；教师是否把学习的时间、学习的空间、学习的自由真正归还给学生，使学生真正成为课堂的主人等。只有了解上述情况后，评课者的评课才会有的放矢、针对性强，让授课教师心服口服，从而提高授课教师的专业素养。

2. 评课后，跟踪听课、评课

评课后，评课人一定要进行跟踪听课、评课可采取“跟踪—会诊—跟踪—会诊”的方式，充分利用课堂跟踪纪录，真心帮助授课人一起分析、一起反思、一起归纳总结，直到课堂有较大改进或完善为止，要有“咬定青山不放松”的精神，直到课堂有起色，从而使课堂更加完美，使课堂真正成为素质教育的主阵地。

总之，评课是教学评价体系中重要的一个内容，做得好，做得扎实有效，才能进一步推动课堂教学走向科学、健康的快车道，否则，评课流于形式，便不利于学生综合素质的全面提升。（节选自《中国教育学刊》2008 年第 4 期选入本文时略有改动）

二、定量评价

杜郎口中学课堂定量评价标准细则：

（一）文本拓展（10 分）

找规律、觅方法、学知识、长智慧、质疑、析疑、创新、突出重点、突破难点、由现象到本质、上挂下连、左顾右盼、由树木到森林、由子系统到大系统，使文本挖掘有深度，文本拓展有广度。

（二）课堂氛围（10 分）

你争我抢、欢呼雀跃、争问抢答，热情高涨、神采飞扬、精神饱满、情感流露真实、心灵放飞突出、个性张扬凸显、才艺展示精彩、思维互相碰撞、智慧火花闪烁……

（三）学生参与（5 分）

参与面广、参与人数达班级人数的 2/3 以上。

（四）10 分钟 +35 分钟（5 分）

（五）学生表达（10 分）

学生能在聚焦处面向全体学生点评、讲解、追问、争论、无口语、语言流畅、感情丰富、抑扬顿挫、声情并茂、肢体语言运用恰当自如、学生敢说愿说、会说、善说、亮点不断、精彩纷呈、流光异彩。

学生板书认真、规范，重点、难点、易错点等鲜明突出，板书设计合理艺术。

（六）课堂生成（5 分）

学生有自己的拓展、延伸、提炼、升华，能举一反三、触类旁通、联系生活、联系社会、联系自我等，有感悟、有反思、有体会、有创新、有发明……有独到的见解、有作品的生成。

（七）课堂效果（15 分）

要有 6 分钟左右的当堂测评时间，测试多以书面形式进行，可测试全体也可点面结合，当然也可以以口头表达方式进行。

三、评价与课堂的亮点问题

相传有一位皇帝，想看一看两位技艺相当的木匠艺人到底谁手艺好，于是让这两个艺人做老鼠进行评比。第一位做的老鼠活灵活现，惟妙惟肖，如同一只活鼠，众人一致认为这位艺人当之无愧是第一；第二位艺人不服，他说，你们评的我不同意，我认为应该让猫来评价，众人觉得也有道理，于是奇特的现象发生了：所有的猫都跑向了第二个艺人做的老鼠。众人都惊呆了，连连称奇，就连第一位艺人也不得不承认第二个艺人做得好。为什么会这样呢？原来第二个艺人在做之前，动了一番脑筋，下了一番工夫，他想，要比手艺，我们两人相差无几，要想赢得第一名，必须有过人之处，否则难以取胜。所以在鼠的制作材料上，这位艺人选用了猫爱吃的鱼骨。就是凭这一点，使这位艺人最终赢得了这场比赛。从这个故事之中，我们不难发现，做任何一个件事情，如果普普通通，那么永远也不会达到吸引人、感动人、让拍手叫好、击案叫绝的至高境界。犹如一篇文章，若要获得好评，必然是基本分加亮点分；一堂课如果让人叫好，也绝不是平平常常，一定有特别能打动人的地方，我们可以称之为课堂的亮点。也就是说，可以根据一堂课，是否有亮点，来判断是一般课还是精彩课。

（一）基本亮点

数学上的一题多解培养了学生发散思维的能力，而发散思维是创造思维能力的重要内容。当然仅仅一题多解是不够的，还必须对多种解法进行分析和比较，寻找相同点和不同点，然后找出共性的规律或最简单的方法。比如，在求证四边形的内角和时，学生或连接四边形的任一对角线，或连接两条对角线，或从四边形任一边上取一任意点，连接相对的四边形两顶点，或从四边形内任取一点，连接四边形的四个顶点，或从四边形的外面任取一点，连接四边形的四个顶点等。在学生多种解法出现后，教师可以引导学生，让学生找一找这五种解法的共性。不难发现，共性是，在求证四边形的内角和时，可以找任意一点：或四边形顶点，或四边形任一边上任意一点，或四边形内任意一点，或四边形外任意一点都可以，最简单的就是利用四边形的四个顶点的任意一点来求证。倘若教师在引导至此的基础上，能培养学生自己在遇到问题时（当然，问题不仅仅局限是数学问题，其他学科的问题也可以，更包括生活中的问题）也学会发散思维，然后分析比较，归纳优化，寻找共性，这样就为学生的创造性奠定了良好的基础。可以体现数学为生活服务，反过来，生活也为数学服务。也真正体现数学即生活，生活即数学。这里有几个层次，第一个层次：教师不引导一题多解；第二个层次：教师引导一题多解；第三个层次：对多种解法比较异同。第四个层次：找出最佳方法；第五个层次：联系生活解决生活问题；第六个层次：举一反三。经过一段时间的尝试和探索，让学生学会对问题“发散——优化”的思维方法。

语文上的表达能力，如果能做到真情实感，声情并茂，抑扬顿挫，栩栩如生，感动人、打动人，同样也是课堂的亮点。

当然除此之外，基本亮点还有很多，在此不再赘述。

（二）预设性亮点

亮点，包括预设性亮点和生成性亮点两部分，预设亮点包括拓、挖、联、悟、疑、编。

1. 拓

即拓展，也就是要让知识由点到线、由线到面、由面到体，使知识由树木到森林，由部分到整体，形成知识体系，构成知识网络，建构知识系统。这就要求教师要引导学生横向联系、纵向比较，上挂下联、左顾右盼，只有这样，学生才能深刻理解文本，把握文本，学生才能在课堂上厚积而薄发，才能言简意赅，一语中的，旁征博引，高屋建瓴。当然，“拓”要围绕目标，既“拓”得出去，又要收得回来，注意优化取舍，讲究辩证性、有效性。比如，一本《三字经》不过千余子，但复旦大学教授钱文忠先生，对其的讲解却达到了四十三集，字数超过了三百多万字，是原字数的三百多倍。通过其拓展，使人们领悟到了《三字经》背后蕴藏的非常丰富和深厚的文化内涵，领悟到了我们先哲们的睿智。又比如在学习“非负数”的有关知识时，有一题目是：已知，$(a-2)^2+|b+3|=0$，求 $(a+b)^{2009}$的值，对于这个题，可以从多个方面进行拓展延伸，思考之后想出以下几类变式题目。

(1) 可以改变所求式子的指数，把奇数变为偶数。

例如：已知，$(a-2)^2+|b+3|=0$，求$(a+b)^{2000}$的值。

(2) 改变非负数式子里的加减形式。

例如：已知$(a+2)^2+|b+3|=0$，求$(a-b)^{2009}$的值。

(3) 可以变为两个式子绝对值相加的形式。

例如：已知，$|a-2|+|b+3|=0$，求$(a+b)^{2009}$的值。

(4)可以变为两个式子平方相加的形式。

例如:已知,$(a-2)^2+(b+3)^2=0$,求$(a+b)^{2009}$的值。

(5)可把指数变为偶数的形式。

例如:已知$(a-2)^{2n}+(b+3)^{2n+2}=0$,求$(a+b)^{2n}$或$(a+b)^{2n+1}$的值($n$为正整数)

(6)把所求的式子变为a、b的和或差或积或商的形式。

已知,$(a-2)^{2n}+(b+3)^{2n+2}=0$,求$a+b$、$a-b$、$ab$的值。

(7)可变为三个非负数相加的形式。

例如:已知,$(a-2)^2+(b+3)^2+|c+\frac{1}{2}|=0$,求$a^2-b-(\frac{1}{c})^2$的值。

(8)可变为:已知$(a-2)^2+|b+x|=0$,$(a+b)^{2n+1}=-1$,求x的值。

总之,(1)加减号的变化$|A|+|B|=0$,$|A|-|B|=0$。

(2)指数奇偶性的变化。

(3)绝对值平方的变化。

(4)$|A|^2+|B|^2=0$,求$(A+B)^x$,这三项中求其中任何一项的变化等,也就是说,不管是怎样的变化都离不开知识点,那就是:如果几个非负数的和为零,那么每个非负数分别为零。题目分析到这个程度这个题应该说叫透了。

2. 挖

挖就是通过现象看本质。要探究事物内在的规律性,寻求客观事物的真谛,找规律、觅方法,形成自已独到的见解,或专题研究,做大、做强、做好或合作研讨,做成一流,形成专利,做一个研究型教师。当然要注意运用科学方法。比如宏观上,或辩证观或联系观或矛盾观;微观上,或多元思维或逆向思维或归纳推理或演绎推理等。真正提炼出本质、实质、精髓、灵魂的东西。这样才能算是牵牛牵住了牛鼻子，抓住了问题的关键和核心。这样才能事半功倍，大幅度地提高效率。

3. 联

联的目的就是要学以致用，要联系生活、联系实际、联系自我、联系自然、联系社会、联系他人、联系世界、联系现实等。使知识真正为生活服务、为实践服务、为未来的发展服务。也就是说既要走入文本，又要走出文本，要做好理论与实践相结合的文章，把学到的知识变成生成力，培养学生的实践能力，造福社会和世人。

4. 悟

悟即通过学习，所思、所得、所感、所获。要有自己的观点，要有自己的作品，要有自己的专利，要有自己的专著，要发问、要发现、要发明、要发展，培养学生的创新精神。

5. 疑

疑是指学生在课堂上要敢于质疑、善于质疑、乐于质疑，让质疑成为课堂的常态形式，让质疑成为课堂亮丽的风景线，让质疑成为学生的一种良好的学习习惯。为此，要敢于否定、善于否定、乐于否定，凡事问个为什么，要有打破砂锅问到底的精神，要有咬定青山不放松的精神，要有不达目的不罢休的精神。

6. 编

“编”就是学生在学习了一定知识之后，能够运用所学知识，联系生活，联系实际，联系现实，自己设计题目，艺术化地自主进行知识、技能的强化和应用。

（三）生成性亮点

生成性亮点包括教师智慧和学生智慧下的即时生成的亮点，教师智慧下的生成性亮点包括：

1. 教师不参与

这是基本亮点，也许很难，但却是必须做到的亮点，体现出教师的高层次、高品位以及教师的“生本思想”。

2. 敢于暴晒困惑

对于学生学习过程中出现的困惑，敢晒，敢“暴晒”，更是亮点，因为对困惑遮遮掩掩，羞羞答答，不是实事求是，不利于问题的解决。这是因学施导（根据学情，教师引导点拨）的关键之所在。

3. “先思考后学习，先练习后学习”

不要先读文本，不要先入为主，要“先思考后学习，先练习后学习”，这体现了“教育即成长”，体现了“学习是学生自己的事”，真正体现了学生主体地位。在这里教师因“懒”而没有束缚学生的思维；因“懒”没有让教材限制学生的思维；因“懒”使学生有了广阔的空间去浮想联翩；因“懒”使学生有了充裕的时间去探索。在这里，学生是被当成了“人”，自然的人，具有强烈探究欲望、求知本能的人；在这里，学生的思维品质得到了培养；在这里，教师的主导作用以隐性的方式，恰到好处地表现出来；在这里，教师遵循教育规律，以道行之，这才是“大师”所为。

4. 对偶发事件的艺术处理

教师对教学偶发事件的处理，表现了教师的智慧，但这些也一定是各种教育观、教学观、课堂观在课堂上的具体体现。

5. 多元化方法激趣

“没有兴趣就没有学习”，这就涉及到教师的功底。既要有人格魅力，又要有超常的业务能力，这样学生才能亲其师，信其道，这样的教师自然有办法使课堂充满兴趣。使学生产生盎然兴趣的方法如下：

（1）本源驱趣。根据“先思考后学习”，“先练习后学习”的规律，使学生先思考，使学生先练习，然后知不足，“不愤不启，不悱不发”，利用学生内心渴望对未知的探求，让学生获得本源的兴趣。

（2）课堂伊始激趣。课堂伊始，学生需要一个时间段，才能回归到学习的氛围中，如果没有一个兴奋点或者没有一个恰当的催化、激活，是难以奏效的，所以高明的教师总是质疑“激趣”或创设民主氛围“引趣”或故事“导趣”或生活化“诱趣”等，无不极尽其能。

（3）反馈激趣。利用小黑板进行及时地反馈，让凝结着学生智慧结晶的成果，立即得到认可或赏识，这样学生自然有了自信心、幸福感，自然为下一步学习，带来了内在的、非智力所能产生的兴趣。

（4）多元形式提趣。课堂形式丰富多彩，学生喜闻乐见、乐此不疲。或表达多元化，如相声、小品、戏曲、歌舞等；或题材多元化如，小说、散文、诗歌、童话等；或记忆多元化，如据画记、接龙记、全脑联想记或思维多元化等使学生感觉新鲜、好奇、兴趣盎然。

（5）评价导趣。利用学生争强好胜之心，或利用其团队荣誉之心等，从而使学生表现出学习的极大热情，产生浓厚的学习兴趣。

当然，增强、激活学生学习兴趣的方式、方法还有很多，大家只要高度重视了，问题课题化，就能把事情做大、做强、做好，就能走出自己的一条光明大道来。

6. 对学生思维品质的培养

课堂是学生思维的训练场。一堂课是好还是不好，在很大程度上就要看学生的思维品质，是否得到了很好的培养，学生思维的深刻性、独特性、广阔性、批判性、灵敏性等是否得到了很好的发展。

（四）学生智慧下生成性亮点

1. 思维逆向下的生成

在一节政治课上，当教师问及日本首相小泉参拜靖国神社是好事还是坏事时，大部分学生说绝对是坏事。可这时有一位小男孩站起来说：我知道小泉参拜靖国神社是一件我们不愿意看到的事，但从另一方面讲，我认为小泉参拜靖国神社给我们敲了一次警钟，为什么这样说呢？大家可以想一想：为什么小泉敢去参拜靖国神社，难道他不怕伤害中国人民的感情以及其他亚洲人民的感情吗？对于这些，小泉是知道的，但是，由于日本的综合国力比中国的强，比亚洲其他国家的综合国力也强，甚至比整个亚洲的综合国力都要强，所以小泉才会不顾亚洲人民的反对，执意要去参拜靖国神社。试想：如果我们的综合国力比日本强，我想给小泉十个胆量，他也不敢去参拜靖国神社，这就警示我们应该努力学习，加快我国的经济建设步伐，增强综合国力，这样才不会有类似小泉参拜靖国神社的做法的出现。所以，从这个意义上说，我认为小泉提醒了我们。这个小男孩不人云亦云，而是反其道而行之，逆向思维，言之有理，给课堂带来了一股新鲜的思想，使同学们对问题的思考更深刻、更全面。对此，教师就应该引导学生，举一反三，学习这种思维方法，从而使课堂上出现更多的亮点，使亮点成片，使精彩无限。

除此之外，思维的广阔性、思维的深刻性、思维的批判性、思维的灵敏性等的应用都可以形成教师预设不到的亮点，使课堂真正成为学生思维的训练场，进而激活学生潜能，点燃学生心智的火焰。

2. 联系下的生成

万事万物都是相互联系的，有的联系得比较密切，有的联系得不那么密切。联系的往往是体会深的、感兴趣的。比如在学习分子运动时，有一名学生突然说：我想问大家一个问题“分子有生命吗?”虽然有点远离学习目标，但是学生却把学习的知识与生命相联系，这不能说不是学生学习专注、认真思考、学以致用的结果。这时，一名男学生马上说道：我认为分子是有生命的，因为人体是由蛋白质分子、水分子等组成，人是有生命的，所以，组成人体的分子也是有生命的，所以我认为分子是有生命的。我们姑且不论学生观点的是非曲直，单是两位学生联系观点的运用，就值得高度称赞，当然类似的例子还有很多。

3. 组合下的生成

培养学生的创新精神，是学习的重要目的之一，所以，学生的创新就是课堂的重要亮点之一。比如在化学课上，在学习如何把块状固体放进试管时，一名学生说道：我认为，完全可以把块状固体放在试管口，然后用适合的试管刷，把块状固体推到试管底部，这样更安全。话语一结束，立即赢得了同学们热烈的掌声，为什么？因为这位学生没有迷信常规的做法，有自己独到的见解，这样的创新不是课堂上最大的亮点吗？这样的亮点不正是我们课堂的精髓吗？

4. 类比性下的生成

课堂上只要教师创设一种民主、平等、和谐、宽松的氛围，学生的思维就会被激活，灵性被放飞各种奇思妙想就会出现。比如，在学习“科学探究”一节课时学生提出：石油可以制成衣服，反过来衣服会不会变成石油，有的同学说能，有的说不能，因为石油的形成需要非常复杂的环境条件，好比一头猪从机器一边进入，从另一边就可以生产出火腿，但是火腿却不可以经过机器的运转，再变成活蹦乱跳的一头猪一样。在这里，同学们从逆向角度出发，类比生活经验中的事例，给课堂带来意想不到的惊喜，学生互相启发，互相感染、愉快学习，幸福成长。

当然，课堂上学生智慧下的亮点还有很多，只要给学生充裕的时间和广阔的空间，给学生学习的自由和权利，学生的智慧就会闪烁，学生的灵性就会放飞，课堂就会成为学生自由呼吸、自主成长的舞台。

（五）有关亮点的几个问题

1. 亮点与师德

一堂课的亮点，看似与教师的师德风马牛不相及，实则不然。因为师德不是抽象的，而是具体的。就一堂课而言，师德的高低，就在于教师心中是否有学生，有学生的重要标志之一，就是教师是否进行了预设性亮点的充分准备。课堂中即时生成的亮点我们不好把握，但是，如果教师在备课时从学生利益出发，考虑学生的感受，进行亮点的预设，从而让学生学得愉快，学得有趣，而不是把学生当作盛放知识的容器，不管学生的各种感受，这样的教师心中就有学生。如果心中没有学生，没有亮点的预设，你能说这样的教师师德高尚吗？所以课堂的亮点与教师的师德是紧密相连的。

2. 亮点与有效

没有亮点的课堂不应该叫做课堂，因为课堂是学生愉快学习、幸福成长的地方。没有亮点的课堂这一目的就不能很好地实现。没有亮点，就没有兴趣，没有兴趣，就没有快乐，没有快乐，就没有有效。亮点的设置要注意实效性，不要徒有虚名；亮点的设置在数量上要注意辩证性，要适可而止（预设性亮点），不宜过多，以 2 ~3 个为宜。亮点的设置要注意变化性，要根据不同的内容、变化成长的学生，适时调整策略，不要机械呆板，不知变通，固守长年累月不曾改变的亮点。要敢于创新，与时俱进，预设更多更好的学生喜闻乐见的亮点，真正地为学生的愉快学习、幸福成长服务。

四、评价与“四个当堂”

（一）当堂练习

当堂练习是指对刚学的知识或技能的巩固和强化。

对当堂练习的认识不同，采取的方式不同，得到的效果也不同。要使当堂练习取得高效，当堂练习的前提条件必须是在知其然的基础之上进行，当堂练习如果是机械训练，效果也不会好。要想在知其然的基础上进行训练，其前提条件是“知其然”，获得不是学生或教师的告知，而是学生自主的探究、自我的体验、亲自的感悟得来的，这样，当堂练习的效果才会好。

练习题的来源有三：一是上课前优化后的结果，二是根据课堂情况及时想到的针对性强的题目，三是学生自己刚编的有价值的题目。

练习题的题目难易可分为三：基本题、变式题、综合题。

练习题的形式有三：可以是口头练习，也可以是笔头练习，也可以是手头练习（如实验操作）。

练习的原则是艺术化强化，而不是机械训练，切忌！

（二）当堂反馈

练习需要当堂反馈，不允许只练习不反馈，反馈是练习的延续，反馈是练习的必然。比如，学生做完题目后，教师可以抽测一个小组进行批改，批改完毕后，必须把批改的结果立即告知小组的同学，进而告知全体同学，使所有学生都能够在课堂上对所学内容有一个科学、全面的了解和掌握，而不是在课下进行掌握。

（三）当堂矫正

练习需要当堂矫正，不允许只练习不矫正，矫正是练习、反馈的延续，是练习反馈的必然。比如，学生练习完毕、反馈后，必须给学生充裕的时间去矫正和互助，这样学习才完整，效果才有效。

（四）当堂反思

有了当堂练习、当堂反馈、当堂矫正、还必须有当堂反思，即对于当堂练习、当堂反馈、当堂矫正必须有一个深入思考的过程，做到从知识到方法、从知识到规律、从知识到能力；从知其然到知其所以然；从学会到会学，从会学到能学，举一反三，触类旁通。

总之，当堂练习是效果的检验，当堂反馈是效果的再现，当堂矫正是效果的巩固，当堂反思是效果的升华，四者缺一不可，共同构成练习的完美过程。

五、评价与课堂的四“头”

（一）口头

学习离不了口头表达，因为学生的口头表达不仅仅是培养了学生的口头表达能力、演讲能力，更主要的是通过对学生口头表达能力的培养，学生的自信心、记忆能力、思维能力、心理素质等综合能力都得到了大幅度提升。

口头表达能力的培养是凸显学生主体地位的重要手段和必要途径，是学生终生发展的必需，是学生更好地生活、生存、生长的基石。

语言是思维的外壳，语言能力的培养，是学生思维的训练和培养。言为心声，通过学生的言语，也可以洞察学生的内心世界。课堂上就应该呈现出学生你争我抢，你说我辩的局面，学生敢说、愿说、会说、乐说，说得条理清晰，说得言简意赅，说得感动天地，说得灵感飞动，说得个性张扬，说得心灵放飞……

口头表达能力的培养需要一个至善的标准。不可太随意，要高度重视，要做大、做强、做好，做成一流、做成极致。要讲究落实，要在课堂上呈现出来。初始阶段要进行评比，要树立典型，充分发挥典型的模范带头作用，使口头表达能力的培养沿着科学、规范、健康的快车道运行。

（二）笔头

实际的课堂学习中，不能因为重视口头表达，忽视了笔头练习，如果顾此失彼，就会使学习效果打了折扣。

实际上，笔头练习是口头练习的延续和巩固，二者的目的是一致的，而且通过口头、笔头多次反馈，才会使学习的效果更有保障。

只有口头练习或只有笔头练习都是不完整的学习过程，是低效的学习，而二者的结合，有动有静，张弛相依才更科学、艺术、有效。

（三）手头

手头是指动手作图、动手实验、动手制作等学习活动。手头活动的有无是由学习的内容和学习的学科特点决定的。通过手头的操作等使学生亲自体验、自我感知、主动尝试，从而增加直观的、感性的、真实的、具体的认识，使学习的效果更有效。这远非是口头、笔头练习所能取代的，是学习的重要途径之一。口头、笔头、手头三者相互补充，相得益彰。教师要尽可能多的给学生创设条件，让学生多动手，如多实验、多制作、多操作等。

（四）心头

“心头”是指学生的动脑思考。没有学生思考的课堂绝不是好课堂。课堂上学生的口头、笔头、手头都应是动脑思考的结果，是在一定思维之下思路的指引下的外在显现。没有心头即没有思考，就没有思维的碰撞，思想的交流，思路的交锋，这样的课堂学生就不会有认知结构的变化和提升，就不会有所得，就不会有进步，效果自然就是低的。

口头、笔头、手头、心头四者合一，调动了众多感官的积极性，动静结合，灵活多样，既符合学习的认知规律，学生又喜闻乐见，这样的课堂效果自是不言而喻。

口头、笔头、手头、心头四者常同时出现，虽然有时有所侧重，但目的都是一样的，都是按“道”而行，解放了学生的各种感官即解放了学生的头脑、解放了学生的双手、解放了学生的嘴巴等，使学生愉快学习，幸福成长成为可能。

六、评价与点评的五种境界

杜郎口中学的课堂因其独特的魅力感染打动了一批又一批的学习者，细心的学习者看到的不仅仅是表面上的活、动，而是从更深的层次去感悟课堂，从细微秋毫之处领悟课堂的有效性或感悟学生的主体性，体味学生的全员参与性，今以学生“点评”板块为例略加简述。

学生是学习的主人、学生能讲的让学生去讲、学生能说的让学生去说，那么学生讲、说、演……其他学生干什么？学生展示以后应该做什么呢？为了使“展示”的效果更好，使全体学生资源共享，达到共同提高的目的，展示后应该进行的是以学生为主的点评环节。谁来点评，点评又可以分几个境界呢？

（一）学生自评

学生展示完毕后，学生自动点评是点评的最高境界，也叫第

一种境界 。比如当学生讲完一道数学题目或演示完一个实验或表演了一段对话或友情客串了一段课本剧……没有展示的同学全都被吸引过来，认真聆听、积极参与，主动、自觉、自愿、自动地指出：展示的内容好与不好，好，好在什么地方，为什么？不好，差在哪里，为什么？题目的关键点、知识点、切入点、易错点是什么，由此想到了什么？或拓展、或延伸、或归纳、或总结或谈新的感悟、新的体验，叙述新的作品、新的发现、新的发明等。学生们全身投入、聚精会神地聆听、主动积极地思考，自主踊跃地回答……课堂因精彩展示、自动点评，精彩质疑、巧妙释惑、恰当地追问，高度地概括而五彩缤纷，亮丽多姿。课堂全员参与，全员投入，全员快乐，全员提高。

（二）师导、生评

点评的第二个境界即点评的第二重天，即师导生评。即当学生不能自动点评，学生无话可说，学生自动点评的良好习惯还未养成，或者说学生无兴趣、积极性不高，自动点评不主动，这时教师就要站出来，提出问题，把问题抛给大学，让大家一块去思考、去探究。经过思考或讨论或查阅或感悟，然后引导学生畅所欲言，质疑、释惑、争辩、反问、追问，形成学生自动点评的局面。在这种情况下，教师要切忌“抢话”，一看学生不想点评或嫌学生讲麻烦，讲不到位或牵累学习进度，不相信学生等，便主动站出来，喋喋不休地去归纳、去总结、去做结论性的概括，使学生被动接受，机械记忆。实际老师又成了课堂“话语权”的独裁者，是课堂上主动侵犯学生的“霸主”，教师并没有真正把学习的权利、学习的自由、学习的时间、学习的空间还给学生。有一次听了王老师的一节英语课，学生讲解完毕后，王老师不是引导学生自动点评，而是又情不自禁地剥夺学生的权利，不是抛出问题而是做结论性总结：sometimes 用于一般将来时。课结束前我根据课堂表现随机抽测了5位学生做 sometimes 的有关题目，竟没有一个学生做正确。王老师还搞不明白，问我：为什么我重点讲的，我重点强调的学生竟做不对？我告诉王老师说：正是由于是你讲的却不是学生自己总结出来的，学生为什么一定要听呢？要知道学生追求的是快乐而不是知识。王老师又问：那怎么办？我对王老师说，你为什么不让学生先做？做正确做错没关系，可是这时学生就有了急于知道结果的强烈学习兴趣，这时仍然不要告诉学生结果，可以给学生适量的有关材料，让学生从中寻觅规律，概括总结出来，我想学生一定会做正确的。教师的结论学生被动接受，效果就差。所以高明的老师不是做结论而是提出问题，诱导学生思维，激活学生潜质，诱发学生的内驱力，让学生自动点评，主动感悟，自主创新。

当然，“师导生评”可以分为：“师导——生自动点评”、“师导——生非自动点评”两种。

（三）师生共评

教师心中有学生，也知道学生是学习的主人，所以，学生点评完毕后，教师不急于去点评，把更多的机会让给了学生，这是难能可贵的，但是，当学生讲解不到位或讲不到点子上时，教师就急不可耐，再也沉不住气，与学生争起了话语权。学生讲解不到位，往往是易错点、关键点、困惑点，对此，学生需要的不是知道答案，而是充分的思考，思维的碰撞，灵感的放飞，而不是答案的统一，思路的唯一，思想的禁锢，这里才更需要教师的等待，教师的智慧，教师的艺术。要知道，教育需要等待，教师要学会等待，等待不仅是一种智慧，更是一种美德。

（四）教师点评

这是点评的第四种境界，也叫点评的第四重天。当学生展示完毕后，本来点评的主体是学生，教师一旦代替学生点评，这本身就已经大错特错了，因为它完全剥夺了学生学习的权利和自由。学生有话不能说，有话也不允许你说，长此以往，学生就不再积极展示，学生更没必要去主动点评，因为学生毫无点评的权利。学生的天性、学生的个性、学生的情感、学生的心灵、学生的才艺都将因老师的“阻挡”而受压抑而埋没，教师成了学生幸福学习、愉快成长的“阻力”，学生仍是被动接受，是盛放知识的容器。

（五）师生不评

这种情况是点评的第五种境界，也叫点评的“五重天”，即学生为展示而展示，学生就题论题，只见树木不见森林，只见孤零零的事物而不见事物之间的关系，走形式、走过场，死记硬背，机械训练，毫无规律可言，毫无方法可谈，是知识杂乱无章的堆积，是无情感、无人文的“僵化”课堂。学生展示、展示、展示，展示完了，课也就结束了。学生为展示而展示，学生之间没有沟通，没有交流，没有互动，学生对自己展示的题目知识可能会了，但不一定理解，更不要说对其他同学展示的知识了，所以这样的课堂效果必然是低效的。因为没有对展示内容的点评，学生也就不再认真倾听展示同学的发言，只是埋头准备自己展示的内容，课堂效果怎么会好呢?

总之，学生展示完毕后，就应该有点评，展示和点评二者缺一不可。知识因展示而清晰，因点评而深刻。点评的主体当然是学生，学生自动的点评是展示的延续，是展示的升华，是展示的精髓。假设展示是“王冠”，那么，学生的自动点评就是“王冠”上的宝石。

七、评价与课堂的五字箴言

课堂既要活又要实，两手抓，两手都要硬。活即实，实即活，活实是有机的统一体。活是实的基础，实是活的目的。具体来说，活是指课堂气氛活跃，学生个体生命充满活力，你争我抢，欢呼雀跃，灵感闪烁，思维独特。学生心灵放飞，个性张扬，激情燃烧，思维活跃，学生兴奋、眼睛放光，有着生命狂欢般的幸福感。活的方式灵活多样，多元有趣。在活上要敢于取舍，机智灵活，如学习目标预设时是3个，课堂中新生成2个，对于预设的目标不能全部完成时，就要当机立断，忍疼割爱，敢于取舍，适时放弃。

实是指学生学了知识，更加懂事了，更加聪明了。对于知识能熟练掌握，举一反三，触类旁通，知其然，知其所以然。懂事是指，学生学会了做人，懂得了感恩，人格得以锻造，品行得以提升。聪明是指学生的思维品质得以培养，思维的深刻性、广阔性、灵活性、独特性、批判性等得以提高。实通常以达标测评的形式来呈现。

一堂课如果活与实相统一，则完全是一堂好课。有人说课堂要有趣，有趣不就是活吗？有人说课堂要有得，学到什么，提高什么，什么错了等，不就是课堂的实吗？为了课堂的活与实，有五字真经相送，即靶，透，元，练，测，现在简要介绍一下“五字”真经。

（一）靶

“靶”即目标，一定要认真思考，要进行取舍优化，在复习阶段，内容往往过多，而导致浅尝辄止，导致时效性差，而又不知及时删去一两个目标。课堂一定围绕目标，突出目标，服务目标。复习阶段，目标有已定目标和生成目标，既通过做题发现问题，则为新生成目标。

复习目的重在查漏补缺，形成体系；由厚变薄、归纳规律；学以致用，至善提升。可以通过联系实际，调查“病情”，从而有针对性地补充“营养”。提升不是机械重复、再讲一遍，而是对专题或专项知识加以归纳，提升出规律的知识体系。

当然目标是计划的一部分，计划是靠一节又一节具体目标来实现。复习过程中目标仍有三，知识的梳理、做人的培养、思维的训练。

（二）透

透是指要变式，要举一反三，触类旁通，要知其所以然，要上升到规律和方法。要上接下连，左顾右盼，从不同角度、不同侧面，真正搞透知识点，使知识上升成能力。就文本而言，可以分文本拓展和文本升华；就题目而言，基本、变式、综合；就实质而言，知道的不仅仅是是什么，更要知道为什么，即知其所以然。

1. 透和练习

根据学生反馈的信息，一旦掌握得不好，一定要艺术性强化，否则就不叫透。

2. 透和灵活

宁可少完成一个目标，也要根据学生反馈信息，及时停下来艺术性强化。这些都需要教师有较高的驾驭课堂的本领，都需要教师全身心地投入，教师才可能具有责任心，才具有灵活性。在“多元”的基础之上，让知识熟得更透。复习阶段，多元可改为二元或三元，不要太多，但绝不是形式单一。要注意讲究多元的辩证性（不是越多越好）和时效性。

（三）元

心理学知识告诉我们；学生真正全神贯注地专心干一件事情

的时间，小学生、中学生也就 10～15 分钟。若让学生 40 多分钟都认真地积极主动地去学习，如果没有知识本身的吸引力、教师个人魅力、多元化的学习方式等是根本不能做到的。如何让学生心理、视觉、审美不产生疲劳感，多元化的学习方式是一种重要的方案。以语文课为例，多元化的学习方式元可分为表达多元化和体裁多元化等。前者包括相声、小品、朗诵、歌曲、舞蹈、戏曲、双簧、绘画等；后者包括诗歌、散文、小说、对联、童话、寓言、歌诀、打油诗等。

采取多元化学习方式的目的就是激趣，让学生在“趣”中学，在“趣”中得，使学习变得轻松愉快，使学习变成一种人人向往的享受，让学生在快乐中学习，在轻松中感悟人类文化瑰宝中的真谛，启迪其智慧，塑造其人格。

不同时段也可采用多元化的学习方式，真正关注每个不同鲜活生命个体的成长，关注到他们的存在。以英语课为例，记忆单词时，教师就绝不是简简单单地说一句：给大家五分钟，将单词给我记住。你听听给“我记住”，多么霸道，多么不尊重学生，好学生不愿听，潜能生也不愿听机械、生硬、命令的话语，况且也不适合不同学生的记忆特点。倘若在这同一个时段内，让每个学生选择适合自己的最佳方式记忆单词，则是别有一番天地：或高声朗读或小组内接龙读或默读或依意读或依意画或折分记忆等。学生不仅喜闻乐见，而且记忆有趣，记得深刻，并逐渐形成自己对其终身发展有用的、适合自己记忆特点的记忆方法。这里多元化记忆方式无疑功不可没。可见，多元化学习方式，是真正关注每个学生生命成长的不可多得的重要方法。当然一开始需要教师的精心引导和点拨。

（四）练

教师要根据反馈的信息，及时发现问题，及时练习。练习可以分为：机械练习和艺术性练习两大类，在练习时要以艺术性为主，一定要注意及时停下来练习，不能等到课外去做，加重学生负担。要马上练，立即练，零时间去练，这样才会取得更好的实效性。

（五）测

一堂课效果如何，检验的方式很多，其中当堂测试是一种重要的方法，通过当堂检测，以便进一步调整下一步学习策略。

1. 测的划分

以时间可以化分为：前测。按照“先练后学”的规律，让学生先做练习题，进而引趣，以达“不愤不启，不悱不发”之目的，激活学生的神秘感、好奇心、探索欲、争强好胜的求知欲等。

中测：在学习过程中，为了检测学生学习的程度，可以及时去测试。

末测：临近课的尾声，就整堂课的重点内容或曾经困惑的问题进行测试。

当然，测试也没有如此严格的界限，学生回答问题本身就是很好的测试和反馈，所以测试是贯穿始终的，要注意其灵活性。

测的原则：测试时，要高标准，严要求，切莫随意。

测的方式：书面形式为主，也可口头方式。至于最终采取哪一种形式，教师可以根据情况，灵活掌握。

测的落实：可抽测全体，也可抽测小组。

2. 注意事项

（1）测试前，要先做好要求，切莫学生刚做题，教师再补充做题要求等。

（2）注意项目的层次性。要关注全体学生，注意题目的精心设计。

（3）注意题目的临时性。课堂中，对于教师没有预料到的困惑，经过学习，终于理解和掌握的内容，可以即兴编制练习题。

（4）当堂必须反馈。全体的可互改，教师亲自改抽测的小组学生的题目。

（5）抽测小组的动态性。要及时变化抽测小组，不能每次都是那几个学生，要注意关注全体学生，尤其是潜能生。对于潜能生，可以多抽测几次。

（6）计算出达标率。

八、评价与课堂“五了”

对于暴露的困惑，要真正做到“五了”，即会了、懂了、透了、准了、熟了。会了是指初步感知，认为明白了；懂了是指在会的基础上联系有关知识，理解了；透了是指在会、懂的基础上能上挂下联，左顾右盼，能由树木到森林，能够全方位、立体式进行消化、融化、内化；准了是指在会、懂、透的基础上熟能生巧，能做到不出错，能做到万无一失；熟了就是指烂熟于心，刻骨铭心，知其然，知其所以然，搞清了出错的原因，懂得了其中的奥妙，探究到了方法，寻找到了规律，运用娴熟，存乎一心，举一反三，触类旁通。

第四篇　生命课堂的管理组成

一、课堂的评价机构

（一）验评组

1. 主要职责

验评组是代表学校对教师、中层领导的一个考核、督促、引领、指导、监督机构，是学校各种精神贯彻执行的关键之所在，是学校规范、有序、高效、运转的核心机构。对于课堂而言其主要职责就是对任课教师课堂优劣的一个评价，其评价结果直接记入教师的考核之中。具体来说就是验评组人员深入课堂，通过听评课给教师课堂一个分数。分数的产生主要靠听完完整的一堂课来确定，当然，对课堂评价娴熟以后，有时也可以采取转听课的方式，给教师打出分数，有时也可以采取二者结合的方式等。

2. 人员组成

验评组的人员组成，主要是从人品高尚和业务精湛两方面来考虑。

要求验评组的人员，一定要处事公平、公正、公开。要从全局出发，平等地对待每位教师，从源头上保障考核评价的科学性、规范性、公平性。比如对于学科的考评，不能听语文课时，听语文教师中优秀教师的课；听数学课时，听中等教师的课等。然后用这些教师的平均分，来反馈整个学科的课堂水平。因为，在听课时，听的是不同学科中程度大体相当的教师的课，从而保证了公平性。

3. 实质

验评组的实质，就是学校对教师教育教学过程的一个评价。因为注重过程，注重发现，注重改进，注重提升，所以是对教育教学质量的科学评价和督导。

验评组的设置，是教育教学管理过程中的一个创新，它取代了教导处的部分功能，但是却更加凸显了对教学这一中心中的核心——课堂质量过程的高度关注，抓住了关键，把劲用在了刀刃上，取得了事半功倍的效果。

4. 目的

验评组的目的，就是帮助教师在专业化发展上快速提升，使学生更好地享受优质教育，使学生愉快学习，幸福成长变成现实，同时使教师享受育人教书给自己带来的愉悦。

5. 遵循原则

（1）人文关怀的原则

以教育方针为指导，以推行素质教育为出发点，以人为本，尊重教师的人格和劳动，激励、促进教师的专业成长和发展。促进各学科、年级均衡发展，推动学校教育教学工作又好又快发展。

（2）实事求是的原则

对于优点，不言过其实；对于缺点，不遮遮掩掩，为学科、年级提供更准确无误的信息，便于学科、年级更全面、更深刻地把握课堂，帮助、指导教师快速提升专业水平。

（3）公平性原则

立足本校实际，考评制度、标准科学，标准面前，各学科、年级平等。

（4）公正性原则

考评方法科学，标准明确，公心，公理，评价准确。

（5）公开性原则

制度公开，标准公开，结果公示。

（6）详略得当的原则

评价精当，突出重点，学习借鉴，帮扶督促。

（7）创新性原则

创新是我们工作永恒的主题，是考评工作坚持的重要原则之一。考评组根据学校发展实际，制定科学考评标准，激发学科、年级工作创新热情，调动其创新积极性，开创性地开展工作。

（8）整改性原则

考评是手段，是机制，激励学科、年级及时整改，力求整改的及时性、彻底性、高效性。

（9）跟踪性原则

优秀的回访式跟踪考评，不到位的连续跟踪考评，达标后仍不定时地考评。

（10）发展性原则

发展是真理。用发展的思想指导考评工作，用发展的标准促进工作。

6. 考评办法

（1）主体性（主体是谁）

课堂中主体是谁，是学生吗？是全体学生吗？学生中的弱势群体是如何得到高度关注的呢？是不是精英式展示？课堂的主旋律是生生互动吗？生生互动和师生互动的比例是多少？学生个体展示占有多少比例？

权重：20 分

（2）主动性（状态如何）

主动性是指学生是课堂的主体了，主人了，主角了，但是学生的学习状态怎么样，学生是不是自主地、全身心地积极投入，聚精会神，自主地争抢意识强烈，还是被动的任务式参与？课堂气氛活跃高涨吗？

课堂上你争我抢，互不相让，质疑争辩，热情奔放；生生互动，思维激荡；心灵狂欢，自由飞翔（眼睛闪光，精神亢奋）……当然活不是活而无序，而是活而有效，活不是热闹而已，而是动静结合，张弛相依，动如狡兔，静如处子。活的前提是静，静是活的准备、储备，而“静”又是活的积淀，提升。诚然，动中有静，静中有动。

权重：20分

（3）精彩性（有无亮点）

精彩性也就是课堂的亮点问题，一堂课如果没有亮点，课堂最多也就是一般课。精彩性用一句话来说就是看课堂有没有亮点。根据课堂有没有亮点来划分，可以把课堂分成4个层次，即一般的课是没有亮点的课；良好的课是仅有预设性亮点的课；优秀的课是既有预设性亮点又有生成性亮点的课；杰出的课是亮点不断、精彩无限的课。亮点的有无直接反映了教师的教育理念是不是以学生为本，真正尊重学生的生命成长规律，是心中有学生的成绩还是心中有学生的生命的分水岭，在某种意义上说就是教师师德的一种真实体现。

权重：12分

（4）生成性（有无生成）

学生有所顿悟、有所启迪、有所触动、有所发现、有所发展、有所发明、有所创新……

权重：12分

（5）有效性（效果如何）

遵循教育教学规律，课堂达标率高，解决了学生学会的问题。

权重：12分

(6) 深刻性(能力转化)

帮助学生由学会到会学,由知识到方法,由知识到能力,有知其然到知其所以然,举一反三,触类旁通,学以致用。

权重:12 分

(7) 终生性(后劲如何)

课堂的后劲如何?也就是说对于学生终生的发展培养了哪些好习惯、好性格、好能力、好气质、好品行、好素养、好的思维品质、好的思想方法等。解决了学生由学会到会学,由会学到能学(终生学习的能力)。

权重:12 分

7. 注意事项

验评组的工作涉及教师的考核事关全局,教师对此都比较敏感,这也是情理之中的事情,所以要做好预设,应对可能发生的问题,注意处理好可能发生的各种事情,使验评工作,有序有效、科学规范地开展下去。为此应注意以下几方面的内容。

(1) 思想引领

课堂标准的制定不是学校的一厢情愿,要充分发挥教师的主动性、积极性、创新性和教师的聪明才智,问计于师,集思广益,归纳整合,完善提升,形成规则。这样教师对规则的认可度,实践过程中的执行度都比较高,效果必然好。

(2) 坚持原则

课堂的标准一旦经大家制定出来,验评组就要严格执行标准,不徇私情,否则,其影响极坏。这实际上是对验评组成员的一个严峻考验。验评组成员千万不要有老好人思想,要么降低标准,要么推倒重来,要么出尔反尔,这些都是对自己的否定,对教师的不负责任,对学生的不尊重。

当然,坚持原则,并不是说不调查、不研究,就盲目去执行,而是标准的制定，是经过一段时间的检验而得出的符合客观实际情况的规则。绝大多数教师都可以达到标准，达不到标准只是一种偶然，而不是一种必然。

（3）动态评价

验评组对教师课堂的评价不是一评定终身，越是课堂效果不好的教师，学校、学科、年级、班组、教师、互助对子等都要进行课堂会诊，跟踪帮扶，给予充分的提升空间，真正使教师得以提高，使学生享受更优质的教育。当课堂效果好转后，验评组还要多次听课，从而使教师产生主动的工作热情和强烈的进取心。

（4）提升作用

通过验评组的动态管理，不难看出，通过评价更好地促进教师各方面的提升才是课堂评价的实质之所在。评价只不过是一种手段而已，教师要抓住机遇，虚心学习，打造课堂，提高质量，进而形成风格，做一名幸福的教师。

对于课堂中个别教师存在的个别问题，要及时与任课教师进行交流沟通，并持续关注，不要只是反映问题，而是要和教师一起出主意、想对策，这样才能从根本上使教师得以实现各方面的提升。

（5）引领作用

通过听课，验评组要发现课堂的共性或典型的成功经验，或典型的不足之处，对于不足，要用事实说话，或录像或现场，让教师真正认识到其不良影响；对于成功的经验要推出来，介绍经验，举办示范课，进而以学科组为单位进行人人过关，从而真正实现优质资源共享的目的。

（6）日臻完善

验评组的作用非同小可，验评组的成员只有不断吸取先进的教育教学理念，静下心来，虚心向专家学习、向同仁学习、向学生学习、在实践中学习，并不断地进行总结和提升，才可能跟上课堂前进的步伐，也才有资格“说长道短”，否则就会失去威信，失去评价课堂的资格。

（二）质检组

对课堂教学而言，最基本的就是要实现目标的三维性，但在实际课堂教学过程中，有部分教师，目标意识不强，不能掌握学生学习的效果，在初始阶段往往活泼有余，检测不足；有的甚至没有质量意识。诚然，检测也不一定非得是固定时间，如课堂结束前几分钟检测，实际上整堂课都在反馈、在评价，关键是要树立强烈的质量意识，真正使课堂从无效、低效走向有效，在这种形势下，杜郎口中学“质量检测组”应运而生。

1. 主要职责

“质检组”同验评组一样，也是代表学校对教师、中层领导的一个考核、督促、引领、指导、监督机构，是学校各种精神贯彻执行的关键之所在，是学校规范、有序、高效、运转的核心机构。对于课堂而言，其主要职责也是对任课教师课堂优劣的一个评价，其评价结果直接记入教师的考核之中。具体来说就是质检组人员深入课堂一线，通过听一堂完整的课，在课堂上及时根据学习目标、学习状况等给学生编出几个题目，对一个小组或几个小组进行抽样反馈，从而得出学生的达标率，进而了解学习效果的一种方式。

当然，质检组的职责除课堂检测外，还有很多，如教师层面的考核、年级主任、学科人层面的考核、学生层面能力的考核如学生的表达能力、创新能力、合作能力、自信能力等的考核，这些都构成评价的基本内容。

2. 人员组成

“质检组”的人员组成同验评组成员一样，也主要是从人品高尚和业务精湛两方面来考虑。

要求“质检组”的人员一定要处事公平、公正、公开。要从全局出发，平等地对待每位教师。

3. 实质

“质检组”的实质也是学校对教师教育教学过程的一个评价。因为注重平时效果的反馈，发现问题及时，改进措施得力，效果提升明显。所以“质检组”是对教育教学质量的科学评价、督导，同时更是提高教育教学质量的重要保障。

“质检组”与验评组分别设置是教育教学管理过程中的一个创新，“质检组”的设置凸显了对课堂质量结果的高度关注，这与验评组对课堂过程的关注相辅相成，浑然一体，达到了对课堂教学的全过程质量的科学评价、督导、引领、保障。

4. 目的

“质检组”的目的同验评组的目的一样，也是帮助教师在专业化发展上快速提升，使学生更好地享受优质教育，使学生愉快学习、幸福成长成变成现实。同时使教师享受育人教书给自己带来的愉悦。

5. 遵循原则

（1）人文性

要体现人文关怀，结合年级、学科、教师，结合学习进度，结合大纲要求，充分发挥教师的智慧，尊重教师的意见，从组织检测到最终评定，相信教师、依靠教师、尊重教师。

（2）公平性

质检工作在同一时段内，检测人员程度的分布要一致、检测内容要一致，确保质量的公平性。

（3）公开性

对于检测的时间、检测的地点、检测的人员安排，检测的结果等都要公开、透明，及时公布，以便达到检测的应有作用。

(4) 引导性

要体现面向全体学生，从最后一名抓起的教育理念，对潜能生予以更多、更大的关注，从而引导年级、学科、教师，把关心潜能生、从最后一名学生抓起，真正落实到实际工作中去。

(5) 全面性

质量检测包括：学生的语言表达能力、自信能力、合作能力、自信能力、创新精神、实践能力、思维品质；学生的预习笔记、双色纠错本；教师的备课、论文、读书活动等业务活动，这些都是检测的重要方面。切莫认为检测仅仅是成绩的检测，只能说成绩的检测是一个有机组成部分而已。

(6) 修缮性

“质检组”的成立是一个创意之举，是一个新生事物，在执行过程中，需要实事求是、勤于学习、善于观察、科学总结、不断提升、及时修正，使其更科学、更完善，促进教学又好又快地发展。

(7) 跟踪性

对于学生的不平衡发展，不能毕其功于一役，要有咬定青山不放松的精神，抓住不放，继续跟踪，继续评价，直到有大幅度进步为止，从而达到质量评价的目的。

6. 质检办法

(1) 题目的类型

主要是基本题、变式题，综合题。新授课时以基本题、变式题为主，复习课可以以变式题、综合题为主，当然要灵活掌握，从课堂实际出发，最终题目的设计要从学生当堂的学习内容来确定。

(2) 题目各类型占的比例

基本题、变式题、综合题的题目难易程度可以参照7∶2∶1的难易程度，同时要考虑学科特点、学情、学习内容等综合因素。

（3）达标率的计算

以一堂数学课为例，题目有三个，每个2分，满分共6分，抽测小组学生共6人，测试后，总共得分30分，则达标率是：30/36×100%≈83.3%。

（4）常用方式

通常采取抽样反馈的方式，可以是抽测一个小组，也可以是两个或三个小组，至于抽测哪一个小组，则是不固定的，有时也可以让全体同学来共同反馈。要注意的是，在一定时段内，对不同的班级参加反馈的小组数量要一致，从而保证相对公平。

7. 注意事项

（1）公平

对教师也好，对学科、年级也罢，一定尽可能地公平、公正。比如，测试一个小组的学生时，如果该小组刚转来一名新同学，这时，就要了解情况，妥善处理。又比如对学科的考察，“质检组”在听课时，要在一定时段内，听课时，被听教师的上课水平应大体相当，才可保证公平性。又比如，万一有教师为了追求高的达标率，课堂容量特别少，或者课堂不精彩了，学生主体地位不能保证，则课堂直接就是零分，不用再测达标率。

（2）交流

测达标率不是目的，要通过质量抽测后与教师的交流达到补差提升的目的。所以，抽测后，不论结果如何，一定要及时交流，人是自然人更是社会人，通过交流、互相沟通，才能真正达到帮助教师的目的，没有交流，仅有听课是不完整的，是阻碍教师专业发展的。

尤其是对结果不理想的课堂更要交流，要让教师心服口服，当然并不是给教师解释什么或说好话，而是要让教师知道，你是真的关心他专业化素养的提升。再者，这样做才是以教师为本。这样做，教师认可了，态度转变了，才能改进工作，学生才能更快地享受更好的优质教育。从这一点上来说，找教师交流也才是真正的以学生为本。

交流要讲艺术，可以通过学科主任、年级主任一块分析，共同探究原因，有时比一个人做工作更有利。

交流要讲艺术。在做好教师思想工作的基础上，还要让这些教师从内心深处心怀感恩学校之心。可以在适当的时间、适当的地点反思自己的工作，倘若说了些不足及感恩的话语，这说明交流达到了目的，这样也给教师们作了一个好的引领。像张敏老师课堂得了零分以后在反思会上的发言（见：附 2 张敏申报课零分后的感受），就是真正认识到位的表现。这也是教师“知错必改”、“闻过则喜”、“见善则迁”的胸怀。

（3）跟踪

有时测评后，教师不一定注意或引起警觉，所以测评后，反馈意见并不一定真正落实，学生也就不能从中受益，所以跟踪就显得特别重要。比如李老师的第一次申请课中，感觉到其缺乏对知识的整合，第二次又申请时，特意听其“整合”的落实。课堂中多媒体利用得非常好，围绕可持续发展出现了一个又一个的图片，每一个图片都从不同侧面阐述了中国人口问题或人口基数大或增长速度过快、农村人口多、教育水平差等。但是学生介绍完后却没有加以归纳整合，当最后抽测时，学生回答的内容欠缺太多，后来李老师的教学反思中也写道：“看到这个题我也感到很棘手，这说明老师没有整合意识，所以学生更没有整合意识，当然整合意识的培养不仅是让学生多得几分，提高成绩，而是培养学生对问题认识的全面性。所以抽测效果不好，因为得分率小于

75%，计零分。”出现了零分，李老师才感觉到问题的严重性，犹如清醒剂，又似泼了一盆凉水。后来又跟踪其课堂，整合效果才有好转，课堂效果明显提升。

附1：教师如何对待“低达标率”

1. 责任上移

学生达标率低，并非这堂课，有时则是由来已久。如李老师抽测7人中，有5人对“(5×7 + 8×6 + 6×3) ÷8”这样的计算出错，对此绝对也不应该把责任推到学生身上，教师要把责任揽到自己的身上，学会向学生道歉，我想这也是老师的艺术之举。

2. 讲究艺术

不要自己去强调，要让学生去讲、去强调，这才是尊重，这才叫按规律办事。因为最好的教育是自我教育。说教无效，艺术无价。所以教师一定放心放手，将错误当作资源，让学生自己去认识，自己去品味，自己去改正，这样他们认识才深刻，体味才透彻。比如，达标率低时，教师不要再强调，更不要去批评，而是找几名代表，让他们把各自正确的或错误的都写在黑板上，让学生们自己去解决，在知其然的基础上，让学生自己再知其所以然，并且马上再进行艺术性强化，效果一定比教师讲解好得多。

3. 做好回访

要跟踪、要回访，要有“咬定青山不放松”的精神，使学生真正理解知识，增长智慧，举一反三，触类旁通，进而学会学习、学会发现、学会应用、学会发明……

附2：张敏申报课零分后的感受

1. 感谢

得了零分后，我才深刻地反思我的课堂。这次使我清醒认识到课堂中存在的诸多问题。看起来感觉比较理想，而实际抽测却不尽如人意。感谢领导关注了我的课堂，更重要的是给了我警醒。

2. 反思

认真反思课堂失败的原因：(1) 在平时的教学中，没有引导学生养成认真审题、解答仔细的习惯。下了课后杨迪就找到我说："老师，我太粗心了，把题看错了。"接着又有两名学生找到我说：也是因为粗心失误。再细细一想，张老师的学生，在数学课中失误的较少，就是因为张老师每节课都找失误的原因，并加以改正。(2) 基础知识不太熟，在预习环节，预习深入性欠缺，导致计算题公式不会应用。还有单位的换算也不太熟练。

3. 行动

知不足马上去该，针对学生存在的问题，逐一矫正，对于每个环节都要落实好效果，多规范学生的行为习惯，引导学生认真反思错因，多想办法查找课堂效率低的原因。

希望各位领导多关注、指导我的课堂，你们发现的问题将是我提升的切入点。

真诚道一声：谢谢!!

2009 年 9 月 29 日

附 3："质检组"工作日志——零分课堂带来了什么

2009 年暑假过后，杜郎口中学除了验评组外又成立了质检组，专门从静态角度去关注课堂、关注学生的习惯养成、素养的形成、性格的铸就、美好人性的培养、课堂达标率等诸多内容。当然，课堂不能实现学生的心灵放飞、个性张扬、自由呼吸、自主成长，达标率也就不复存在了。几周下来，理化生组，张老师课堂得分为 0；语文组李老师课堂得分是 0。后来张老师课堂达标率是 85%，计 25 分，李老师达标率 90%，计 40 分等，这一切说明了什么呢?

1. 执著性

学校全力抓这件事，否则就不会出现零分。大家可以想象：

谁愿意得罪人，谁愿意画零分，可是这就是课堂的真实情况（得分率75%为25分，75%以下为零分课堂），质检组成员必须实事求是地如实反映。

2. 必要性

学校一开始并没有把零分课堂计入教师的考核，而是经过一段实践，从9月1日始，经过20天左右的时间，才于9月21日测试时，把课堂得分正式计入教师考核。在21日前曾有王老师课堂是零分，但是并没有引起大家的警觉，所以计入考核后又有两位教师课堂是零分，从这一点上来讲有了这两个零分，也许教师的警觉性才会高起来。也充分说明我们的课堂存在一定问题，也充分说明“质检组”工作的必要性。在某种意义上讲，“质检组”就是要向课堂的盲点和死角开炮，才会使课堂有趣、有乐、有思、有得、有效变成现实。

3. 坚定性

在一连出现了两个零分课堂后，有些不和谐音符悄然上升，认为是出题不科学。可是“质检组”按照8∶2甚至9∶1的比例去命题没有错，学校领导更是坚定地支持这一大力度的行动。可是课堂这种现象存在并非一天半天，所以零分课堂依然可能会再度出现。果不其然，9月28日，张敏老师的课堂又出现了零分，欣慰的是，第二天张老师主动地在全体教师的反思会上表了态，其真诚虚心的态度以及找自己的不足、谋求发展的信心更是感动了大家。再一个令人欣慰的是，李老师课堂出现零分后，不是被击倒而是站了起来，第二次抽测时，课堂达标率达到了90%。你能说零分课堂没有起作用吗？当然，“质检组”的目的不是故意使教师的课堂达标率是零分。后来几位教师的测试时，成绩的进步也更坚定了“质检组”的决心。因为标准没有错，利于老师，利于学生，利于学校，坚持而不是顾虑和充当老好人。

4. 艺术性

艺术性有四：一是9月21日前未计入考核，二是经过比较斟酌，75%得分率为25分是科学合理的；三是当出现不和谐音符时，学校能坚持评价标准不动摇是正确的。当时部分领导曾认为要下调75%的标准，而崔校长认为冠军与亚军能差多少？可是冠军与亚军一样吗？真知灼见，蕴含着睿智、执著；四是以张老师为首的知恩团队越来越多，因为他们知道：严格是最大的关爱。

5. 持久性

教师是普通劳动者，也乐于过安逸的生活，也是人之常情，但要想做出成绩就需要激活者。这样教师的潜能才能挖掘出来，智慧才能绽开、娇艳起来，教师才会有幸福感，成就感。

在某种意义上说，没有零分课堂是不正常的，是危险的，是对教师的不负责任，是对教育的亵渎，是对学生的伤害。崔校长常说，你工作不工作就看你叫停过几次，一学期没有，一年都没有，你说你干了工作？我们的课堂真的没有问题了吗？没有问题，为什么还有零分课堂的存在？

6. 规律性

零分课堂本身就是炸药包，一个零分课堂对教师绝对是一盆冷水，清醒剂。若环境不好则成为炸药包，要爆炸，不去发现这个炸药包，那么当“亡羊补牢”之时悔之晚矣。出现异样的声音，闻到了火药味是正常的，没有闻到是不正常的。习惯了，认可了，则炸药包就会成为推动课堂改革的助推器，起一种积极催化作用。

7. 实质性

抓失误就是抓进步，这也是课堂上的基本保底的要求，第二才是反映到课堂的活上（主动、生动、快乐）。

总之，零分课堂给大家带来了什么？是震撼、觉醒、推进、改进、还是生产力？零分课堂目的就是引导教师，学生自查。当教师、学生都能够自查时，“质检组”也就没有存在的必要了，这也是成立“质检组”的最终目的。

2009年10月3日

（三）课程开发中心

1. 主要职责

课程开发中心的主要职责：一是看教师对教材以及与教材有关内容的理解、领悟、研究等是否见解独到、新颖别致、形成自己的具有自主知识产权的观点、思想等；二是看这些独到的思想等在课堂上的应用情况。

2. 人员组成

课程开发中心人员组成同质检组。

3. 实质

课程开发中心设置的实质，就是引领教师通过自我学习、自我研究、自我整合、自我总结、自我提升，走向自主教科研之路，提升教师的职业幸福感指数。

4. 目的

课程开发中心设置的目的，就是通过教师的独立思考、潜心研究、完善提升，提高自己的专业化素养水平的同时，形成自己的独到见解，形成自己的教学风格，形成自己的思想体系。

5. 遵循原则

（1）人文性

在对教材进行研读的过程中，一定要选取教材中虽不存在，但却更具有人文气息的鲜活的个案，借以培养学生美好的人性，健全的人格。

（2）思维性

课堂实际上就是两个最主要的任务，一是让学生学会做人，另一个就是培养学生的思维品质。课堂就是学生人格铸就地，思维训练场。课堂中学生在做人方面不错了，就要着力培养学生思维的批判性、深刻性、灵敏性、广阔性等。因此，教师对教材的研读中，要有意识选取有关思维内容的问题，有意识地从选取的有关材料中进行思维强化，有意识地对学生进行思维品质的训练。

（3）坚守性

只要教育教学存在，就有教师对课程研读、深化、整合、融合等，就有对教材的二次开发、三次开发、再次开发，要长期坚持下去，不要半途而废。

6. 考评的办法

课程开发中心主要是从两个方面进行考评。

对备课的抽查和集中检查，以课堂中备课的抽查为主，检查的内容主要是以下四个方面：

（1）拓

就是要让知识由点到线、由线到面、由面到体，使知识由树木到森林。这就要求教师要横向联系、纵向比较，上挂下联、左顾右盼，只有这样，教师才能深刻理解文本，把握文本，教师才能在课堂上厚积而薄发，才能言简意赅，一语中的，旁征博引，高屋建瓴。当然，“拓”要围绕目标，既“拓”得开去，又要收得回来，注意优化取舍、讲究辩证性、有效性。

（2）挖

“挖”就是通过现象看本质。要探究事物内在的规律性，寻求客观事物的真谛，找规律、觅方法，形成自己独到的见解，或专题研究，做大、做强、做好或合作研讨，做成一流，形成专利，做一个研究型教师。当然要注意运用科学方法。比如宏观上，或辩证观或联系观或矛盾观。微观上，或多元思维或逆向思维或归纳推理或演绎推理等。真正提炼出本质、实质、精髓、灵魂的东西。这样才能算是牵牛牵住了牛鼻子，抓住了问题的关键和核心。

这样才能事半功倍，大幅度地提高效率。

（3）思

思的目的就是要学以致用，要联系生活、联系实际、联系自我、联系自然、联系社会、联系他人、联系世界、联系现实等。使知识真正为生活服务、为实践服务、为未来的发展服务。也就是说既要走入文本，又要走出文本，要做好理论与实践相结合的文章，把学到的知识变成能力，培养学生的实践能力，造福社会和世人。

（4）悟

悟即通过学习，所思、所得、所感、所获。要有自己的观点，要有自己的作品，要有自己的专利，要有自己的专著，要发现、要发明、要发展，培养学生的创新精神。

7. 注意事项

（1）思想引领

开放的课堂对教师的要求不是低了，而是更高了，这一点一定让教师心中有数。不能当课堂中出现了教师本应该解决、却不能解决的问题时，才意识到研读教材及相关内容的重要性，那时就为时已晚了。

（2）激励评价

为了引起教师的高度重视，要注意对教师的备课进行及时的评价，该张贴的张贴，该表彰的表彰，以利于这项工作的顺利进行。

（3）深入课堂，抽查课堂中以上四个方面的实际落实情况。

二、课堂的保障措施

（一）预习笔记

预习笔记相当于传统意义上的课堂笔记，但是又有所不同。预习笔记更多地记录了学生的独创性、精彩性、困惑性、拓展性、探究性、生活性、生成性、创新性的内容，是学生学习不可或缺的重要组成部分，是学生成长的真实足迹。

1. 遵循的基本原则、注意事项

(1) 认真性

学生的书写是第一位的，提笔就是练字时，一定要把字写得认真，写得规范，这是保底的，也是最基本的。书写，利于培养学生严谨认真好习惯的养成。认真的习惯有助于认真性格的养成，认真的性格将成就学生辉煌的未来。因此，对书写，绝不可等闲视之。写的字不能让人看清，怎么说也不是真正教育之所为。教育无小事，事事大于天，写字这件事不应该当作天大的事来对待吗?

(2) 条理性

预习笔记的内容不要毫无头绪，毫无条理地堆放到一起，一定要思路清晰，思维缜密，不能从头到尾无顺序、无层次，不知道写了些什么。比如语文学科预习笔记的栏目可以有：增长点、困惑点、精彩点、整体感知、课后字词、美文赏析、学法指导、小小创作等。要做到思路清楚，条目清晰。

(3) 系统性

不要认为预习笔记对大家是额外的事，它是教育教学过程不可或缺的重要环节。通过预习发现困惑，便于增强学习的针对性，提高有效性；通过时常翻阅，巩固有效性；作为复习阶段的重要材料，提高了学习的价值性。这样，预习笔记就成为贯穿学习始末的重要一环。

(4) 实效性

有时大家讨厌预习笔记，这里的大家当然包括教师、也包括学生。由于认为价值不大，但是学校要求交，没有办法，教师就应付，比如有一位语文教师亲自批改的最多，可是自己就承认是当公差，所以学生也应付，试想这样怎能有效果呢？一节课下来，学生仅仅是写了预习笔记，做不了多少事，效果却很差。分析其原因，关键在于没有好好把握其实效性。比如数学的预习笔记上，可以写做错的题目，有的学生把原题抄在了上面，就用了很长时间，但是对产生错误的原因没有分析、规律总结、变式练习却很少。实际上，除非题目比较简单，可以摘抄，其余的完全可以写上“见课本或材料多少页”，减去繁琐，直奔主题即可。又比如，有的学生写语文预习笔记，每节课都写上了所有生字词，大家可以想一想，抄来的生字词有用吗？有多大的用处？诸如此类，举不胜举。所以要求我们的老师一定要讲究实效性，不能凑页数，更不能凑字数，否则学生伤感，得不偿失，高耗低效。只有讲究实效性，一针见血、入木三分，要言不烦，直击要害，才是唯一的举措。这就要求我们老师，一定要在写什么上下工夫，在为什么要写这些上下工夫，要搞明白，搞不明白前先别做，但是，搞明白以后不是不做，而是不能瞎做、盲干，要更好地做，不要使学习失去应有的乐趣。

（5）目标性

我们做预习笔记是干什么的，这些我们教师首先要搞清楚。

①增长点。通过预习，学生有了新的知识输入，我们可称之为增长点。对于增长点，学生没有必要全部抄下来，可以写上在书的多少页上，课本上有的少写，甚至不写，重点围绕目标、课本等资料上没有的东西来写。非要写，也应该是在理解后，用自己的话语去记载，否则，写了也是不起作用。对于增长点，学生要有基本练习、变式练习、综合练习、自己出题练习等，否则，增长点是不会那么容易就变成你自己的东西的。

②困惑点。通过预习，学生可以发现不懂的问题，我们称之为困惑点。学生只有知道了自己的疑惑所在，有了探究的欲望，必然表现出强烈的学习兴趣，有了兴趣，才有了学习的动机，学

习才能有效率。除记录“困惑点”外，还要记下“困惑点”是通过什么思路解决的，用了什么方法，用了什么技巧，用了什么规律等。教师也应该在预习课上掌握学生的困惑所在，让学生先通过互助去解决。

③精彩点。课堂上学生的生成、创作、学生的亮点、歌诀等“精彩点”、“精彩点”的整合、精彩的归纳，要写下来，要分析，要为下一步精彩而积累经验，不要让其白白丢失。

需要记下的都需要及时记载下来。写到这里，预习笔记的名字似乎范围太窄，不妨改名叫课堂在线，因为它贯穿课堂。当然这一带有学习痕迹的名字也可换成更富有人文精神的词汇，不妨叫“点点滴滴”，意即通过先前预习的点点汇成“展示”时的滴滴，点点滴滴汇成了学习探究过程的全貌，有预习中的“增长点”、“困惑点”，有展示时的“精彩点”，从而组成学习的全过程。当然，可能学生该记的还有很多，但这三点应该是最主要的。

这样做，我们的预习笔记就是为课堂服务的，是学生个性张扬的起点，是学生质疑的源泉。展示课上，学生将因“增长点”而有话可说，人人参与，个个展示；因“困惑点”而思维碰撞，火花闪烁……

（6）创新性

不同学科有不同的特点，所以每一个学科都必须有自己的独特的东西即创新性。没有创新性就没有生命力，没有创新性就没有深度，没有创新性就没有特色……所以每个学科必须有符合学科特点的最耀眼最亮丽的地方，当然实效性也是必需的。这就要求各学科教师，要静下心来认真思考，针对实情研究对策，归纳整理，实践探究，提升整合，完善创新。比如语文学科的预习笔记，学生在阅读课上的摘抄等就是对课堂在线的补充。又如学生课外的实验探究、社会实践等记录的内容，也是课堂在现的重要组成部分。

2. 注意事项

(1) 预习笔记何时做

利用预习课时间、展示课时间、反馈课时间等课堂完成而不是课外去完成。

(2) 预习笔记与“四个当堂”

一定当堂练习、当堂反馈、当堂纠正，当堂反思，这些在预习笔记上都应该体现出来。

(3) 预习笔记与教材

预习笔记可以书写有关搜集来的学习材料。如学习《我的叔叔于勒》一文时，学生预习课上，就可以在了解文本的基础上，搜集友情、爱情、亲情的歌曲，如《朋友》,《忘不了你的人》等，从而使学生加深对文本的理解，人和人之间的关系不仅是金钱关系，更多的是友情、爱情、亲情等，从而使人们对世界充满了各种爱意。对于失败的于勒，可以把一首“这点痛算什么”或“从头再来”等励志歌曲写下来。这样做，最重要的是让学生有一种正确的心态面对生活、面对社会、面对错综复杂的人际关系，为学生做人、做事打下坚实的基础。不同的学科在这四方面都应该有所体现，有所侧重。

(二) 八大业务内容

1. 业务学习

杜郎口中学就教师的业务素养提升进行过很多尝试和探索，其中业务学习是重要的途径和主要手段，它主要包括以下五个方面的内容：

(1) 向先进理念学习 修炼内功

杜郎口中学教师有计划地开展读书活动，不断加强理论学习，完善提高自我。近几年以来就组织教师采取集中学习和分散学习相结合的方式，先后学习了苏霍姆林斯基的《给教师的建议》、陶行知先生的《陶行知文选》、李镇西先生的《爱心与教育》、傅东缨先生的《教育大境界》等。教师们结合不同学科不同特点，有重点有步骤地学习、交流，写出了针对性强、发自内心的感受，或是读书笔记，或是论文作品等。同时可随时到校阅览室、图书室查阅资料，网上学习更是得天独厚。

（2）向专家学习 提升内涵

近几年来，我们先后邀请山东省教育科学研究所的专家陈培瑞、王积众、亓殿强、许爱红、刘吉林等，中国科学院心理研究所研究员、博士生导师张梅玲教授，中央教科所原副所长滕纯研究员 ，中国尝试教育学会会长邱学华先生，著名教育家李镇西先生，著名教育家原辽宁铁岭市教委副主任傅东樱先生等来我校传经送宝、指点迷津。众专家分别从国际视野、心理角度、理论高度、尝试层面、爱的视野、教育的境界等方面对我们的课堂教学改革进行了深刻的分析、准确的点评，高度的评价。从省教育科学研究所的专家那里，教师们明确了方向，坚定了教改的信念；从张梅玲教授那里，教师们学会从心理的角度更加关注学生心理特点，真正尊重学生、相信学生、理解学生，从而发动学生，进而发展学生，真正激活学生的思维，释放学生的潜能，放飞学生的心灵，使学生愉快学习，健康成长；从滕纯先生那里，教师们感知到了一个谦虚好学、关心祖国教育发展的老一辈教育专家的赤子之心；从邱学华老先生的报告中，教师们深刻感悟到：要敢于创新，善于尝试，有创新就有起色、有尝试，就有成功的可能；在李镇西先生爱心教育的感召下，教师们深刻感知到，没有爱就没有教育，没有爱就不能走进学生的心灵深处，没有爱就不能和学生一道体验教育的真谛。从事教育就要让爱这种情感教育，真正发挥其独特的作用和效果；聆听了傅东樱老先生的报告，教师的心灵得到强有力的震撼，要站在为祖国为人民的高度，心系教育，走专家型教师之路；为祖国教育要做点什么，成为教师们的共识。

总之，专家的到来，心灵的洗礼，情操的陶冶、境界的提升、理念的转化，都深深地影响着并将永远影响着杜郎口中学教师群体的教育行为，使之更科学、更规范、更健康……

附：向专家学习了什么

尝试理念　主体教育　绽芬芳

——从邱教授的一堂数学课谈起

2008 年 3 月 21 日，74 岁高龄的邱学华教授，为了他心爱的尝试教育、也为了杜郎口中学，第三次来到杜郎口中学，并亲自执教初二年级数学平面直角坐标系一节，这堂课不仅好评如潮，而且给我们更多的是深深的思考和启迪。

1. 尝试理念　主体教育　共谋发展

邱教授执教的是初二数学，而参与学习这节课的学生却是初一年级的学生，结果是课堂之和谐，课堂之活跃，课堂之效果却空前的好，充分说明了只要尝试就可能成功，同时成功的课堂再次证明了一点：学生的潜能是无穷的，只要相信学生，发动学生，学生在得到进一步发展的同时，他们就会还你一个又一个意想不到的惊喜，一个又一个出乎意料的精彩，一个又一个不可思议的生动……之所以会如此，是因为学生的潜能被激活，学生的个性被张扬，学生的灵性被诱发……这些与杜郎口中学的“以人为本关注生命”的理念，异曲同工，一脉相承。通过这堂课的观摩，教师们更坚定了主体性教育理念，认为：只有进一步解放思想，敢于尝试，才能让主体性教育散发出其独特的美丽的芳香。

2. 精湛教艺 信手拈来 大道无痕

（1）目标出示的艺术性　引领学习方向

目标是一堂课的灵魂，有很多年轻教师往往很不注意这一点，有的整堂课就没有点明目标，使学生无所适从，或虽有目标却是生硬地和盘托出，豪无艺术性可言，而邱教授的目标出示却恰到好处：当学生围绕着平面直角坐标系质疑、答疑后亮出学习目标，从而使学生更加明了已掌握和未掌握的内容，既是对前一时段学习的总结，又是后续学习的转折，承上启下，妙不可言。当然目标出示是灵活多样的，也并非都要如此这般，只是要做到及时、适时、科学和艺术，方可与课堂其他环节融为一体，而无矫揉造作之情，斧砍刀辟之痕。

(2) 兴趣的诱导性　调动学生积极性

谁都知道“兴趣是最好的老师”，只有学生有了浓厚的兴趣，学生才会产生学习的内驱力，才会有学习的饱满热情，尝试的勇气，迎接挑战的斗志。课一开始，邱教授就直言：大家谁回答好就奖励谁，奖什么呢？奖励一道世界难题。这无疑勾起了学生浓厚的兴趣，使学生感知到这堂课，要好好表现，才有机会赢得奖励，这个难题就像挥之不去的谜团，使学生时刻在希冀着揭开其神秘的面纱……当这道题目浮出水面时，同学们兴奋、紧张、思维高度活跃……一节课结束了，同学们还陶醉在数学的王国里，欲罢而不能。

(3) 形式的多样性　激活学生潜能

心理学研究表明，中学生能集中精力用来听讲，也就是10～15分钟，如果让学生长期从事某一单调活动，就会影响学生的身心健康，学生就会感到疲劳、厌倦，大大降低学习效果，学生的快乐学习、幸福成长更是无从谈起。邱教授的这一堂课，先是用激励性话语诱导学生学习的兴趣，然后进行分组，各小组分别质疑、答疑，开展小组竞赛、针对共性疑难及时小组讨论，为强化双基，学生集中练习、小组限时举行擂台赛等。各个环节紧密相连，适时而生，形式多样，整堂课学生兴趣盎然，精神饱满，学生潜能得以真正激活和释放。

(4) 亮点的突显性　彰显课堂中

在这节课中，亮点地方很多，比如针对本节课的重点及整体，邱教授引导大家归纳整理成便于理解、便于记忆、朗朗上口的歌诀：平面直角坐标系，两条数轴来唱戏。作垂线，定垂足，找出对应的实数。先横后纵再括号，中间隔开用逗号。歌诀的运用，使课堂进一步生辉，也利于培养学生动脑归纳、思考，创新习惯的养成。

(5) 知识的梯度性　符合认知规律

知识的前后安排看似无心，实则有意。先是同学们在预习基础上提出问题，然后是学生的争问抢答，使同学们对平面直角坐标系，有了一个基本的了解。在此基础上，教师及时发挥教师主导作用，任意指出第四象限一点，让学生说出其坐标位置，学生马上指出坐标是（3.5，-1.5）。不难看出，看似随意一指，但坐标不是整数而成了分数，从而使学生对象限内点的坐标组成有了更深的理解。又比如学生在全面把握文本的基础上，教师及时使知识由具体到抽象，从而能使学生真正理解知识，做到举一反三、触类旁通，如：$P(x, y)$ 是象限内一点，若 $xy>0$，且 $x+y<0$ 则点 p 在那个象限等。不难看出：整堂课知识的梯度性，层次性，由低到高，由浅入深，由变式到综合，由易到难，由具体到抽象，符合学生认知规律，便于学生认知理解。

(6) 方法的渗透性　极尽浓彩重笔

课堂是不是科学的、艺术的，很大程度上取决于仅是对文本的机械复制、克隆，还是拓展、延伸、提升，是“授人以鱼，还是授人以渔”，是以文本为载体，学知识，还是以知识为载体长智慧。如果课堂没有方法的渗透，方法的指点，方法的发现，知识就是一盘散沙，风吹之，则沙去无影……在这堂课上，邱教授先让学生看一段数学史即：早在1637年以前，法国数学家、解析几何的创始人笛卡尔受到了经纬度的启发，地理上的经纬度是以赤道和本初子午线为标准的，这两条线从局部上可以看成是平面内互相垂直的两条直线。所以笛卡尔的方法是在平面内画两条互相垂直的数轴，其中水平的数轴叫x轴（或横轴），取向右为正方向，竖直的数轴叫y轴（或纵轴），取向上为正方向，它们的交点是原点，这个平面，叫“坐标平面”。

邱教授不仅让学生了解了坐标系的发现者笛卡尔，更重要的是让学生领悟笛卡尔是受什么启发而发明的平面直角坐标系，我们从中学习什么方法等。又比如课堂临近结束时，邱教授给学生出示了一个题目：今有9升和4升的容器，不用其他容器如何来盛6升的水？对学生出色的表现，圆满的解答，邱教授不满足于学生的答案，马上追问：你是怎么想的，遇到这样的问题，我们从何入手等，我想这些学习方法的渗透远比知识更重要。

（7）情感的自然性　增进师生情谊

学生是一个个具有鲜活生命的个体，有着鲜明的个性，丰富的情感，只有真正了解学生，尊重学生，欣赏学生，真正走进学生的心灵深处，学生才会“亲其师，信其道”，师生关系才会融洽，师生相长，快乐幸福地学习才可能形成。邱教授和蔼可亲，安详之举止，幽默之言语，微笑之从容，无一不是在用一颗爱心与学生进行心灵的沟通，灵感的碰撞。当学生回答得很精彩时，发自内心的“你真聪明”恰到好处；当一个男孩用了不到一分钟的时间，就将容器分水的问题解决后，同学们都争大了惊奇的眼睛，这时邱教授的一句“你就是数学家的苗子”使这位男孩子充满了自豪感、自信心，同时又给其今后人生指明了前进的方向；对表现不是特别突出但却善于表现、积极尝试的一名女孩奖励一本“小博士”，其期待、鼓励之情不言而喻……整堂课是一种安详美、整堂课是一种和谐美……这些美的长期性一定会使学生耳濡目染，潜移默化，从而使学生学会尊重，学会鼓励，学会赏识，学会宽容……进而使学生学会如何与人交往、如何做人等，真是功莫大焉。

当然除以上几点，邱教授的这堂课可圈可点的地方还有很多，练习题的设计匠心独运，由基本、变式到综合，做到了综合与应用；结构安排层次分明，先是由点来写坐标，后是由坐标确定位置等。当然，任何一堂课都是有缺憾的课，倘若减少个别地方的齐答现象、歌诀等让学生去归纳、总结，课堂的后半部分小组的作用利用得再充分一些，效果会更好。当然瑕不掩瑜，这些也都是自己的一家之见，难免失之偏颇。

总之，邱教授与初一·四班的学生初步交流的这堂课，应该说是主动、生动、快乐、有效的一堂课，是一堂值得大家深思、学习的一堂课。这堂课启迪我们，只有解放思想，才能有改革的勇气；只有善于尝试，才有成功的可能；只有勤于学习，才能迅速成长；只有静心感悟，才能把握规律……

后记：邱学华先生，江苏省常州市人。享受国务院特殊津贴专家，江苏省特级教师，江苏省荣誉教授，全国学习科学会尝试学习研讨会理事长。曾先后八次来到杜郎口中学，对杜郎口中学提出了很多建设性意见，并帮助杜郎口中学整理编辑了《崔其升和杜郎口经验》一书，这些都进一步促进了杜郎口经验在全国的推广，对中国的基础教育做出了自己应有的贡献。上文是作者根据邱老先生在杜口中学执教的一堂数学课上写的感受。

寓爱于教 大道自然

——从李镇西先生的一堂语文课谈起

2008年5月7日，李镇西先生二度来到杜郎口中学，并亲自执教了一节语文课《一碗清汤荞麦面》，好评如潮，师生受益匪浅，感悟良多。

生活即语文

李镇西先生热爱学生、热爱生活，并善于从生活中采撷鲜活的素材作为活生生的语文教材，所上之课深深地打动了人，感染了人，使人们再次真切地领悟了作品对人间真情的讴歌，对人性之美的高度赞赏。李先生执教的内容梗概是：1997年席卷亚洲的金融危机，使韩国三星集团每月亏损达上千美元，三星集团总裁李建西，沉着、冷静、理智分析，给全体员工朗读了日本作家栗良平的小小说《一碗清汤荞麦面》。听到声情并茂的朗读，全体员工感动了、震撼了、潸然泪下、群情激昂、众志成城、团结一心……很快三星集团第一个走出了金融危机的困扰，冲出了困境，取得了良好的经济效益，开创了新的局面。这时，李建西总裁又一次召集全体员工，再次朗读这篇文章，使全体员工又一次得到新的感悟、新的启迪，从而使企业蒸蒸日上，如日中天。李镇西先生讲的就是这么一篇能挽救一个企业命运的文章，给人们生活带来力量、给人鼓舞、促人奋进的文章。在这里，李先生选取贴近生活的实例作为语文课的内容，这不能不说是李镇西先生立意高远之处、匠心独运之作、大家风范之所在。因为学生会清晰地感觉到语文即生活、生活即语文，学好语文，要服务于生活，为了更好地生活，一定要学好语文。同时，这篇优秀文章的魅力还在于，她可以使人焕发精神、斗志昂扬，使人团结一心、互相帮助，使人战胜困难，迎接挑战，使生活更美好。是啊，有哪一部伟大的作品不是来源于生活又极尽服务生活之功能呢？从活生生的生活中去学习语文，再通过语文学习，更好地去创造美好的生活，何乐而不为呢？试想，语文来源于生活，要让语文更好地服务于生活，这样做，难道不是对学生的爱吗？让学生从中感悟到怎样去学习，怎样去生活，难道这些不比单纯地学知识更重要吗？

诙谐幽默 匠心独运

一堂成功的课主要在于教师的教育观念是否先进，功底是否扎实，当然也离不了一些技术问题，如组织教学的技巧等。李镇西先生深知这一点，所以上课伊始，不是急于直奔主题，而是匠心独运，巧妙地组织教学，消除学生的紧张感、陌生感，增加亲切感、和谐感。首先李先生建立起了一种融洽、民主的学习氛围。只听李先生说道：同学们：知道今天上课的内容是什么吗？生答：不知道。师言：不知道就不用上了，生改言道：知道。师言：知道也就不用上了，学生无言，师又言：到底知道不知道？生回答的有说知道的，有说不知道的。师言：那就让知道的告诉不知道的就可以了……这些玩笑的话语，使同学们的胃口被充分调了起来，思维被激活起来，兴趣被诱发出来，心想：这位李先生还真不好对付，不认真去听，不认真去悟，还真是难以应对呢。因而学生的积极性被充分调动起来，兴趣盎然也就顺理成章了。接下来，李先生又让学生猜一猜他的年龄，更是使师生关系达到了一种空前的亲切、友好。从中大家不难看出，大凡名家上课，不仅教育思想先进，业务功底深厚，而且他们教学的组织，细小秋毫之处也做得滴水不漏，颇见教学功底之深厚，并且是信手拈来，毫无刀砍斧凿之痕。写到这里，不仅想起著名的教育家魏书生，在外出500多节公开课上的所作所为，其教学组织与李先生如出一辙，恰到好处。如魏书生先生在上课时，无论是请同学们集体唱一首歌、集体朗诵，还是让同学口头作文，看似随意，实为有心，使同学们忘记了紧张，不再拘谨，整个课堂气氛呈现出欢快、友好、亲切、和谐，学生兴趣盎然、自主、自觉、自愿、自动的学习内驱力被唤醒、被激励、被鼓舞，拉近了师生之间的距离，增进了师生之间的情感。当然不同学科有不同特点，教学的组织形式要适宜、适时、适情等。试想：我们在组织教学中这样想了吗？想到了，我们做到了吗？做到了，我们坚持了吗？

善于质疑　奠基终生

上课伊始，李先生就不失时机地提出了一个问题：为什么三星集团总裁李建西在企业转危为安后，再次给全体员工朗读《一碗清汤荞麦面》？这个问题像一根红线贯穿课堂的始终，把学生的积极性真正地诱发出来，学生争相回答，乐此不疲，并且针对每个内容细节展开质疑活动，收到了意想不到的效果。这样面向全体学生提出的问题，能使学生都能在一个平等的基础上去思考，去分析，去解答。李先生这一问题的提出，在学生的心理上产生了波澜不惊的涟漪，不同的学生有不同的理解，学生个性得以张扬，才艺得以展示，情感得以流露……在这里，每个学生都受到了真诚的认可和尊重，师生就能在这种平等、友好、自主的新型师生关系中，在这种支持型环境中共成长，共发展，也只有在这种氛围中，学生才能纵横捭阖、浮想联翩，另辟蹊径，独树一帜，敢创新、愿创新、会创新、善创新，创新能力得到提高。这一问题的提出，诱导学生要善于发现问题，凡事多问几个为什么，长此以往学生一旦养成这种良好的思维习惯，那么将会对学生终生产生裨益，有了这种思维方式，强化这种思维方式，就有利于学生的终生发展，就能实现上海一所学校所倡导的“教学生 4 年，为学生想40 年，为国家想400 年”宏伟目标。又比如，课堂上李先生总是不失时机地提出为什么，如为什么母子三人第二次到“北海亭”是一种必然？为什么“北海亭”老板夫妇要耐心等待母子三人等？在李先生恰到好处的“为什么”设疑、追问中，学生思维碰撞、妙语连珠、奇思妙想、思路开阔、见解独到。长此以往，耳濡目染，学生也就学会了这种思维方式，持之以恒，锲而不舍，对学生终生发展将功莫大焉。

试想：通过一连串面向全体学生恰到好处的质疑，营造了一种和谐融洽的支持性的学习环境，学生欢快地自由展开想象的翅膀，长时间的坚持形成习惯，习惯形成性格，性格决定命运，这难道不是“润物细无声”、“大爱无痕”对学生终生发展负责和奠基吗？

精湛教艺　炉火纯青

上课伊始，李先生就用亲切自然的目光、机智幽默的语言拉近了师生之间的距离，走近了学生的心灵。或提问或点评或追问或讲解，一语中的、言简意赅，生动的比喻、逻辑性语言，俯首皆是，信手拈来，贴切自然……对教材挖掘的深度、知识面的广度、点评的高度三“度”达到极高水准。如点评，从母子之爱到人与人之间的互相帮助和爱护到“让人们因我的存在而感到幸福”，既是文中之意，又何尝不是李先生自己人格的真实写照呢？又如对教材的挖掘、追问，如第一次老板夫妇为什么会有对母子三人的祝福？第三次为什么会有老板夫妇“目送”母子三人远去的场景，老板夫妇与母子三人到底谁帮了谁等。试想如果教师如果没有深厚的功底，备课不精心、精细、精致，怎么会有高超的水平，没有高超的教学水平又怎能教出高水平的学生。其实教学就像是一片云吹动另一片云，一片叶带动另一片叶，一个心灵去感化另一个心灵，一个人格去塑造另一个人格……

目标达成　高屋建瓴

新课改下要求教学实现目标的三维性即：知识和能力、过程和方法、情感态度和价值观。综观李先生这两堂课，其目标虽未直接表达但却又寓于其中，三方面珠联璧合，完美无缺。知识方面，像细节、像结构的重要性等都极重笔浓墨渲染而又假以佐证；通过学生讨论、思考、分析、讲解，学生质疑的能力、分析理解能力、写作能力等得到强化；质疑思考、换位思考等良好思维习惯得到着力培养；联系生活、引领拓展，不仅使学生从文中得到人生观、价值观的提升，更使学生在生活中坚定信念，充满自信，自强不息，顽强生活，“让人们因我的存在而感到幸福”，这一崇高的人生目标，随着课堂接近尾声而水到渠成，呼之即出。本来板书不多的李先生，又特意将这句话写在黑板上，实为画龙点睛之笔，然后让同学们一块诵读这句话，更是做到了完美无缺，增之则多、去之则少，达“艺术炉火纯青之地步”、至“艺术登峰造极之高度”，令人叹为观止。试想：通过一篇文章的学习，不仅使学生变得更加坚强，更难能可贵的是，使学生人生达到一种至高境界——“让人们因我的存在而感到幸福”。这里没有生硬的说教却效果极好，在这种教育下学生不是已经学会怎么做人了吗？

当然任何课堂都是有缺憾的课堂，倘若增加学生的参与量，如让学生的诵读代替教师的边读、边解，从而让学生整体感知文本，在此基础上，析文本、悟文本，联系生活、联系实际、进行文本的再创作，生成新的课堂文化等。又如李建西总裁为什么第二次读《一碗清汤荞麦面》的原因，让学生思考后去分析，答案就是多元的而不是唯一的，效果也许会更好。当然上述之言乃一管之见，不一定正确，但瑕不掩瑜，枝节小事并不影响课堂的主动、生动、快乐、有效，实为难得的好课。

后记：李镇西，四川乐山人，中国著名教育家，特级教师，全国语文优秀教师，曾三次到杜郎口中学。1982 年四川师大中文系毕业后，一直从事中学语文教学，长期致力于在民主教育和语文人格教育的研究和探索。现任四川省成都武侯实验中学校长。著名教育家苏霍姆林斯基的女儿、乌克兰教育科学院院士苏霍姆林斯基卡娅曾赞誉他是“中国的苏霍姆林斯基式的教师”。本文是作者在杜郎口中学报告厅，听李校长的一节课后所写的感受。

德艺照环宇

张梅玲教授，中国科学院心理研究所研究员、博士生导师，著名教育专家，今年已73岁高龄，但却思维敏捷，健步如飞，传经送宝给教育界的芸芸众生，使众人受益匪浅，茅塞顿开。其报告博大精深，却又深入浅出；旁征博引，却又点到为止；既阳春白雪，却又下里巴人。听其报告，总给人以高屋建瓴、醍醐灌顶之感，让人受益匪浅，这种受益绝非只是知识上的，更是做人上的。至于张教授的学术造诣，自有大家的高度评价暂且不表，今主要谈一下听其报告以及与之几次短暂交流的感受，可能失之偏颇，实属一家之言，但却是真实心声。

睿智

张教授的智慧远非一两个例子可以说得清楚的。比如，杜郎口中学在崔其升校长带领下已成为全国名校，作为一名教育专家，张教授总是对杜口中学关爱有加，提出了很多中肯的建议如：①在业务反思上，要避免浅层次，要有深度，要体现学科素养。②在新教师培训上，要注意传帮带，要注意让其解读杜郎口文化的灵魂。比如“实”，即做人要实实在在、脚踏实地；做事要讲究实效，工作要实事求是等，从而使新教师迅速融入杜郎口文化的氛围中。③在学生培养上，要注意“精英式”与“大众化”相结合，既要为中国培养高尖端人才，又要培养合格的建设者。④在育人环境上，提出教师的“名言”内容，也不一定都统一，都是一个长方形牌子，也可以是菱形，可以是多边形等，从而更能体现出人文性、多元性、多彩性。⑤对于“双色纠错本”也可以叫“我的成长”等，可以加上教师、同桌、家长的评语……如此细腻的艺术化名字，想的竟如此周到、新鲜、形象、艺术……真是让人耳目一新，似一股清泉流入心田，清新甘洌、不仅富有诗意，更是富有暖意。这些看似随意，但远非常人所能想到的，而是教育大家对教育大爱的流露、智慧的彰显。其间思维的批判性、思维的多元性、思维的灵敏性、独特性、深刻性等彰显殆尽。

张教授在《智慧型教师的建构》报告中的一个小例子，也许更能说明张教授的睿智。说的是一名张老师让小华、小明讲解题目，小华讲解的不对，这时张老师非常生气，边敲桌子边大声呵斥小华：你给我坐下，这么简单的题也不会！小华吓得已浑身筛糠了。这时张老师喊到：谁来讲？课堂上哪有敢讲的，因为谁也不愿当第二个小华。没办法，张老师更生气，只得点将了，“小明站起来讲”，小明不错，讲对了，老师哪还有心思赏识，也许压根就不会，这时又叫小华站起来，“小华，你给我站起来，你说你听明白了吗?”“听明白了”，“真明白还是假明白?”“真明白”，“那你讲给我听”……课堂上充满了火药味，充满了不和谐，学生在这种压抑的氛围里，谈何愉快学习呢？课下张老师问张教授，张教授告之：你可这样做。小华讲不好后，可以说：哪位好朋友帮一帮小华，小明帮完后真诚地赏识。然后问小华：小华你愿不愿意讲一讲。小华愿意讲就讲，不愿讲就说明可能小华未听明白。这样处理没有了命令，有的只是尊重；没有了指示，有的只是信任；没有了要求，有的只是商量。师生关系不是僵硬、冷酷、压抑，而是活跃、和谐、民主，这不是艺术，不是智慧吗？

还有一事能说明张教授的睿智即“大道从简”，实事求是。她举了一个例子，如去商店，我没钱就说没钱，如果没钱说有钱，当付款时，自己却又拿不出钱，是证明自己小气还是证明自己虚伪，真是进退维谷，尴尬得很，可这是谁造成的呢？是自己，生活需要我们实事求是，生活需要实实在在，实实在在才是一种美丽，是生活最保底的智慧，但这点并不是任何人、任何时候都能做到的。

阳光

张教授在《智慧型教师的建构中》反复提到：写自己的书，走自己的路，做最好的自己；不要抱怨没有，要珍惜拥有；如实地反思昨天，自信地面对今天，理智地展望明天等。并以电梯停电为例让我们拥有阳光的心态，健康的行为。如一人欲上五楼，但正好停电，电梯不能正常运转，若不能正确面对，则抱怨不绝：我怎么这么倒霉，我一来就停电……这种心境下爬到三楼就会累，什么累？不是身体累而是心累。但若从另一个侧面去想：今天真不错，上帝给了我一次锻炼身体的机会，又可以减肥。这样爬上五楼，还感觉不到一点疲劳。为什么？因为心境好。所以我们要面对现实，以积极阳光的心态去面对生活，从容、坦然、潇洒、自得……这正是张教授要告诉我们的。张教授当然更是一个具有阳光心态的人，她以对生活、生命的博爱，传承给大家这种理念，让我们大家也从中受益，这正是张教授的良苦用心，这也是张教授用一生的智慧来启迪我们应该怎么做。

孝道

百善孝为先，张教授知其深刻涵义，更是孝道之楷模。比如，回家看望其母，不仅仅是给其多少钱而是一份孝心的体现。虽然说老人家总是不要，但留下的却是子女的一片孝心。物质上是这样，精神上更是这样。张教授的母亲已95岁高龄，非常乐观、豁达，说现在自己生活得很幸福，将来不在人世，就到观音那里也将很幸福……张教授虽不信什么观音之类，但却积极认可老人家的想法，而不是改变老人这一点精神上的寄托。尊重老人的心愿，我想这才是最大的孝道。这样的事例一定还很多，但都是在启迪我们这些年轻人如何从自我做起，如何去践行中华民族的这一美德。

谦逊

张教授乃教育大家，其德艺我们只能望其项背，其谦虚精神让我们汗颜。5 月 20 晚，当崔其升校长的父亲谈及崔校长成长历程时说道：其升小时吃过苦，所以大了才能“克”“苦”；贫贱出孝子，乱世出英雄……这时，只见张教授立即拿出本子，边拿边说：我得记下来，太有哲理了，明天上午我将讲给学员听，就说崔其升的父亲说了：崔其升小时候能吃苦，所以大了才能“克”苦，经过奋斗才有了今天的成功。张教授的谦虚精神昭然若揭。一次，我写了一点关于课堂互动的文字让张教授斧正，却得到张教授很高的评价，而我知道，这点东西纯粹是受益于张教授的报告，但却是备受鼓舞，更重要的是学到了张教授虚怀若谷的精神。记得《周易》中每一“爻”的释意中都有利有弊，唯有谦虚是有百利而无一害。倾听、多听；少说、多做……有哪一条又不是谦虚的表现呢?

幽默

张教授虽然已七十多岁，但当问及上个月曾经去过哪一些地方时，他却幽默地说到了“五大洲”、“四大市”即“郑州、扬州、温州、台州、苏州”，上海、丹东等四大市。从中不难发现张教授阳光心态下的幽默人生，善于反思的人生，热爱美好生活的人生。还有一次张教授和崔校长合影，当时崔校长的爱人高老师也在场，张教授风趣地对高老师说：我与崔其升合影，高俊英你不介意吧……

随和

张教授每逢讲座，从来不坐下而是站着和与会人员娓娓道来、侃侃而谈，听众被张教授的敬业精神深深地打动了，一致强烈要求让张教授坐下作报告，而张教授却说不习惯，这哪是什么不习惯，而是对学员的一种真正的尊重。每当学员与其合影时，他都是非常乐意、非常感谢学员……其谦虚、随和、低调、平易近人、高风亮节、彰显无余。

张梅玲女士，中国科学院研究所研究员、教授、博士生导师，国内外著名教育心理学家。享受国务院国家级有突出贡献专家津贴。现任中国心理学会教育专业委员会理事，中国科学院心理研究所现代小学教育研究中心主任，中科院心理研究所儿童教学认知发展研究组组长。

教育大家　执教杜口

——听李守民校长示范课有感

2009 年 9 月 23 日，我们迎来了尊贵的客人——上海交通大学第二附属中学李首民校长。在我校，李校长亲自执教了余秋雨先生的《信客》。现场观摩，感慨颇多，今略谈一二，望众人评说。

1. 信手拈来，传经布道

对于“老信客”“常常失眠”的原因，同学们分析的思路紊乱，没有条理，李校长就婉转地告知同学们：同学们的分析很有道理，大家能不能把同学的意见结合自己的思考理一理，分别用 1、2、3、4 写出来……当同学们有条理地说出时，李校长由衷地发出赞美之声。从这一细节不难发现，李校长固有的严谨治学态度，对学生有一种尊重和爱意……对于此，李校长不仅是说说而已，李校长本身就是这样做的。对于《信客》一文，李校长提出要解决四个问题，即：

(1)“老信客”为什么“躲”了起来?

(2)“老信客”为什么会“失眠”?

(3)“老信客”怎么会“在黑暗中睁着眼”?“他能不干这档子事吗?”

(4)最后导致年轻信客，不当“信客”的原因是什么？是不是和他的性格不能吻合?

这些问题本身就层层递进，逻辑清晰，像一根红线贯穿文本的始终。这种良好习惯一旦养成，习惯将决定性格，而性格将决定学生一生的命运。这种终生收益的教育习惯的养成，不正是教育的真正目的吗？看似随意的一句话，却充分体现了教师精到的主导作用和学生凸显的主体地位的和谐与统一。

2. 一张一弛，彰显功力

学生热烈地讨论，激烈地争辩，教师的恰到好处点拨之后，李校长常常是引导学生归纳整合，让大家把观点写下来，使课堂由动而静、由张而弛、由口头到笔头、由放飞翱翔到沉淀积累。学生身心得以放松，知识得以归纳，思维得以梳理。这看似随意，实是不为而为，大道无痕，不战而屈人之兵，教育大家之所为。整堂课围绕四个问题，就有了四个这样的艺术化的环节，耳濡目染，长此以往，学生也会形成习惯，影响孩子一生的成长。这仅是李校长课堂艺术性万千之一点，但李校长用起来能做到不温不火，得心应手，游刃有余，轻松自如，实乃几十年教育功底的彰显。

3. 机智敏锐，应对从容

当学生把课文中“年年月月”读成“年年岁岁”时，全神贯注、高度投入的李校长马上抓住这个问题生发开来，但却不是自己去说，自己唱主角，当主导，而是把问题抛给了同学们，给学生以思考的时间和空间，从而真正凸显了学生的主体地位，体现了对学生生命的真正关爱，正像杜威所说：教育即生长。学生需要的不是灌输，而是使人灵魂里固有的能力得以健康发展。对智力而言，理性思考能力自是重中之重。从中不仅可以看出李校长的机智和敏锐，睿智和从容，更能体现出李校长对教育本质的深刻认识以及娴熟的应用。学生说错、读错也许在意料之外，但又在情理之中。如何处理此事，却可以表现出教师的综合素养。面对这一错误资源，李校长能很好地把握，并且不是立即把答案告诉学生，而是把问题抛给同学们，引起大家的广泛思考，激活学生的思维，彰显了李校长驾驭课堂的高超能力，彰显了李校长对文本的深刻理解，彰显了李校长心目中学生主体地位的重要性。细节虽小，但细微之处显睿智，细微之处见艺术。

4. 谙熟真谛，运用自如

语文学科乃听、说、读、写……读一读，说一说，写一写。首先是一个读，书读百遍其意自见，读的重要性无需再言。通过大家的读，有了大家的读，学生的说、写、感、悟、思、疑、作才有了可能。李校长谙熟此道，让学生诵读文本，实属夯实基础之举，也是课堂学生“活”起来的基石。

5. 教师主导，彰显殆尽

教师四个问题的设计，教师一动一静的环节安排，教师及时的点拨、追问，教师与学生之间的互动相长等，都或隐或现地彰显出老师的主导作用，当然这并不影响学生主体地位的凸显，反而因主导的及时、深刻、艺术，从而使二者更加相辅相成，相得益彰，天作之合，完美无瑕。

6. 质疑善辩，激活思维

课堂就是要培养学生的思维品质，最基本的培养方式就是凡事问个为什么。整堂课学生说感想、谈感悟时，李校长总是提醒大家在课本上找根据，这实际就是告诉大家说话要有根据，引申开来就是说话、做事等要有根有据，搞清为什么。这一举措使同学们不仅知其然，而且知其所以然，培养了学生基本的思维品质，即凡事问个为什么，这何尝不是有意培养学生终身发展的能力呢？此举功莫大焉！

一堂课下来，不管是四个问题的设计，“岁岁年年”与“岁岁月月”的捕捉，还是让同学们找一找课文上的东西作为感悟的根据，还是为什么用“这档子事”这句话以及课文最后一段是不是可以删去等，都表现出了李校长有意培养学生思维品质的强烈意识。凡事要敢于否定，善于怀疑，凡事要知其然并知其所以然……如此这样，长此以往，那么学生的思维品质必将大大提升，这也就很好地完成了课堂的重要目的之一——让学生变得更聪明。

7. 亲近平和，可敬可亲

李校长37岁就是上海交大附属中学的校长，半辈子从事教育工作，工作札记、著作等身，却毫无一点点名校长的架子，那般平易近人、和蔼可亲。当同学们离黑板距离较远时，并没有看到李校长，一个教了半辈子书的长者发号施令，生硬指示，而是弯下腰去，一个举手示意的动作，同学们却心领神会，俨然与学生成了忘年之交。类似的此情此景甚多，不胜枚举。课下我让学生写了写感受，除了说课上得好，条理清晰等，全体同学都写到了其可亲可敬程度超乎了我的想象，学生们特别愿意和这位慈爱、平和的长者一道前行。试想有了这样和谐的师生关系，学生的愉快学习、幸福成长不就得以真正实现了吗？时间又过去了半月多，今天再度回访了六位小同学，学生的这种感觉仍历历在目，刻骨铭心。对人的和蔼、亲近，学生们耳濡目染，也就学会了如何与人相处，为孩子课堂上的主动、自动、自发的发言、智慧的释放奠定了良好的基础，同时，更重要的是教给孩子做人的道理，人生的教育，使课堂的另一个重要目的——如何做人得到艺术的实现。

当然，李校长课堂中可圈可点的地方太多，上述七个方面只是挂一漏万。诚然，课堂是有缺憾艺术的课堂，于漪老师曾谦虚地说：我教了一辈子书，上了一辈子都有遗憾的课。李校长的课堂上若能加强生生互动，使之成为课堂文化的主旋律，加强对弱势群体的关注，加强课堂形式的多元化等，课堂将会锦上添花。

(3) 向同仁学习 切磋提升

2009 年 10 月的一天，有一位来自山西的女教师，在我校上了一节《苏州园林》，上课开始后，这位教师有下面的开场白：同学们，今天我特别高兴，因为我终于来到了梦寐以求的杜郎口中学，因为我是来自一个小地方的小山村的一名小学教师，我的个头也小，脸庞也小，眼睛也小，鼻子也小……今天来到了一个全国知名的大学校，我是带着很大的任务来的，心里也有很大的压力，希望大家能给我极大的配合……在这里，这位教师利用开场白的机会，既拉进了和学生之间的距离，又非常巧妙地采用了“作比较”的说明手法，为这篇说明文的学习作了很好的铺垫，可谓一箭双雕，一石二鸟，又无刀砍斧凿之痕，妙手天成。所以我们应该很好地向这位教师学习，也因此学校提出：凡是有外来听课者上课，教师们要尽可能地前去学习。

(4) 向学生学习 教学相长

要相信学生的头脑中蕴含着无穷的智慧，只是教师没有发现或没有创设轻松愉悦的民主氛围或没有给予激活或没有给予灵感放飞的机会而已。比如，为了调动学生的积极性，教师采取了这样的评价方式：回答对一题计一片树叶，回答正确五题，则计一个果实等。时间一长，学生失去兴趣，教师只是在大小果实上做文章，可有一天，有一名学生却对教师建议说：我们可以先给大家若干叶子和果实，回答错一题则发一条虫子，一条虫子可以吃一片叶子……你看学生的思维多么巧妙，在评价上不是一条道走到黑，而是逆向思维，使学生更感兴趣。又比如，化学课上，当讨论“一杯水和一杯盐水在相同条件下谁先结冰”时，一名学生说道：冬天向有积雪的道路上撒一些盐，用来清洁道路，从中我认为，一定是盐结冰比水慢……试想：学生从逆向角度出发，解决了这一个问题，是何等聪慧！又比如，当问及楼房中发生火灾时，是以低姿势逃生还是高姿势逃生时，一名学生说道：我可以取一只高蜡烛和一只矮蜡烛，高蜡烛相当于高姿势，矮蜡烛相当于低姿势，让高低蜡烛同时在一个倒扣的烧杯内燃烧，看一看谁先熄灭，从而证明采取哪一种逃生的方式更好……

实际上，只要把课堂真正还给学生，课堂上的精彩实在是太多了。

（5）在实践中学习　事半功倍

教育书籍浩如烟海，想读其尽，是不可能的，也是不必要的；走出去，请进来也不可能太频繁，也不现实……这就要求教师要在实践中学习，通过实践，发现问题，分析问题，解决问题。通过实践，知不足，产生强烈的求知欲望，从而从内心深处焕发出自觉自愿的学习动机，学习效果必然是事半功倍。

2. 业务活动

为了又好又快地搞好素质教育，提高教学质量，培养学生德智体美劳诸方面全面发展，学校每周都以六大学科（语文、数学、英语、理化生、政史地、音体美）为单位，广泛开展教研活动，如集体备课、业务论坛、读书沙龙、创新交流、听评课活动等。以听评课活动为例，每位教师一周要听两节课，可以是所从事学科的课，也可以是其他学科。听的课有示范课、申报课、研究课、创新课、过关课、达标课、扶帮课、回访课等，真正尊重了各个层次教师的意愿，张扬了教师的个性，使教师在原有的基础上都有大幅度提高。同时广泛开展实践课活动，如今年语文组的话剧表演，语言实践课；英语组的情景剧表演、英语节；理化生组的科技节、《走近自然走进科学》大型创新活动等；政史地组“纪念南京大屠杀70周年”演讲比赛，千人签名等爱国主义活动、文明礼仪伴我行等；音体美组举行的各种丰富多彩的活动，如校园集体舞比赛、健美操比赛等。真正做到了课内与课外的结合，学习与应用的结合，创新与实践的结合。

业务活动的主要内容包括：

（1）说课活动

在常态的状态下有听评课之说，实际上听评课以前还应该有教师的说课、备课，在听评课之后还应该有“改课”和“跟课”，即六个环节进行完毕，才是完整的“听评课活动”，六者缺一不可，下面谈一下说课。

①说课的意义

说课活动实际上很重要，通过说课就可以知道教师水平的高低。一位教师说不了课，也就上不了好课，一位教师能把课说好，这位教师就有可能把课上好。

②说课时应遵循的原则：

a. 准备性

说课时一定要有计划，让每个说课者都要进行充分的准备。比如星期三安排说课，那么星期三以前，参与说课的教师都必须充分准备，以确保发言的针对性和价值性，切莫不负责任的不做任何准备，在会上把自己头脑中固有的说出来，由于未做准备，只能乱说一通、条理混乱、毫无价值。这样说出来的话，还不如不说，甚至是起消极作用。只有充分准备、有的放矢，做到对主说者有所帮助，有所借鉴，这样说课才有实效性和价值性。这样做既是对主说者的尊重，也是对自己的尊重，因为经过自己思考的东西，是自己智慧的结晶，才有可能被主说者接受，并应用于课堂。当看到自己的建议被实施于课堂时一种幸福感、成就感必油然而生，所以成就别人的同时也就成就了自己。

选出主讲人以后，其他教师也应该和这位主讲教师一样准备，这样教师才会各得其所，每个教师都会有不同程度的提高。为了增强其效果，教师必须把说课稿写成书面材料，并且对书面材料进行打分评价，从而真正使说课达到应有的效果，使说课为课堂的成功奠定良好的基础。

b. 评价性

为了真正发挥每一个说课者的聪明才智，当全部说完后要对说课者进行量化评比，排出名次，从而真正调动说课者的积极性和主动性。

③说课的主要内容：

a. 说地位

b. 说目标

c. 说过程

过程可以重点围绕三个方面即是什么，为什么，怎么办。对于课堂过程设计中的每一个环节，尤其是重要环节一定要把这三方面问题解决好。是什么是指课堂的具体过程。为什么是指：对于每一个学习过程的设计，教师要知道遵循的教育规律、教育思想以及针对不同年龄阶段的学生所应采取的适合的学习方法等。要搞清楚每一个过程的目的是什么，比如是良好习惯、思维品质、创新能力、美好人性、性格、气质、毅力、自信、综合素质、全面发展、个性发展、差异发展的培养，还是终生发展能力培养等。怎么办是指：采取什么样的多元化的具体措施，为什么要采取这样的措施等。

d. 说亮点

没有亮点的课，最多就是一般课，所以，预设性亮点的设计尤为重要，非同小可。亮点的设计，反映了教师的教育理念是否先进，折射出了教师心中是否有对学生生命的敬畏和尊重，映衬了教师心中有没有学生的个性发展、全面发展、终生发展等。教师要通过预设性的亮点设计，来解放学生，营造民主、和谐、平等、宽松、安全的氛围，为课堂出乎意料即时生成的原生态的亮点作好必要的铺垫，张扬学生的个性，放飞学生的心灵，点燃学生心智的火焰，让学生绽放生命的美丽。教师亮点的预设，要反映学生在教师心中的重要位置，真正体现教师“把学生当人，让学生做人”的新课改理念，体现教师关注学生的生命比关注成绩更重要的理念、情商比智商更重要的理念、能力比知识更重要的理念、过程比结果更重要的理念等。

教师要精心设计课堂亮点，要从多个亮点中选择最适合的亮点，适合学生学情、适合学生认知规律、适合学生健康成长、适合学习目标等，不要为亮点而亮点，走形式，搞虚假。

e. 说困惑

教师要针对学情、文本等，推测课堂中可能要出现的情况，或偶发事件或学习困惑等。对这些问题，教师都要心中有数，多设计几套解决方案，优化组合，用爱心、智慧、艺术地解决困惑问题。

④注意事项

a. 帮扶性

一周可以帮扶一个人，共同打造一节课。因为说课后还需备课、听课、评课、改课、跟课，所以全体说课者，可以先进行精心的准备，然后对主说者的说课进行补充、修改和完善。

b. 跟踪性

说课的好坏，要通过课堂来进行评价，要看看说课的内容在课堂上运用得到底怎么样，要对课堂进行定量抽测，一切由结果说了算。

（2）集体备课活动

集体备课是指：备课的形成是始于教师群体的智慧，反复切磋，几经酝酿而成。在集体备课的基础上，教师再结合自己的风格，自己对文本的理解，自己学生的学情等实际情况，形成个案，运用于课堂的实际操作。

杜郎口中学在集体备课的基础上形成共案，然后教师在此基础上形成个案，是共案和个案的结合。为了提高效率，避免一些重复的不必要的劳动，每一名教师没有必要节节都要备课，可以一个教师一个章节或一个单元等。当然，教师在使用时，必须加上自己的理解、自己独到的感悟，自己学生的学情分析等。

集体备课要定时间、定地点、定主备人等，在此不再赘述。

（3）听评课活动

①常规听评课。听评课活动是学校业务活动的重要内容，教师专业化提升的重要途径。一般来说，常规的听评课活动可以按以下步骤操作：

a. 教师申请

教师申请是指教师主动向学校、向学科组申请上公开课或研究课或创新课等，学科组或学校组织本学科教师前去听课。这里教师的上课是主动的而不是学科组安排的，因为不是任务式，所以教师的积极性才会被真正调动起来。有的学校每周两节公开课是轮流上，大家的热情不高，积极性不强。假设教师没有主动申请的，那么，领导做榜样、做引领就可以了。再者，对于积极申请者要予以表彰，并与阶段性考核挂起钩来，时间一长，教师上公开课的积极性就会变成一种常态化、正常化。

b. 教师听课

申请上课的教师，要根据学科组内教师的课时安排，尽可能地自己调好课，让绝大多数教师不再调课最好，这样便于教师更好地听课，减少对教学的影响。

c. 教师评课

教师评课是关键的环节，这一环节是教师提升的关键之所在。评课时，要让上课教师简单地说一说自己课堂的设计意图、上课过程、课堂的得与失等。听课教师要分别发表自己的意见。课堂的优点可以少说甚至是不说，如果要说最多说一两条，重复的优点不要再说。要多说建议、多说不足等。最后学科负责人要进行总结式评价，要客观、公正，既要指出优点，更要一针见血地指出不足以及今后课堂的改进措施。最后全体教师要给上课教师一个定量的分数评价。

d. 跟踪听课

跟踪听课是指学科组评完课以后，根据上课教师的不同情况，该跟踪听课的，要有“咬定青山不放松”的精神，真正使这些教师的教学水平有一个大的提高。

②赛课。在实际操作中，业务活动还可以有另外一种形式即“赛课”。它包括不同学科教师之间的赛课、个体同课异构，代表同课异构。不同学科教师之间的赛课，是最常见的一种形式，适于年级组织或学校组织。个体同课异构是指：不同年级的教师，分别到同一个年级上同一课题的一节课，比如，初一、初二、初三的三位教师或六位教师可以分别到初一年级上相同内容的一节课。适于学科内、教师之间的业务竞赛。通过这种方式调动教师的积极性，用事实而不是说教，促进教师之间的相互学习，共同提升。因为原来的公开课，因年级不同，课题不同，可比性不强，只是评一评，打出分数而已。教师虽然也很在乎，但是也免不了不服气，认为可比性不强。但这种个体同课异构，增强了可比性，教师不甘落后的自尊心就会被激活，工作的内驱力就会被释放，教师的主动性、积极性、创造性就会空前高涨。

代表同课异构是指：每一个年级选出或主动请缨出现一名代表，让三个不同年级的三名教师，都上同一个年级的相同课题的内容。在这里，目的是各个年级的有关教师必须全力打造本年级教师的课堂，因为上课者代表年级水平，从而集体的智慧将被激活，大家合作团结的意识被强化，同时使课堂水平又上了一个新的台阶。它适于学科教师之间业务竞赛，并且利于学科内教师之间的团结合作。也就是说，通过个体同课异构，比一比教师活力；通过代表同课异构可以试一试教师合力。这两种课型的完美结合，既可以使教师自由呼吸、个性张扬，又可以使教师兼容并包、团结合作，使教科研活动有声有色，富有朝气和活力。

综上所述，听评课可分为两个层次：一是常规听评课，二是赛课。“赛课”包括不同学科教师之间的赛课、个体同课异构和代表同课异构。

当然，听评课活动内容还有很多，比如教研活动之中除了常规的听评课公开课外，还有许多不同的课型，比如：

申请课——测一测教师水平

推门课——看一看教师态度

示范课——演一演教师风采

观摩课——望一望教师风光

过关课——提一提教师水准

帮扶课——验一验教师师德

回访课——帮一帮教师提升

研究课——试一试教师动力

创新课——瞧一瞧教师能力

个体同课异构——比一比教师活力

代表同课异构——试一试教师合力

注意事项：在个体同课异构中，可以让所有个体在各个年级去施展才华；在代表同课异构中，人人要当代表，也要在各个年级中崭露头角。这实际上就是学科主任的工作，是教科研文化的主旋律。

听评课活动中，有些课是一定要有的，如两层次的课，有些课可根据实际情况去做，也不是越多越好，要讲究实效，不要走形式。

当然，教科研的创新形式还有很多，但目的都是更好地促进教师专业化素养的提升，使学生接受更好的教育，让教师享受育人的幸福，让学生享受学习的快乐。

3. 业务论坛

业务论坛是指教师每周利用论坛的形式，将教育教学中的新尝试、新探索或一些困惑介绍给大家，大家集思广益，畅所欲言的一种集体性业务活动。通过这种交流碰撞，教师们对问题的看法更全面、更深刻、更系统、更科学。业务论坛的开展，有力地推进和加快了杜郎口中学的教改历程，因为论坛的内容就来源于课堂、来源于育人过程。论坛的目的就是发现问题、分析问题、解决问题的过程，有力地提升了教师的思想认识，提升了教师的专业化素养水平，提升了教师职业的幸福感。迄今为止，业务论坛的题目已近百个。如《说我》、《谈不足》、《我的分层次教学》、《激发学生兴趣的方法》、《读书评教》、《关于小组建设》等。

附：教师业务论坛发言稿

关于小组建设

小组学习的必要性

有人戏称中国人，每个人都堪称是龙，成群则是虫。上述话语也并非空穴来风，不管说的是不是片面，但却说明一个道理，那就是合作的重要性。常言道，小事成功靠个人，大事成功靠集体。下面谈一谈小组学习的必要性。

时代的需要。当今社会独生子女越来越多，他们的成长环境迫切需要社会、家庭、学校等更多地对他们进行合作的相关教育，从而增强其合作意识，培养其合作能力。

尊重生命的需要。真正的“以人为本”是面向全体而不是精英学生。一节课以40分钟来算，假设班级之中也正好有40名学生，就算是开放的课堂、民主的课堂，如果让每一名学生都到讲台上去展示，每一名学生展示的时间最多是一分钟，试想，这样的课堂能有效吗？所以，仅靠这种面向全体同学的大展示是不行的，还要结合小组内的展示才可以实现学生人人参与、个个展示的目的。在小组内，让学生人人有事做，事事有人做。一人解决不了的靠两人小组，两人小组解决不了的靠四人小组，四人小组解决不了的靠六人小组，这样就是小组成员之间既有分工又有合作，既有独立学习又有合作探究，既有个人才华的表现又有集体智慧的荟萃。在小组内，学生同样个性张扬，心灵放飞，自由呼吸，自主成长。这样通过小组内每个学生的小展示，再结合大展示，才会使每一个鲜活生命的个体得到尊重。

社会和谐的需要。学习仅仅是载体，通过学习，同学们之间就有了合作的真诚、合作的默契、合作的愉快……同学之间互相信任、互相激励、互相帮助……成为学习的好伙伴、前进的同行人、生活的好朋友。

情商培养的需要。学生是一个个具有不同个性的鲜活的生命，可是现实生活中，并不是所有的人都这样认识，只是一味的从教师意愿出发，不考虑学生的感受，漠视学生的生命存在，仅仅把学生当作知识的容器，急功近利，人为拔高，进行知识的机械传授，培养学生简单的做几道题的能力，不注意学生情商的培养，不注意学生性格的铸就、习惯的养成、品行的培养、气质的修炼、意志的磨砺、合作能力的养成教育、交际能力的养成教育、沟通能力的养成教育等。要知道对于学生的终生发展而言，情商比智商更重要。

人的社会属性的需要。社会学的知识告诉我们，人具有自然属性和社会属性两种属性。小组合作的学习方式，有利于实现学生的社会属性，使学生全面发展，发展全面，做一名自由呼吸、自主成长、真正意义上的人。

终生发展的需要。教育的目的是要为学生终生发展的学习能力、生活能力、社会能力而奠基，小组合作方式有利于学生这些综合能力的培养和发展。

合作习惯养成的需要。小组的划分，合作意识的培养不是一天两天的事，需要一个长期的过程，为此教师就应该有意识地培养学生的合作意识，从课堂入手，长此以往，耳濡目染，潜移默化，团结、合作的能力就会内化成学生的良好行为习惯，习惯久而久之，就会形成学生良好的性格，良好的性格就会为学生的辉煌未来奠定良好的基础。

综合素养提高的需要。在小组内，小组长的组织能力、协作能力、领导能力等综合素养都得到发展。除小组长综合能力的提高外，小组内的各个成员之间相互合作，相互帮助，相互领导，相互竞争、相互制约、相互宽容、相互激励……学生在小组的学习中，经过长期的锻炼，各种综合素养得到明显的提高。

4. 业务平台

杜郎口中学，为了记载师生的成长历程，让师生及时捕捉住凝聚着自己智慧和汗水的闪光点，及时创建了一报两刊，即师生版校报《求实·创新》、校刊《自主·求真》（教师版、学生版）。一报两刊的创设，给教师业务的提升建立了一个广阔的平台，是教师幸福之幸事，学生成长之幸事，学校发展之幸事。因为教师也是普通的劳动者，也有惰性，可是，如果教师不能及时捕捉凝聚着自己智慧和汗水的灵感，把它们记录下来，就会稍纵即逝，留下深深的遗憾，而且也是对自己劳动的一种不尊重。而一报两刊的创设，给教师和学生搭建了一个很好的平台，当教师看到自己的作品刊登在校报校刊上时，其喜悦之情、幸福之感、自信之心不用言表；教师的成就感、职业的幸福感油然而生。

附：崔其升校长的两个管理理念

（节选自杜郎口中学校报《求实·创新》第6期）

理念之一：领导要么是事业前进的动力，
要么是事业发展的障碍

1. 动力问题

杜郎口中学发展到今天，崔其升校长越来越深刻地体会到领导队伍的重要性。他曾提出过领导是标准的问题，即领导要以身作则、率先垂范、吃苦在前、享乐在后，事事、时时、处处要走在前列，事事、时时、处处争当楷模。崔校长是这样说的，也是这样做的。为了把学校搞好，带出一支过硬的队伍，也为了节约有限的资金，更多地用到教师的专业成长上，崔校长第一个学会了电焊，学生的四个自行车车棚、学生宿舍的床，都是崔校长带领教职员工来做的。又如有一年夏天下大雨，厕所都无法用了，崔校长跟会计一起，一夜没睡觉，把厕所的水全部抽掉。2005年山东省教育教学现场会要在杜郎口中学召开，时间紧，任务重，因为有三排房子要完全拆掉、铲平，崔校长三天三夜没有睡觉，其中有一天傍晚时还完好无损的36间房屋，以“火箭般”的速度到第二天一早全部夷为平地。类似的事太多太多，崔校长以自己的所作所为真正影响了广大教职员工，真正做到了高标准，是真正的榜样，真正的旗帜。

崔校长曾提出领导班子要四有：一是有品格，二是有本钱，三是有思路，四是有力度。

有品格即要师德高尚，有大局观念，能正确处理好公与私的关系，讲奉献不讲索取；讲不足，不讲成绩。让好事去找人，争的是工作而不是利益，不干工作，争利益也没有用；干工作的人不争也有。让真正主动、创新干工作的人得到最大的利益。优点让别人去讲，自己说的应该是自己的不足；要讲大局，不讲私利。“小胜凭智，大胜靠德”，德高而万事昌，人品永远是第一位的。

有本钱。作为领导除有品格外，还必须有本钱，不能让老师说领导“站着说话不腰疼”。敬业是立身之本，专业是立业之本。作为领导必须是一位优秀的老师，是老师中的楷模，这样说话、做事才有本钱，有权威。

有思路。作为领导要能独当一面，独立开展工作，创新工作局面。主动有所为、自主有所做，自觉有所行……不等不靠，不是被动去完成任务，而是针对问题，寻找对策，立即采取措施，主动创新地工作。崔校长常说一句话：按要求做好十件事，也不如主动用心去做一件事，哪怕这一件事做得不是那么十全十美，天衣无缝。比如刘主任带领理化生学科组在全校主动开展“科学家的故事”演讲大赛。此活动不是哪一位学校领导安排的，而是理化生组自主、自觉、自愿进行的。活动的开展对于陶冶学生的科学情操，培养科学精神起到良好的效果。又如为了进一步推广普通话，学校专门成立了普通话验评小组，刘桂喜老师任组长，史金凤、梁玉青、李彩云、冯玉英任组员，下设各年级验评组织，每周评选若干名优秀教师和优秀学生，这一活动的组织也是针对现状自主开展的。又比如语文组徐主任也是有创新工作思路的榜样，如2008年4月22日在各个班级中安排并张贴语文学习小组自查情况一览表，使语文组走在了各个学科的前面，也使语文组的工作能够全面系统地加以落实，当然这样的自主创新做法还很多，举不胜举。

有力度。领导班子每一个成员都敢于碰硬，敢于与歪风邪气做斗争，敢于讲真话、说实话，敢于向不正确的言行说不。2007年2月份，临近学期期末，崔校长通过巡视课堂，发现岳老师等三位教师的课堂存在很大问题：学生主动性、积极性差，课堂氛围十分沉闷，学生不能轻松愉快地去学习。崔校长马上把情况写在黑板上，这些教师的课堂得分为零分，并予以通报批评。有一次转课，崔校长发现，张老师等教师主宰课堂，站在聚焦处讲解，张老师还认为学校有点小题大做。对此，理化生学科组立即停了他的课。又比如张校长发现李老师的课堂不能让学生满意后，果断地让其停课一周，以观后效，他的课可以先安排给丁老师去上。这样的例子还很多，后来，这些教师不仅不抱怨学校，反而十分感恩于学校，都成了教师群体中的佼佼者。

2. 障碍问题

2008年新学期伊始，崔其升校长发现教师对教材的挖掘还不十分到位，已经影响到了课堂的效果，于是提出了备课要增加附页内容这一创新举措，但在会议开过之后，学校教学验评组对各学科适时地进行了有力度、有密度的几次评价和兑现，通过评价不难发现，杜郎口中学教学管理中的一些成功的要素，也可以发现领导在其中的作用，领导也是一把双刃剑，是促进者，还是阻碍者，以前两次检查为例就可略见一斑。两次备课附页检查情况如下：

本学期第一次备课附页检查各学科排序

第一名：政史地组　第二名：数学组

第三名：理化生组　第四名：语文组、英语组

奖励情况

政史地学科组每人一百元；数学组每人六十元；理化生组每

人三十元

杜郎口中学校委

2008 年 3 月 4 日

本学期第二次备课附页检查各学科排序

第一名：政史地组　第二名：英语组

第三名：理化生组　第四名：语文组

第五名：数学组

奖励教师名单

常燕 200 元；付翠 200 元；孙玉明 200 元

杜郎口中学校委

2008 年 3 月 11 日

从两次检查中不难发现第一次语文组、英语组是倒数第一名，语文组的情况是：语文学科的主任认为自己的备课中已经有附页的内容，学校也许只是开会而已，不一定去检查，或检查不一定太快，所以语文组的备课中“附页”两个字就没有；而英语组倒数第一是因为英语组理解不到位，写的内容不符合附页的内涵。第二次检查中数学组倒数第一名，因为数学组认为：没有必要再写附页，可以把附页内容简单化。从以上两次检查结果不难看出，这三个学科组在不同时间都是倒数第一，但有共同之处，即：学科主任理念的不到位，学科主任对理念落实的小于号、缩水、打折，从而造成了整个学科组的落后局面。这些责任在谁呢？责任不在教师，在领导。因为教师是通过学科主任才知道附页的，是这些领导起了阻碍作用，阻碍了整个学科的发展。若各学科都这样，那么，备课附页的添加就会夭折，从而课堂的精彩就会大打折扣。只有领导认真领会理念，真正解读理念，严格要求自己，把这类事当天大的事来做，并且有做大、做强、做好、做到极致的决心，才可能带好自己的团队去赢得胜利，才能促进事业的发展。又如良好卫生习惯的养成。比如在某次检查中，初二年级办公室卫生差，这实际上不是值日老师的责任而是年级主任的责任，年级主任标准低，老师按低标准或更低的标准来做，怎么会做好呢？古人云“取法乎上，得乎其中，取法乎中，得乎其下”，只有高标准、严要求，领导才能不成为事业的阻碍者，而成为事业发展的促进者。后来这些学科主任等认识到了领导应有的积极作用，在接下来的附页检查和各项工作中都真正起到了模范带头作用。

通过以上不难看出，领导不是动力就是阻力，要变阻力为动力，要加强引领、加强管理、加强学习才能使领导真正发挥其有效作用。

理念之二：严格是最大的关爱

崔校长经常说：发展是最大的收入，学习是最大的福利。那么，如何促进发展呢？除学习外，严格无疑是法宝之一。为了学生的发展，首先要有一支高素质的教师队伍，对于教师队伍中存在的种种不利因素，是不闻不问、视而不见，还是敢于面对，善于揭短，崔校长总是说：要一针见血，入木三分。比如在宿舍卫生评比中，牛主任无意中讲到203室或204室存在什么问题，崔校长总是指出这样做等于不说，要直接说203室的班主任是谁、责任人是谁、年级主任是谁，要指名道姓，要切中要害；又比如在评课时，评价者要多指出：不足是什么，建议是什么，少提或不提优点，只有教师改正了缺点，不足变成优势，才有可能促进教师专业化素养的提升。教师们渐渐习惯了这种实事求是、敢于求真、善于揭短的良好氛围，比如，评课者跟授课教师指出优点时，授课教师往往说：这些优点你就别说了，你快点给我说一说不足吧。对于指出的不足，授课教师闻过则喜，见善则迁，不仅不怨恨评课教师，而且视其为自己专业成长的恩人。像张同老师，是杜郎口中学教师群体中专业素养不被看好的老师，如果有老师到她的课堂上，课后，她总是拉住或叫住听课的老师，你不说出她课堂的不足，她是不会让你走掉的。正是凭着这种虚心、执著，在2008年4月茌平县举行的县优质课评选中她脱颖而出，获得全县第二的优异成绩。事后，老师们都说张老师的成功绝不是偶然现象，而是一种必然现象，正所谓，“冰冻三尺，非一日之寒。”试想如果没有实事求是的氛围，发现问题，不敢提出，不乐接受、不善思考、不想解决，那么，张老师怎么可能成功呢？再如杜郎口中学的杨老师，2005年末才被招聘至杜郎口中学，半年后就被派到淄博支教，她的课堂效果曾受到中央教科所原副所长滕纯老先生的高度赞扬，在这次全县举行的县优质课评选中稳获第一名，……这一切都归功于学校对教师的严格要求，真诚的爱。当然这只是杜郎口中学教师群体中的一个缩影，其他的教师，无论是在校内上课，还是到全国各地上课，都赢得了专家的一致好评。写到这里我想起了江苏徐州的一位女教师王素（化名）。她自费来杜郎口中学参观学习，临走时激动地流着热泪对崔校长说：我非常羡慕杜口中学的这种氛围，你们的老师真是太幸福了。以听评课为例，你们都是真心实意地主动地去给教师评课，并提出不足，我们学校的领导听完课是不会评课的，到时候你不行，学期末一纸“休书”就把你辞掉了……又比如崔校长在初三年级组楼道口发现一个小黑板上的字迹不规范，难以辨认，马上通知初三年级主任，初三年级主任认识到了问题的严重性，立即主动掏出200元钱交到学校，这件事看似小事，但学校能有什么大事，学校哪件事又不是大事呢？古人云：“天下大事必作于细”，因为学校从事的是“不允许犯错误的事业”，不严格就会对孩子的成长造成不良的影响，甚至影响其一生。又比如：初一·四班教室墙壁上写着“初一·四班”字样的门牌上掉了两个钉子，牌子歪歪斜斜。崔校长看到后及时通知班主任，崔老师深刻意识到，这是自己的管理不精细造成的，也拿出200元钱交到学校以警示自己等。不仅如此，这种“严格”的工作作风，深刻影响了老师们。如在初三·四班，常老师有一节课上得不好，自此以后精心打造，不达目的誓不罢休，连续几周都要在初三·四班上公开课，让有关人员来听课，暴露自己的不足，课堂效果特别明显。

5. 业务交流

杜郎口中学的业务交流主要是指：教师在同一学科之间、不同学科之间以及与外校教师之间，围绕教育教学有关内容的探讨和切磋。主要包括以下内容：

①优秀教师在本学科的经验介绍；

②优秀教师在全体教师业务论坛上的典型发言；

③每位教师与外校教师的座谈交流；

④优秀教师外出报告、上课交流活动；

⑤请优秀教师到我校指导、交流活动。

附：外出交流反馈　外地教师反馈

2009 年 7 月 9 ~ 10 日，我参加了珲春—杜郎口中学教学研讨活动，感觉受益颇丰。参加此次培训，我最大感受就是把学习的主动权还给学生。杜郎口中学的办学理念是“以人为本，关注生命”，他们的口号是：“相信学生，发动学生，发展学生”。即相信每一个杜郎口的学生都能成才，确立面向全体，从最后一名学生抓起的教育理念；借助于自主构建的“小组合作学习”，“10 + 35”、“教师业务论坛和课堂教学三模块——预习、展示、反馈等模式”，尊重学生的身心特点，把课堂的话语权还给每一个学生，让每一个学生动起来，积极主动地参与合作，自主学习，快乐学习，培养自信，幸福成长，真正确立学生的课堂主体地位，从而达到学生动起来、课堂活起来、效果好起来的目的。这次教学研讨活动是让我们普通教师足不出户就可以进行的顶极培训。

7月9日上午，我早早就来到珲春三中阶梯教室，我们首先听了珲春三中教师靳闻声的语文课《曹刿论战》和四中教师吴洪波的语文课《心声》，这些优质的展示课，呈现了新课标精神下珲春语文教学的新特点和新趋势，两节展示课真正起到了“抛砖”作用。接着我们又聆听了杜郎口中学副校长孙玉生先生的点评和讲座。孙玉生先生的精彩点评给我们留下了很深的印象，这对我们提高专业素质和对珲春语文教学未来的发展方向都起到了指导和借鉴作用。

10日下午是孙玉生先生“愉快学习　幸福成长”报告会，由于学校票数有限，我没有领到入场券，但迫切想听孙先生报告的愿望还是令我早早就来到了会场。在这里我真要感谢培训部于主任，当他得知我没有入场券时，就安排我坐在了临时加的凳子上，有了这么好的座位，我更加珍惜这足不出户的顶极培训。在长达三个小时的报告中，我感到的是轻松和愉悦。我欣赏到孙玉生先生阳光的心态，他从不把学习差的学生叫差生，而换名为潜能生，并认为潜能生有巨大的发展空间；他还说，教学模式在一段时间内可能是呆板的、僵化的、落后的，但是理念在相当长的一段时间内却能是永恒的。我们为了一切学生的发展，就必须提高教学效率，一切为了学生的发展就必须转变教学方式。孙先生再次强调了培养学生非智力因素的重要性，只有这样才能培养学生健全的人格。他还对现场老师提出的各类问题进行了答疑。他说预习课是基础，展示课是拓展和创新，是学生才华的展示，是学生心灵的放飞，反馈课是升华、查缺补漏。课堂上一定先让学生懂事（做人），再让学生变得更聪明。

孙先生在专题报告中，还把学习杜郎口的过程详细分类为四个阶段，这也正是我们当前许多教师在学习杜郎口教学模式中出现的各种困惑。一是模仿；二是困惑；三是探索；四是创新；最后形成自己的风格。他剖析杜郎口十年改革探索的艰辛过程，讲述身边的真实事例，阐述了杜郎口“10＋35”的由来。在长达三个多小时的报告中，与会教师屏息聆听，像一场春雨滋润着老师的心田，特别是孙先生深入浅出、诙谐风趣的报告风格、轻松幽默的话语博得了在场老师的阵阵共鸣，他与现场老师进行了热烈的交流和互动，还给大家介绍了自己成功的工作经验。特别强调了思想引领，榜样带动，强势推进，体制保障，跟踪评价，永恒创新的特殊作用，在座的教师都深受感染。在管理层面孙先生送给中层领导35个字：“领导是标准，榜样是旗帜，评价是武器，整改是关键，自律是提升，创新是主线，发展是目标”。孙先生在结束报告前强调了32个字来勉励全体教师：“人人参与，个个展示，激活思维，释放潜能，尝试成功，体验快乐，自主学习，个性发展”。

进修学校于德成校长最后作了总结发言，他对孙先生的报告给予高度评价，并要求全体教师深刻认识杜郎口教学理念的深刻内涵，加强学习，提高素质，无愧于一名光荣的人民教师称号。

“取其精华，去其糟粕”。孙玉生先生介绍到的教育理念，独特的教学模式，独特的评价机制等都值得我们借鉴学习。我决心在今后的课堂教学中更注重学生的感悟和体验，让学生在课堂中形成正确的人生观价值观，创造平等和谐、宽松自由的学习环境，充分挖掘学生潜力，创设活而高效的信息技术课堂。相信在这种新课程的课堂中不仅学生受益，教师也会受益匪浅。

我们学校地处珲春市边境经济合作区，生源绝大部分来自周边农村，或企业打工子女，生源差，教学质量始终是一个瓶颈，如何突破这个瓶颈，学校领导、教师都想了不少办法，效果都不明显。通过学习杜郎口教学经验，我感觉把学生主动权还给学生，变学生被动学习为主动学习，才是真正突破质量瓶颈的好办法。

6. 业务反思

业务反思主要是指：对于教育教学过程中的灵感的捕捉、不足的深思、困惑的品味、新方法的尝试等方面的细细感悟、静静梳理的思考过程。它主要包括：反思会、反思板（教师反思板、班主任反思板、学科主任反思板、年级主任反思板、验评组反思板、学生处反思板等）、课后反思、业务活动中的反思等四方面。

杜郎口中学反思会由来已久，它的主要目的就是业务反思，以半天作为单位，及时反馈课堂教学中的问题，让教师在最短的时间内或提高或修正；反思板则是以周为单位对一周来课堂亮点或不足加以梳理，以做到资源共享、共同提升。当然这些都是"反思三年成名师"的具体落实，是教师专业化素养提升的重要途径，是教师重要的教科研活动，是教师职业幸福感的必由之路。

杜郎口中学一周一次的教师反思板

反思会简介

杜郎口中学自 2006 年起，利用上午、下午两次签到前的时间，通过对上午、下午课堂等情况的检查、评比进而对总体工作进行梳理、评价称之为反思会。反思会通常由校长或业务校长主持，值日校长、验评组成员、各学科主任、年级主任以及教师代表参与梳理和评价的集体面对面交流活动。

杜郎口中学反思会现场

反思会的作用

(1) 反思与总结

上午签到后，要对昨天下午的情况进行反思和总结，下午签到后要对当天上午的各种情况进行反思和总结，这就要求反馈人要通过现象，洞察事物本质，要通过总结种种现象，从中寻找规律。或引起大家注意或提醒大家预防或提倡大家相互学习等。比如可以把当天上午最优秀的课堂告知大家，并说明优秀在哪些方面；也可以把表现不好的课堂说出来，提出自己的建议。对于不应该出现的现象，反馈者要自己先思考、给大家介绍自己解决这些问题的一些初步建议，比如针对学生走神现象就可以提倡大家从以下几个方面入手：①搞清原因、对症下药；②采取措施、刻不容缓；③实施方案、灵活多样；④坚持关注、持之以恒。又比如针对板面利用率低的问题就可以提出如下措施：①提高认识，要充分利用板面，多给学生提供大面积展示的机会，通过板演及时了解反馈信息，从而提高课堂效果。教师要给学生自由板演、展示的机会，不要成为学生个性张扬的阻力。②尊重规律，学生是具有鲜活生命个性的活生生的个体，其对知识的记忆、理解各不相同。比如：在语文课上，对一些重要的字词，有的学生在黑板上写一遍就比记三遍效果好得多；又比如在生物课上，对于一些重要的结构示意图，有的学生到黑板上画一画，就比死记硬背要好得多。③适时进行，充分利用板面，也不一定非要全体学生都运用两次或两次以上，要适合学生个性特点，让愿意到黑板前的学生在讨论时、整理笔记时、记忆时、反思时或达标测评时等适当的时间进行板演，不必千篇一律，搞一刀切。

总之，只有对课堂出现的问题进行认真思考，仔细研究，及时总结，才能使教师从反思会中受益。

（2）借鉴与推广

对于转课或听课中存在的好的做法，必须加以推广，从而提高学生整体学习效率。比如针对理化生组组织的《走进生活》的大型知识竞赛，初三·一班同学纷纷走到黑板前从心态、方法、技巧、竞争对手等几个方面来谈自己对竞赛的认识，真是智者见智，仁者见仁，使同学们对竞赛不再恐惧，有了一种正确的心态，增强了学习的主动性和积极性。竞争对手的发言更是激发了同学们不服输的强烈自尊心。这种离开教师的传统说教，而让学生自己参与的方式，效果的确是妙不可言，因此在反思会上就应该反馈给大家：①如何让学生面对竞赛。②你让学生参与了吗？③除这些方法以外，结合本班实际，你还有哪些做法？④不要流于形式等。事后经调查大部分班级都这样做了，效果也特别好。足见反思会的作用功不可没。又比如学校倡导的“问题小组”，在各学科课堂上的推广，对于促进学生的主动性、自觉性、促进学生的质疑、创新能力都起到了很大的作用。

总之，反思会时，教师一定要善于聆听，对一些优秀的做法要认真思考，仔细研究，科学借鉴，为我所用。

（3）问题与课题

课堂教学是一门艺术，是一门有缺憾的艺术。在课堂教学的实践中，尽管备课设计得很精细，设想得很全面，但在课堂教学中仍然有许多意想不到的问题出现。如何对待这些问题，使这些问题成为校本研究的重要课题，便十分突出地在摆在了教师面前。因为在课堂教学中有的问题相对说比较简单，但有些问题需要经过思考、研究、分析，需要共同努力、集思广益，才有可能真正把问题解决。比如分层次教学问题，就需要不同学科，根据不同学科的特点，然后结合预习、展示、反馈三种不同课型，把分层次教学具体落实到不同学科不同课型之中。比如要做到目标分层次、过程分层次、讲解分层次、达标测试分层次等，从而做到因材施教，使每个学生都能有成功的喜悦和自豪感。以过程分层次为例，如学习英语单词后，默写单词时，学生可写生词，可以写由生词组成的短语，也可以写由生词组成的句子等。又比如对文本的理解，“潜能生”可以回答解决基本问题，也可以向中等学生、优秀学生请教；中等生则可以解剖中等程度的问题；而优等生则可以解决综合性问题，做到举一反三，触类旁通等。又比如学生在习题讲评课上，主动性、积极性差，情绪低落、思维不活跃，这就需要教师通过反思会让大家形成共识，把其作为一个课题来研究，从而使习题讲评课也生动、活泼、实用、有效。

总之，教师要善于总结、善于反思，把自己课堂中的问题，通过反思会把共同性的问题做成课题，依靠大家的智慧，人人参与、个个思考，真正进行“草根研究”，从而使问题转向课题，使课题变成成果，使成果更好地应用于课堂，服务于课堂。

（4）评价与提高

教学的评价体系由验评组、质检组、学科组、年级组、班组、教师、值日校长、值日年级主任、值日班主任、学生评教团共十大评价体系，另外评价个人和体系还有：校长、副校长、综合处、学生处、教务处、团委、精神文明办、科技推广办公室、课程开发中心等。以上个人和部门负责人均可在反思会上进行发言，当然最主要的评价人是校长、业务校长、验评组、质检组、学科组、年级组等主要成员，这六大评价机构构成发言的主体，通过评价推动工作的开展，加快落实的步伐。没有评价，落实往往成为一句空话，或落实的效果很差，提高就更没有可能。比如验评组通过对备课的评价可以促使落后的学科、年级、个人寻找差距，弥补不足，从而达到提高的目的。年级组对班级的评价量化，就能促使班主任及时更正、及时弥补，从而提高班级管理水平。总之，通过既报喜又报忧的实事求是的及时评价，使教师及时反思、及时调整、及时提高。比如校领导、验评组、质检组通过听课发现某一阶段语文学科做法差，有退步现象。通过反思会，使语文组成员醒悟，随即语文组主动积极地投入到创新中去，随后，话剧的演出、语言交际课的开讲，故事会的举行等都收到了良好的效果。

当然这就需要反思会上发言的六个主体要善于发现问题，善于表扬，更要善于揭短，不为取悦而表扬，只为成长而揭短。真正扬其长，补其短，从而使教师专业素养得以极大地提高，使学生更加愉快健康成长。当然，揭短需要一种胸怀、更是一种责任。谁都知道这是应该做的，也是最难做的，这个关键做好了，才是真正的实事求是的评价，归还了事物的本来面目，遵循了事物发展的客观规律，这样，事业的发展才会又好又快。

（5）修身和养德

教学不仅拓展教育视野，而且能提升人生的境界，使教师陶冶情操，修身养德。大家知道，教学过程是一个不断提高、不断前进的过程，在教学过程中，往往有做得不完善和不尽如人意之处。对于这些问题不能护短，要勇于揭短，敢于承担相应的责任。人们都习惯平静的工作，安于现状，不愿意看到工作的跌宕起伏，这样工作就难有起色。这实际是包括教师在内的人们共同的弱点，是人的软肋。谁若能克服，当然需要较高的道德水准和心境。诚然，这需要阵痛，但是不经风雨怎能见彩虹，不经磨难怎能出奇效？杜郎口中学的反馈评价，有表扬，更有善意的批评，还有符合杜郎口中学实际情况的自律。实际上自律是自己对自己的批评的深化，是批评和自我批评的进一步延伸。自律更是为了提升，是为了深刻地认识错误，寻找原因，激活麻木的心灵，使人觉醒，使人振奋，使人前进。领导的自律、教师的自律是工作中存在问题的体现，又是解决问题的端倪。比如：初三年级组出示的黑板上的通知，自从有一次书写潦草自律后，再也没有出现过类似的现象。第二次其字体的端正和规范像一面旗帜影响着教师，更影响着学生，这才真正实现了“校园无小事，事事都育人”的意愿。又比如，校领导发现有几位老师在聚焦处上课，这些老师这才深刻醒悟，真正认识到影响了学生的主体地位，剥夺了学生的话语权，通过自律再也没有“重复昨天的故事”等。难怪有人说自律应该贯穿在教学过程的始末，这样才能使人们高度觉醒，认真做事，多点自醒和反思，少点麻木和随意，使教学过程中多点智慧下的火花，少些麻痹下的失误。

其实，自律是自我认识、自我反省，心境达到一定高度、认识到达一定深度、修养达到一定梯度的产物，是工作的清醒剂，是工作的动力源，是工作的助推器；自律是工作有生命力的象征，自律也绝不是每一个人、每一个单位都能做到的，她能使人警觉、使人前进、使人修身、使人养德。

当然，反思会除了以上几个作用外，还是一个考勤会、一个传达精神、学习先进经验的交流会，也是一个全体教师的才艺展示会、心情放松会等。只有真正发挥其作用，不为反思会而反思，才会使这种周期短、节奏快的反思会更好、更快地为教学服务。

反思会的特点

（1）好

反思会能够及时充分地把众多教学信息整合处理，反馈给教师，让教师及时反思与总结、借鉴与推广，并且把共性问题通过集体智慧加以解决，充分地运用到课堂教学中。通过反思会可以发现不足，找准位置，提炼、升华、提高。并通过这些修身养德，更好地为学生的愉快学习、健康成长服务。

（2）快

一天两次的反思会时间短、反馈快，问题能被迅速、及时加以解决，好的做法能及时地被加以推广，极大地提高了工作效率；对于不足能及时发现，能引起大家注意，为问题迅速地解决创造了良好的条件。

当然，还要强化以上五点作用，真正发挥作用，这样才能使反思会不仅好而且快，从而更好更快地为教学服务。

（3）注意事项。

①力戒语言繁琐。反思会时间短，要说的内容多，所以发言人都应该事先归纳、整理，该说的就说，不该说的就不要说，对所要说的话语要简之再简，一语中地，能把事情说得清晰明了即可，切不可长篇大论，泛泛而谈，话语过多。

②力戒内容空洞。内容要具体明确，要用事实说话、要列数字、讲排名、谈方法、说措施……要实事求是、要敢于涉及真人真事，否则不痛不痒，等于不说。

③力戒形式主义。反思会切忌流于形式，能短则短，宜长则长，内容要言简意赅，切中要害，切忌不加思考，随意为之，“劳民伤财”。

④力戒占时过多。由于反思会后就是上课时间，主持人要整体把握，宏观调控，把时间控制在 10 分钟以内，切忌占时过多，影响正常的上课。

总之，又好又快的反思会既有力度又有密度，这种及时、高效的反思、评价活动，使教师更加睿智，教师受益、学生得益。她极大地促进了教师专业素养的提升，高效地解决新课标下的课堂教学问题。相信随着这种反思、评价活动的不断完善和发展，她将越来越展现出其迷人的芳香和独特的魅力。

反思会的改进之一

反思，是我们推进学校工作的重要一环。近年来，学校条件改善了，我们更舍得花钱购置现代化技术设备，诸如 47 寸平板电视机等，用直观的现代手段推进反思工作。具体的做法是：平板电视被固定在反思会现场的墙上，我们以半天的时间为单位，用三个录像机对全校 16 个教学班进行穿梭式录像。录像内容包括，优秀课堂、有亮点和创新的课堂、经典课堂、问题课堂等，这些都可以当作我们学习、讨论的目标。每次反思会，我们都会选出“典型”的课，当作反思的材料，向全体教师展示。通过这一手段，教师受益匪浅。诸如：录像发现，有的教师占用学生时间过多，没有真正把学习的权利还给学生；有的教师版面利用不充分等。有的教师看过录像后说：“我原来不知道我的课这么精彩，它让我更有信心了”；也有的教师讲：“我真的没发现这一点是困扰我提升的一个死角”……借助录像进行反思，也让外地参观者非常感兴趣，他们经常早早等在反思现场看录像，有时候小会场甚至挤了几百人。

反思会的改进之二

动态业务反思平台，就是指杜郎口中学在原来的基础上，购置了一个长 2.6 米，宽 1.5 米的液晶屏幕，它的介入大大提高了反思的效果。其特点如下：

（1）更及时

原来的业务反思会是利用上午、下午签到的时间进行，相隔时间比较长。比如第二天上午反馈前一天下午的情况，中间相隔的时间往往有十五个小时左右，这样相比较而言效果就不太好。而一旦采取动态反思平台这一形式，则反思的时间大大缩短，第一节的情况制作迅速的话，在第一节下课后就可以看到反馈信息。这样教师就可以立即改正自己的不足，在下一节的课堂上不至于再犯同样的错误，真正使教师及时迅速地成长，让学生得到及时迅速的更好的教育。优秀的教师也可以通过这一平台，发扬自己的长处，使之形成自己的风格，做一个幸福的教师。当然优秀的教师通过这一平台，可以避免不必要的失误，达到扬长避短的目的。课堂中存在问题的教师也可以学习优秀教师的优秀做法，从而达到学优补短。

（2）更省时

由于这种动态的反思平台反馈及时，所以说，大大节约了大家的时间。教师可以重点看一些与自己有关的事项，无关的可以不必去看。又比如，原来如果某些学科主任安排学科的活动时，教师就没有必要都听，浪费了大家的时间，现在这种情况就不存在了。教师就有更多的时间，根据看到的信息进行进一步的思考、整改、提升。

（3）更主动

原来学校有业务反思会，教师不得不参加，心态上也许是不情愿的，行动上也许是消极的，改为反思平台后，没有人让教师去看，但教师看信息的好奇心更强了，兴趣更浓厚了，心态上更阳光了，行动上更积极了。被动变成了主动，从而达到了“不为而为”的至高管理境界。

(4) 更人文

学校要做到两个以人为本，一是以教师为本，一是以学生为本。通过业务反思形式的改进，充分体现了学校在落实科学发展观上的进一步的深化和提高。改动后，教师的自由活动的空间更大了，教师自由支配的时间更多了……从而教师的幸福指数得到了进一步的提高。

(5) 更有效

由于学校的这一举措，真正从人文性出发，又由于反馈及时，从而使教师的工作状态由被动到主动，彻底解放了生产力，使教师越发焕发出青春的活力和朝气，有了更多的时间，更大的空间，更多的自由，从而极大地提高了教师的工作积极性，使各项工作的有效性真正落到了实处。

当然业务反思形式的改进好处还有很多，但同时也并非原来的形式就彻底销声匿迹，要根据实际情况灵活掌握，相互结合，有主有次，真正使反思会、反思平台发挥最大的效能，更好地促进教师专业化水平的提高，更好地促进教育教学的健康、高效、可持续的发展。

总之，杜郎口中学善于斟酌比较、完善发展，至善至美，永不止步。动态反思屏幕的设置因反馈及时而实效增强；因人文增强而主动凸显；其改进是业务反思活动的完善和发展，是业务反思活动新的举措，是创新，是进步。

反思板

学校各学科和各部门还有自己的反思展板，比如：班主任、学科主任、年级主任、验评组、学生处等都有自己的展板，反思展板就排列在学校的走廊里。我们以天为单位，把工作中的经验做法等一一列举在自己的展板上，供他人评议、参考、借鉴。除此，教师个人也有反思板，上面写着自己工作中的感悟、思考和做法等。这些反思展板，如今已经渐渐成为了杜郎口教育教学改革的一道靓丽风景线。

坚持每天对学校的工作进行反思，使学校工作不断修正，永远进步。对此，有一位江苏的教育局长在参加反思会后在研讨会上说："杜郎口最有代表性的就是他的反思文化。他们的成功，就在于能把第一手的材料提交给大家，进行研究、进行改正、进行发扬。"

为了真正让教师成为主人，今年的反思会主持人由学校领导变成了学科组的事，每天主持人成了最普通的教师，教师的积极性、主动性、创造性被释放，反思效果越来越好。我们没有理由不相信，杜郎口人将会创造出更好的方法，使反思会越办越好。

课后反思

课后反思是常见的反思方式，教师通过课后反思可以及时梳理课堂的所思、所想、所感、所悟；通过课后反思及时捕捉灵感，将凝结着自己智慧和汗水的成果转化成一笔宝贵的精神财富，并发扬光大；通过课后反思及时分析课堂失误的点点滴滴，知其然，更要知其所以然，并加以避免……通过课后反思要及时归纳、提升，形成下一堂课的新思想、新思路、新举措。

除此之外，课后反思可以从以下五方面作为切入点并写在备课上。

（1）课堂达标率是多少

一堂课结束前，教师要对整堂课的学习效果有一个测评。测评的题目教师要提前精心设计，写在备课上，当然也可以临时添加学生困惑而终于解决的适宜题目。测评以书面形式为主，以口头表达为辅。可以测试全体同学，也可以抽测一两个小组，方式也可灵活多样。最后要把测试学生的达标率写在备课的课后反思上。

（2）未达标学生的姓名

通过测试要把未能达标学生的姓名写在备课上，目的就是引起教师对这些学生的高度关注，针对不同个性的学生，因材施教，施以关爱。

（3）未达标的原因

对于未达标的学生，教师要从自身找原因，绝对不能把责任推给学生，否则，就是走错了方向，永远也找不到真正的原因。教师要尊重学生，心中有学生的终生发展、个性发展、全面发展，而不仅仅是学生的成绩。要注意角色转换，从学生的角度出发，走进学生心灵的深处，学会等待，学会沟通。

（4）相应的措施

找到了学生未达标的原因，教师就可以对症下药，主要是在课堂上采取积极有力的措施，绝不是在课下采取牺牲学生休息时间等方法，用以查缺补漏，加重学生负担。

要注意从学生的学习态度、学习方法、学习习惯等方面进行培养，决不能“头疼医头，脚疼医脚”，做一些毕其功于一役的事情。

（5）跟踪回访

达标率低，有时不仅仅是知识的问题，与习惯的养成、素养的提升、性格的铸就等密切相关，而这些的形成非一日之功，故而要锲而不舍、坚持不懈，要有“咬定青山不放松”的精神，做好跟踪回访，通过提高达标率，真正使学生一劳永逸，终生受益。

7. 业务评价

在杜郎口中学，可以进行业务评价的有质检组、验评组、值日校长、值日年级主任、值日学科主任、值日班主任。这六个评价组织互相补充、互相促进，共同达到课堂效果的有效性。

（1）质检组

"质检组"在业务评价上代表学校，主要是对每位教师课堂的效果进行量化打分，并记入教师考核。评价通常是每半月一次。"质检组"的业务评价对于教师的课堂效果落实、教师专业化素养的提升起到了应有的作用。

（2）验评组

验评组在业务评价上代表学校，主要是对每位教师的课堂过程进行量化评比，并记入教师考核。评价通常也是每半月一次。验评组的业务评价，对于教师落实课堂要凸显的几点如：主体性、主动性、精彩性、有效性、深刻性、生成性、终生性等。

（3）值日校长

值日校长在业务评价上，主要是通过一天的转课、听课活动，推出优秀课堂或成功的做法，力戒不良做法；对学科组课堂优劣进行排名；对年级组课堂优劣进行排名。

（4）值日年级主任

值日年级主任在业务评价上，主要是指年级内的班主任，对一天以来对本年级上课的教师课堂情况的总体排序，利于年级主任了解学生学习等情况。

（5）值日学科主任

值日学科主任在业务评价上，主要是指对本学科组教师一天的课堂情况的总体情况的了解和排序。

（6）值日班主任

值日班主任在业务评价上，主要是指班主任对任课教师在业务上各方面的评价。包括教师的备课、预习笔记的批改等。

8. 业务考核

杜郎口中学 2010 年业务考核办法及说明：

①学生的预习笔记　　15 分

②教师的真才实学　　15 分

③校报校刊、墙壁文化	10分
④课堂	40分
⑤课堂效果	20分
总计	100分

（1）关于预习笔记

预习笔记要有价值，绝不能是书本或其他资料的摘抄。预习笔记要体现探究性、拓展性、生活性、生成性、创新性等。预习笔记的检查可以是定期检查，也可以是不定期抽查。不论什么形式的检查要注意实效性。比如，让学生做一做预习笔记上的题目，看效果如何，并作为教师考核的重要参数。为了关注潜能生，可以多让潜能生同学做一做，进而也引起教师对潜能生的高度关注。

（2）关于教师的真才实学

它主要包括以下内容：

①教师对教材的认知娴熟程度如语文、英语教师对于教材的背诵（应该熟记的文章）等。

②教师对文本的把握如教师的创作、小制作、小发明、创新、建议、说课稿、课堂设计等。

③教师对文本的再次开发。

④教师对文本的创新性使用。

（3）关于校报校刊、墙壁文化

墙壁文化实际上与课堂中学生的生成性、与学生的预习笔记、与校报校刊等浑然一体，相得益彰，互相补充，不可分割。

（4）关于课堂

关于课堂可以从以下几点评价：

①主体性；

②主动性；

③精彩性；

④生成性；

⑤有效性；

⑥深刻性；

⑦终生性。

（5）关于课堂效果

效果课堂效果可以是课堂多次达标率的平均分，也可以是阶段性抽测的平均得分或二者的平均得分。

第五篇　生命课堂的文化

一、教育理念

（一）把学生当人　让学生做人

“把学生当人，让学生做人。”这是非常重要的、核心的教育思想。

“把学生当人”，意即不要把学生仅看作是学习知识的生命体，而应该把学生当成普通意义上的人。教师的任务就是创设民主、平等、宽松、和谐的学习环境，促进学生天性和与生俱来的能力得到健康生长，而绝不是把学生当作不懂事的孩子，更不是把学生看作是学习的容器、考试的工具，把自己的狭隘的、渺小的功利目标生硬地灌输给学生。

“把学生当人”，就必须从尊重学生开始，尊重学生做人的所有尊严，尊重学生作为人的所有权利，尊重学生的需求，尊重学生的生命，尊重学生的价值，尊重学生成长的规律。“教育即生长”，求知是每个人灵魂里固有的能力（苏格拉底语）。为此，教师就应该相信学生，发动学生，给学生充分的时间，让学生自主地去体验、去探究、去合作、去思考。通过自学，通过自我教育，促使其思想道德素质和优秀科学文化素质的提升和健康的发展。

“把学生当人”，课堂才有了赏识，有了宽容，有了等待，有了启发，有了帮助……“把学生当人”，这样的课堂上学生的主体地位才会真正得以实现，课堂才会成为学堂，使课堂回归教育的本真。

“把学生当人”，教师心中才不会“见物不见人”，才不会只关心进度，只关心教材，只关心成绩，心中唯独不关心学生的生命、学生的生长、学生的生存、学生的生理、学生的生活、学生的快乐、学生的幸福。

“把学生当人”就是把学生当人而不是当学生，尊重其人格，尊重其作为人所具有的一切权利，人身权、尊严权、话语权、平等权。遇事能向学生征求意见而不是强加给学生，做不好就向学生道歉而不是无所谓。真正尊重学生学习的权利和自由，把学习的时间、学习的自由、学习的权利、学习的快乐、学习的探索过程都给学生，而不是不相信学生，不发动学生，不利用“学生天生有求知的欲望”的规律来进行。教师包办、讲解、命令、指示、点评、拓展、延伸、提升……不能与学生和平共处，像家人一样友爱，像朋友一样关心。

把学生当人，就是要把学生看作是有独立性的、活生生的一个个鲜活的生命体，而不是把学生看作是学习的容器。要做到这一点，就必须按教育规律办事，这样才算是对学生的尊重，进而才做到把学生当人。这些规律有：教育思想方面应遵循的原则：把学生当人，让学生做人；“教育即生长”等。课堂思想方面应遵循的原则：课堂是学生人格铸就地，思维训练场；最好的教育是自我的教育；让生生互动成为课堂文化的主旋律等。有效性方面应遵循的原则：先思后学，先练后学；对于困惑的问题要做到“暴晒”与“透释”的结合；课堂伊始的激活与课堂结束的整合等。

“让学生做人”是指培养学生的美好人性，塑造学生的美好心灵，注重学生的全面发展，注重学生的个性发展，注重学生的终生发展，注重学生的幸福发展。注重学生创新能力的培养和实践能力的培养以及其他综合素质的培养。并且，从学习的开始、学习的过程、到学习的最后，学习的一切出发点和落脚点都是培养人，培养适应社会、适应未来、适应世界并且能影响社会、影响未来、影响世界的优秀世界公民。

课堂上，知识仅仅是一个载体，课堂的主要任务之一就是要通过知识这一载体，使学生具有美好的人性，使学生成为全面发展的人。

课堂上，教师要通过对学生学习的引领，使学生逐渐地认同人类的美好品性，善良、坦诚、谦虚、宽容、坚毅、团结、探究、勇敢、果断、自主、自强、自信、感恩、认真、创新……并通过实践，使这些美好的品德变成学生们自觉的习惯，让这些习惯形成性格，让性格成就学生美好的人生。

课堂上，学生对于问题的解读，就是自信心的培养；学习小组的划分，就是团结合作意识能力的培养；学生规范、严谨、书写仔细，就是认真习惯的培养……做这些事不仅仅是事的本身，而是在为学生的生存、生长、生活、生命负责，为其健全人格的塑造，美好精神世界素养奠基。这样的教育忘记的可能是知识，但终生受用的却是忘不掉的学习、思考、研究等良好人性中最美好的习惯，这才可称得上是真正的教育。

仅把成绩作为教育目的的功利思想与把促使人全面发展培养学生做人，培养学生美好人性的教育思想相比，二者孰轻孰重，自是一目了然。

（二）先思后学，先练后学

顾明远教授说过：没有兴趣就没有学习。我们知道好的开始等于成功的一半。既然如此，上课伊始，为什么不去引发学生的兴趣呢？可是引发兴趣的方法又是什么呢？“先思后学，先练后学”无疑是最重要的方法之一。

比如学习氧气的制取一节时，如果教师让学生先读文本，先入为主，学生就不会有探究欲望，毫无兴趣可言。完全可以先让同学们去思考：氧气的制取步骤是什么？你想到了哪一些？哪一些没想到？为什么没有想到？今后怎么做就可以想到等？（因为同学们在小学自然课上接触过氧气的制取）这样，让学生先思考再学习，当同学们感觉知道一些或知之甚少时，必然产生学习的强烈欲望，诱发出浓厚的学习意愿。不仅知其然而且知其所以然，学习的针对性增强，有效性增加……与直接阅读相比，天壤之别。

又比如，思想品德课上，对于如何使我们统一的多民族国家更加团结、和谐，你有什么办法？倘若你直接阅读课文，就会索然无味，但是换一种方式，即让学生先去思考：假设你是国家主席，你如何使我国各民族更加团结、和谐、共同发展？问题的提出必然使学生认真思考，不仅学习效率高，而且对于培养学生的责任意识、爱国主义情怀，产生不可低估的作用。这样不仅仅解决了学习效率高这一基本问题，更主要的是培养了学生动脑思考的良好行为习惯，而良好教育实质不就是良好习惯的培养吗？除此之外，学生的责任感，公民意识也会极大增强。

下面再以地理课为例说明如何“用先练习后学习”的方法。比如在学习亚洲的海陆图形时，可以这样去做：

①先让大家画出亚洲的海陆图形；

②不会画，没有关系，让学生去想，比如北冰洋在亚洲哪里、大西洋在哪里等；

③再看。想不明白，拿不准则去看书；

④再思。为什么是这样的，怎样去理解？

⑤再画。

简而言之就是：先画；后想；再看；再思；再画；第三次画

（拓展）。

点评：先画。运用直观思维激活大脑右半球，左右脑结合印象深刻，本身也是联系、联想，记忆效果好。

后想：千万不要直接看书，要充分发挥“脑袋”的作用，不去理解、不去想象，怎么能够印象深刻。画不出了，想急于知道，学习就有了兴趣，但又不可先看而是用脑子去想，此时的确是“动脑了”，怎么办？如何画对？必须做出个抉择，此时是不是兴趣更浓厚了，并且答案有一种呼之欲出而不出的感觉，此等方式学习，怎么不会产生强烈的高效学习效果呢？

再看：所谓的看书学习，实际上成了学习的第三步，这时真正达到了“不愤不启，不悱不发”的境界，此时的看书效果怎能不高？

再思：千万不要以为问题终于解决了，可以画上圆满句号了，错了，这仅仅是知道了是什么，而还不知道为什么，即仅是知其然不知其所以然，学习无内涵，学习的程度太浅。应该想一想：为什么画不出，为什么应该这样画，这是再思的第一步，第二步是：今后遇到类似的问题应该怎样想，试想：再思的两步，包括先画、后想的两个步骤是不是培养了学生的思维能力，这样的课堂才是真正的好课。

再画。想明白了，画就水到渠成了。

再以语文课为例。学习朱自清先生的《背影》一文时，最好不要让学生先预习课文，了解生字词，划分文章段落，初步感知文本思想内容。这样做，实际上完全不尊重学生的感受，不了解学生的需求，人为地用文本的思路，束缚了学生丰富的想象和思维，使学生禁锢在教材文本的地牢中。这样做，学生鲜活的感知没有了，学生丰富的想象没有了，学生学习的兴趣没有了，学生学习的灵性没有了……这样做，不叫学习，叫扼杀；不叫学习，叫强制；不叫学习，叫命令……这里没有商量的余地，没有民主的氛围，没有自由天空。有的只是服从任务、听从安排、被动接受……哪里还有什么尊重学生生命的一点点迹象呢？

但是我们为什么不换一种方式呢？我们为什么不把学习的时间、学习的自由、学习的空间、学习的快乐、学习的权利还给学生呢？为什么不给学生充裕的时间让学生充分进行思考呢？先思考后学习就是最好的方式之一。这样，学生就可以由题目《背影》自己思考：如何来写这样的文章。当然，学生不一定要用很长时间来写，但是一定要从立意谋篇、结构层次、遣词造句等方面写出提纲，然后与朱自清先生的文本对照比较，从而得知自己应该学习的地方，然后在知其然的基础上，知其所以然，搞清自己不足的原因，对症下药，长此以往，想必写出一篇好文章自是不在话下。试想：倘若学生的构思比朱自清先生的还好，那为什么还要学生学习朱自清先生的文章呢？

综上所述，可以得出，先思考后学习，先练习后学习的意义：培养了学生的思考习惯，是有效学习的基础，是学生学习有没有兴趣的关键，是课堂成功的真谛。它调动了学生强烈的求知欲望，焕发了学生生命的活力，彰显了学生生命的活性，使学生产生了强大的学习动力，是对学生生命的真正尊重，利于学生的终生发展。

（三）三不讲

课堂上教师少参与行吗？或者说课堂上教师不讲行吗？学生都会的问题教师用讲吗？

1. “一不讲”

对于都会的问题，教师再讲就一点价值也没有，所以，对于这些问题，不用教师去讲，叫“一不讲”。

2. “二不讲”

对于有些问题，有的学生会，有的学生不会，为什么不让会的教不会的呢？这些问题可以由学生互教互助来解决，因此，对于这些问题教师也不用讲，这叫“二不讲”。为什么呢？

试想：对于有些问题，有一部分学生已经会了，教师再讲，对已经会的同学是不是一种不尊重，这些已经会了的学生生命受到漠视，是不是就可以走神、搞小动作。这些想象一旦发生，是不是教师一手造成的？这样做是不是教师心中没有了全体同学，会了的学生，如果再继续听教师的讲解，是不是一种生命的浪费呢？

为什么不换一种思路，让学生去教学生呢？学生去教学生的好处是：

①增强学生的自信心。既然有的学生能讲，说明了题目不难，无形之中就降低了难度，增强了全体同学的自信心。学生有了自信心，不就为他们的终生发展奠定了良好的基础吗？

②便于学生的学习。学生去讲，万一不明白，学生可以提问、质疑，若换成老师去讲，学生碍于情面，怕伤自尊，怕别人说自己不聪明，就不再去问，不敢去问老师。而学生讲解时，有些不服气的优等生，还可能发难于讲解者，但这却从某种意义上激起了同学们之间思维的急剧碰撞，更利于学生的进步。

③符合科学。学生去讲，讲得认真，讲得卖力，讲得一丝不苟，就这样，还唯恐讲错而不时看老师几眼，希望从老师那里得到认可。学生讲，学生听，便于理解的原因在于，学生的生理基础、心理基础、生活 、体验、认知结构、智力水平等都大体相当，所以理解起来更快捷，更透彻。

④利于教师心理健康。老师讲起来往往眼高手低，耐心不足，急躁有余。因为这些问题对教师而言，都太简单，从内心需求上讲并无兴趣。讲解以后，如果听懂的学生少，可能就会着急上火。

实际上所谓学生大部分不会的题目，教师可能在自己是学生时期就会了，现在再讲，哪有不倦怠之意呢？更何况一教就是几年或十几年呢？只不过为完成教学任务或面对学生，不得已而为之。真心而论，教师是心甘情愿去做吗？既然如此，教师为什么不“大道自然”，真正相信学生，依靠学生，尊重学生，发动学生呢？一箭双雕，一石二鸟，双赢甚至是多赢之事，为何不去尝试？可见，由此而形成的教师职业倦怠感，是教师自己一手造成的，悲哀之处就在于包办、不放心。所以说放心是教师解放自己的金钥匙。所以说课堂上教师要少参与，“限制是灾，强制是难，包办是害，只有放手才是爱”。只有这种爱才是真爱、大爱。在某种意义上讲，教师越勤快，学生越懒惰；教师越懒惰，学生越勤快是很有道理的。

3. “三不讲”

学生都不会的问题，教师讲了以后有几个会的？

对于都不会的也不用教师去讲，完全可以充分相信学生，发动学生，让他们去积极思考、去讨论。解决不了时，仍然不用教师去讲，教师可启发、点拨、诱导，教“点”不教“面”即引导、点拨班中的优等生，这些学生一点就透。对于不会的问题，学生不是一点不会，只不过是在有的地方卡了壳而已。经过教师的点化，然后让这些学生去讲，效果会更好。由此可见，对于不会的问题，在启发、引导的基础上，通过教“点”不教“面”就解决了。所以，对于学生都不会的问题，教师仍然不用讲，这叫“三不讲”。

综上所述，对于知识性的问题，教师是没有必要面向全体同学讲解的，教师做的最多就是组织教学而已。当然，“三不讲”强调的是教师不要讲，并不是说教师不能启发、不能唤醒、不能鼓励，不要教师的主导作用了，只是说让教师学会等待，尽可能多的把学生推到前台，让学生自由呼吸，自主成长罢了。

“教师为什么要讲”

一名教师说得好：每当学生讲得不到位的时候或讲解不透的时候，我总是嗓子发痒，心里难受，恨铁不成钢，往往控制不住自己，总是情不自禁、不由自主地走上讲台，滔滔不绝地讲了起来，哪里还管自己是不是侵犯了学生的话语权、学习权，是不是又成了课堂的霸权呢？事后我也知道不对，但是当时哪里还管是与非、哪里还管什么效果呢？不过我可是用心良苦呀！

从这里可以看出老师常常爱讲，已经成习惯了，之所以讲是惯性使然，并非不知其中的道理。这就需要教师学会等待，等待不仅是一种智慧，更是一种美德。教师要有意留出空白，等一等，等一等，再等一等，等来的将是学生被激活的鲜活的思维，巨大潜能的释放，透着灵性的个性张扬……

教师参与的现象

在海口某中学初二·三班的数学课上，张老师和同学们一起探寻数学的奥妙。由于他们是初次接触杜郎口中学的理念，张老师上课伊始参与得很少。也许是惯性使然，也许是不到台前去讲嗓子发痒、心里难受，课进行不到15分钟，张老师终于按捺不住讲述的欲望，走上讲台，滔滔不绝地讲评起来。张老师这边讲，学生那边出现了这样的情景：只见一个学习小组中的一位男同学双手托腮、目光呆滞，无神地望着窗外，似乎有所思，也似乎无所想；另有一个男生低头吃自己手指玩；当我问第三个男同学，老师让他干什么时，他却说不知道，只有剩下的一位女同学在无奈地听，也许是给张老师一点面子吧。这就是张老师参与的结果。

教师讲解的效果

一次我听了王老师的一节英语课，这节英语课涉及一个知识点即 sometime 用于一般将来时，课堂快结束时，根据学生的表现，抽测了六个学生。凡是涉及这个知识点的题目，没有一个学生做正确。王老师非常奇怪，问我：为什么学生做不对呢？我没有回答，但却问王老师：你说呢？王老师说：这是我重点强调、重点讲的。我说：你已经告诉了我答案。你想一想：你重点讲、学生就重点听吗？学生听也是机械记忆、被动接受。要知道，学生追求的不是知识而是快乐。学生记忆时，教师不给学生一点让学生与学过的知识或生活实际相联系，学生怎么能记得牢呢？美国有位心理学家曾说：头脑中有一件事物，只有把这件事物和其他事物相联系，印象才深刻。可是，这堂英语课，王老师对于上述知识点，根本就没有让学生建立一点相互的联系，所以，记忆的效果是零。要进行有效学习，就应该让学生在大量感知材料的基础上，让学生自己去归纳、自己去总结，这样，学生的记忆效果才会好起来。由此看来，可以这样给教师进行定位。

教师角色定位

教师是元帅，运筹帷幄，决胜千里，不是班长，更不是士兵冲锋陷阵；

教师是教练员，运动员的水平再差，也没有见过哪一位教练员取而代之的。

教师是点燃者，点燃学生的激情，点燃学生心智的火焰；

教师是激活者，激活学生的潜能；教师是释放者，释放学生的潜能。教师是启发者，启发学生的思维；教师是合作者，是平等中的首席。

二、有关课堂

（一）生命课堂的两个主要任务：首先是做人，其次是思维品质的培养

1. 课堂的重要任务之一——做人

在学习朱自清先生的《背影》一文时，我校徐老师是这样处理的：首先，徐老师当众拿出一款手机，对同学们说道：这款手机是自己买给父亲的，开始时，由于父亲使用不熟，手机里仅有自己的名字，一个月后，我发现，手机里储存了很多人的名字，可是却没有发现自己的名字，我知道，这是因为，父亲已经记住了自己的手机号码。同学们，请你们自己想一想：自己与父母之间、与兄弟姐妹之间、同学之间有哪些感人的故事，可以让大家从中受益，让大家得到启发？同学们想想后，展示给大家。同学们陷入了沉思之中。五分钟后，只见一位来自吉林的女孩子，首先登场展示，她给大家讲述了自己的父母送自己到杜郎口中学求学，临行前，父母送她的一幕。她边说边流泪，哽咽地说不下去了，同学们受到感染，纷纷发言，教室笼罩在体验父母亲情的氛围中，有几个学生更是泪流满面，泣不成声……同学们此时此情，想到了父母的艰辛，想到了父母的关爱，想到了父母的伟大……学生一刹那之间，似乎更懂事了，似乎长大了许多，似乎更懂得怎么做人了。这样的学习，不正是我们所需要的吗？这样的学习不正是教育的目的和归宿吗？

不难看出，教师一定要充分利用教材，挖掘教材的育人功能，让学生学会做人，让学生成人。当然，在课堂学习过程中，我们还要注意学生在修养、谦虚、毅力、坚强、素质、自信、合作、品位、气质、宽容等方面的培养，让学生学会做人。

2. 课堂的重要任务之二——思维品质的培养

“钱学森之问”在不断敲打着有教育良知人们的心灵，为什么中国没有更多的创新性人才？我想，对于教师而言，这与我们不注意学生思维方式的培养有密切的关系。不是吗？我们的课堂上有多少教师能够谈及思维方式？有多少教师能坚守地谈下去？有多少教师，能旗帜鲜明地培养学生的思维品质呢？思维方法是有限的，而知识却是无穷的，可是教师们为什么不用有限的方法，去让学生学习无限的知识呢？不这样做，不是下策吗？既然学习思维方法是上策，又可以培养学生的创新能力，为学生的终身发展而奠基，何乐而不为呢？比如，在初中化学课上有一个题目是：如何用生活经验或实验证明同样体积的两个烧杯中，哪一杯是水，哪一杯是食盐水？学生你一言我一语，很快有了丰富多彩的答案：升温法、降温法、品尝法、密度法、养金鱼法、放鸡蛋法等。如果教师仅仅满足于此，不能很好地利用学生的智慧进行发散思维的培养，怎么说也是一个大的失误。在这里，就要大张旗鼓地致力于发散思维品质的培养，发散思维品质的培养比会解决这个问题意义更大。要跟学生说明：为了证明我们的假设，我们要从不同角度、不同侧面，发散思维，浮想联翩，这样才能更有力地证明我们的观点。要引导学生想一想还有哪些发散思维的例子，让同学们多举一些。又比如，上述解决的方案中涉及到升温和降温，可有的学生想到了降温，可是却没有想到升温。想到降温是由于生活经验，没有想到升温是因为思维品质不丰厚，不会用逆向思维的方式去思考问题，针对这种状况，就必须给同学们补上这一课，让同学们想一想：生活中，你还知道哪些是利用逆反思维的例子。同学们可能会举出很多例子，如果不能举出例子来，教师也应该自己举出更多的例子，去强化逆向思维品质的培养，使同学们的思维品质中增加逆向思维品质，为他们的人生奠定一个坚实的基础，为他们的创新精神打下一个良好的基础。

思维品质的内容包含很多，如直觉思维、发散思维、形象思维、辩证思维、纵横思维、聚合思维、收敛思维等。在这里，用这个例子，只是想说明，我们教师一定要从学生的终身发展着想，不要仅仅满足于答案，要从思维品质的培养入手，让学生掌握思维的方法，这些才是更重要的。

试想：在课堂上，教师如果能够从思维方式的培养着手，不仅仅是传授给学生知识，学生的创新能力不就可以提高一点吗？

做人与思维的关系。做人是根本，是教育的出发点和落脚点。人做不好，思维培养不培养倒是小事。人做好了，才可谈思维的培养。对学习而言，做人是从非智力因素入手，思维则是从智力因素入手，二者相辅相成，浑然一体。就像哈佛大学的一个校门上所写：为增长智慧走进来，为服务祖国和同胞走出去。这句话不正是我们课堂所追求的目标吗？

（二）课堂三个层次

对于课堂，时下教育圈时尚的是高效课堂，似乎不用“高效”就不能与传统课堂决裂，不能与传统课堂划清界限，不能与传统课堂分道扬镳一样。但是却特别适合一些学校的胃口，因为这样既学习了新课改理念，又切实解决了自己最关心的升学率问题，因为既然是“高效”，人们自然想到的是成绩好，不好能叫高效吗？

实际上，如果把新课改下的课堂定位为高效课堂，很显然是不符合新课改的本意的，也许还不符合定义为高效课堂的人们的意愿。因为新课程标准明确指出了目标的三维性，这不就是课堂的方向吗？试想：用简简单单的两个字“高效”能反映其实质吗？很显然不能。那怎么定义课堂才能说明其内涵呢？

从新课标的三维性不难看出，教育关注的是对学生生命的敬畏和尊重，对教育规律的遵循，学生美好人性的培养，学生自由的呼吸，自主的成长等。这样看来，用有效来阐述课堂，只不过是说明教师有对学生的尊重，有对教育规律的实施，学习效果比较好而已；用高效来阐述课堂，只是在有效的基础上，使学生由有效课堂的学会到了高效课堂的会学，由有效课堂的知其然到了高效课堂的知其所以然，由有效课堂的知识技能到了高效课堂的方法和规律等。至于说情感态度价值观等则体现不出来。但是作为一种引领，很显然要把目标的三维性中核心、本质的内容作为方向才可以。有了这种正确的方向，才会对人们有一种科学的引领。

那怎么对课堂进行定位呢？实际上，经过上述分析，传统的课堂是低效，新课改下的课堂是有效，是高效。有效、高效都忽视了学生作为一个鲜活个体的生命存在这一重要问题。所以不妨把课堂定位为“生命”课堂。很显然，这才是课堂的出发点、落脚点和最终的归宿。诚然，生命课堂必然是有效的。所以，我们可以把课堂分成三个层次，由低到高依次是：低效课堂、有效课堂、生命课堂。

1. 低效课堂——以传统课堂为代表，教师是课堂的主体、主角、主人；学生机械记忆，被动接受，教师参与时间占整个课堂的三分之二以上。

2. 有效课堂——教师参与较少，学生主体地位凸显，教师尊重学生，相信学生，尊重学生身心发展的特点，遵循学生的认知规律。对于知识，学生不仅知其然，还知其所以然，由学会到了会学，由知识、技能到了方法、规律，课堂效果明显。

3. 生命课堂——在有效课堂的基础上，一方面，学生由学会到会学，由会学到能学。另一方面，更重要的是对人性的培养、性格的铸就、习惯的养成、意志的磨砺、思维品质的培养等学生终身学习能力、全面发展能力等的高度关注和落实。

当然有效课堂中也有教师对学生生命的关注，但是却不是重点或是无意识地在做，没有把学生的个性发展、终生发展、全面发展作为目的和归宿，有功利思想的嫌疑，只有生命课堂才能更好地使课堂焕发出生命的活力，回归了教育的本真。

（三）课堂五有

1. 有趣

有趣就是让学生觉得课堂有意思，学生愿意在课堂上交流、合作、探究，喜欢课堂，不讨厌课堂。

兴趣可以激发学生求知欲，诱导学生表现欲，是学生积极、主动学习的武器，是学生潜能释放的抓手，是学生生命成长的基石。

有趣的原则要贯彻始终，要尊重学生，激发其强烈的求知欲，唤醒其强烈的表现欲。有趣的课堂真正体现了学生在教师心中的重要位置，反映了教师的教育理念。

2. 有思

有思是指教师一定要给学生足够的时间去思考。因为，课堂是思维的训练场，是让学生更加聪明的地方，所以要给学生足够的时间思考，从而通过思考，在思想的引领下去探究、去质疑、去实验、去提升、去发现、去发明、去发展……培养学生思维的深刻性、广阔性、灵敏性、独特性、批判性等。

3. 有乐

有乐是指课堂是否能够给学生带来快乐，学生是否阳光、是否高兴、是否笑逐颜开，是否欢天喜地……有乐是对教师的基本要求，是教师心中有学生的体现，是学生的主体地位真正得以凸显的标志。

学生在课堂上快乐不快乐，就看教师有没有对学生生命感的尊重和敬畏，有没有着眼于学生的个性发展、全面发展、终生发展等，让学生真正愉快学习，幸福成长成为可能。

4. 有效

有效是指能按客观规律办事，能遵循学生的认知规律，课堂达到预期的目标。

合道是有效的原则，先思后学，先练后学，是有效的基础；暴晒困惑是有效的前提，思维训练是有效的基石，生生互动，是有效的保障，透释困惑是有效的关键，达标练习是有效的方式……

5. 有得

有得是指课堂上一定使学生有所收获。比如可以是知识上的充实与丰厚，可以是方法上的发现和提炼，可以是性格上的铸就和养成，可以是思维上的提升和发展，可以是品位的打造和升级，可以是心灵上的净化和美好，可以是气质上的升华和修炼，可以是习惯的形成和内化，可以是爱好的形成和启迪，可以是特长的发源和根基，可以是兴趣的来源和启航……

课堂上若能“一课一得”，长此以往，学生也将收获颇多，或一个良好习惯，或一个兴趣，或一个爱好，或一个特长等，关键是我们的课堂中学生到底一节课下来有没有收获，知识上有没有增长点，能力上有没有提高点，做人做事等方面有没有进步之处呢？这些都值得教师们深思。

（四）课堂就是“六堂”

课堂就是学堂。学生是课堂的主人，学习是学生自己的事，教师仅仅是帮助者、合作者、引领者。学习要靠学生自己去思考、去体验、去尝试、去探究、去试验，学习要靠学生个体的行为或学生之间群体行为来完成，所以教师面向全体同学讲一句或指指点点都是不必要的行为。但这并不否定教师在学习小组内的点拨和引导，但仅是点拨和引导等服务，绝不是在小组内的讲解或“霸权”。

课堂就是错堂。课堂就是错堂。也就是说课堂是同学们出现错误、纠正认识、改变提升的过程。课堂上有了错误的出现，学生才有了进步的机会和提升的喜悦。

有的教师怕学生出错，学生一出错，教师就马上纠正，怕影响进度，孰不知有了错误暴露出来，这才是“原生态”的课堂，真实的课堂，有效的课堂。

对于错误要敢于暴露，旗帜鲜明地暴露出来，然后通过没有出错同学的帮助、合作等，共同把这些错误加以纠正，从而优等生得到提升，出错的同学得到提高。

对于错误要敢于晾晒，不仅要敢于晾晒，而且要敢于暴晒，不要遮遮掩掩，回避问题，只有面对问题，敢于正视，当作一种资源，错中取胜，这样学生才会真正体会到解决困惑后的乐趣，才能体会到学习带来的快乐，这样做了，学习才有趣，学习的针对性才强，学习效果才会好。

当然，除课堂就是学堂，课堂就是错堂外，同时，课堂也是乐堂，即课堂上学生应该是快乐地学习，快乐地成长；课堂也是趣堂，即学生兴趣盎然，学生充满好奇，学生乐此不疲；课堂也是思堂，即一定要给予学生充分的思考时间，让学生去独立思考，借以培养学生的思维品质；课堂也是得堂，即学生通过一节课的学习有所启发、有所收获、有所发展、有所提升……

总之，课堂就是学堂，课堂就是错堂，课堂就是乐堂，课堂就是趣堂，课堂就是思堂，课堂就是得堂……

（五）课堂文化的主旋律

学生是课堂的主体，学生是学习的主人，所以课堂上生生互动是课堂文化的主旋律，师生互动不应该喧宾夺主。

学生展示，学生点评，学生讲解，学生质疑，学生分析，学生归纳，学生追问，学生提升，学生拓展，学生演示，学生练习，学生讨论，学生表演，学生绘制，学生讨论，学生争辩，学生互助，学生探究……学习的权利是学生的，学习的自由是学生的，学习的快乐是学生的，学习的空间是学生的……

学生的学习活动或个体或群体或个体之间或群体之间或个体与群体之间因交流而提升，因碰撞而感悟，因帮扶而和谐，因竞争而进取，因自主而创新，因和谐而平等，因宽松而愉悦……

师生互动仅是支流，生生互动才是干流，要防止个别学生充当老师角色，进行所谓的生生互动，这实际上是变相的师生互动，这是要不得的。

学生自主了，学生主动了，学生提升了，学生愉快了，学生长进了，这不正是教师所希冀的吗？

（六）课堂中不和谐的音符

1. 差生

不知什么原因，也不知从何时起，教师的语言库存中就有“差生”这一词。这里的“差生”很显然是指学生的成绩差，成绩差了可能影响到了教师的考核或教师的奖金等，这样的“差生”自然是不受教师欢迎的，从中教师的功利心可见一斑。实际上“差生”真像教师想象的那么差吗？未必，就是真差，难道就不是我们教师应该高度关注的吗？我们都不给予关注，我们要把这些学生推向何方？这样做，对他们公平吗？我们教师的责任感何在？我们的良知何在？我们的爱心何在？所谓的差生，也许由于种种原因某一学科成绩差一点，但是这并不意味着他其他学科的成绩差，怎么能说是差生呢？就是学生有几科成绩差，也许这些学生智商并不差，又怎能说他们是差生呢？就是这些学生智商不是特别高，但是这些学生人品特别好，那为什么称他们为差生呢？对他们是不是太不公平了？对于这样的称呼，我们教师是否想过，对于学生会造成什么样的心灵伤害，这种伤害谁去抚平，谁去呵护呢？这样做的教师，你是怎么把学生当人的呢？如此不尊重学生的人格，退一步讲不尊重学生的个体差异，你是不是一位称职的教师呢？

实际上，所谓的不差的学生可能成绩好一点，比如100分的语文可以考到90分以上，所谓差一点的学生只能考50分、60分，可是大家想一想：成绩好的学生前进的空间还有多大，而差一点的学生发展的潜能又是多么的广阔啊！从这一点上来说，我们不妨把所谓的差生改名叫“潜能生”。因为，这些学生潜力无穷，发展空间大，生命力强盛。当然，我们并不否认成绩好一点的学生没有巨大的潜力，只是想改变一下部分教师的理念，要关注全体学生，使全体学生都有不同程度的提高，都能愉快地学习，健康地成长。

再说成绩好一点的学生。不知教师们是否注意到，你们高度关注的这些所谓的优等生到底怎么样？举一个例子来说，每逢春节、教师节或农历八月十五等，有多少学生跟你联系，传递给你他们的祝福？如果没有或者很少，你不感到你教育的失败和人生的灰暗吗？可是仔细想一想，责任不正是我们自己一手造成的吗？对优等生的功利性的偏爱，对潜能生无意的伤害，这样不和谐的音符是不能再存在下去了。

2. 帮扶小组

在学习的过程中，有时发现学习的合作形式中有“帮扶小组”。不仔细想倒也没有什么，可仔细一想，真是倒吸了一口凉气，为什么？大家想一想，“帮扶小组”的含义是什么？不就是指：小组成员之间，在学习过程中，有一名学生要去帮扶另一名学生吗？帮扶的同学愿意帮扶吗？能坚持多久？被帮扶的同学难道节节、天天不如帮扶的同学吗？天天、月月这样帮扶，什么时候让这些被帮扶的同学抬起头来？他们的心灵、尊严将受到怎样的伤害？被帮扶的同学或采取自暴自弃的态度或采取不配合的态度等，这些教师都想到了吗？合作学习的参与者之间，没有了平等，没有了尊重，学习还会有效果吗？

为什么不把“帮扶小组”改为“互助小组”呢？互助小组的成员相互学习、相互帮助、相互合作、共同前进……何乐而不为呢？

3. 学号

学号问题，在课堂教学过程中时有出现。学号就是教师为了学习的便捷，给学生按一定的顺序编制的号码，在小组合作学习的班级，常常是1至6号，没有采取小组合作学习的班级，通常是有多少学生就根据成绩编制不同的学号。有些教师在小组的划分上简单化，往往只是根据成绩来给学生编号。课堂上，时常见有的教师让每组六号的同学在黑板上写写画画，教师不想不知道，教师叫每组六号的同学，无疑是在叫班中“笨蛋”同学去写、去画呀！这些同学做人的一点点尊严也让教师无意地、但却是毫不留情地给剥夺了。没有了尊严的学习，对学生来说还有什么价值可言？长此以往，给学生的心灵深处到底有多么深的伤害？这样做，叫以人为本吗？

实际上，学生有名有姓，并且学生的姓名几乎都富有亲人对学生的美好希望和祝福，我们教师为什么不能直呼其名呢？为什么非要编什么学号呢？

除此之外，像教学目标、课堂流程等也都是不科学的，不能真正体现学生的主体地位，不仅是理念的误导，更是实践的误导。这些现象与将来可能还会出现的一些不和谐的音符，都是教师没有真正把每一名学生当人来尊重、来敬畏，没有做到以人为本。这个前提做不好，育人就做不好，学生成为幸福的人就实现不好。

（七）别抢话，学会等待

在海口蓝天中学初二·三班的数学课上，张老师和同学们正在一起探寻数学的奥妙。由于是初次接触杜郎口中学理念，张老师上课伊始参与得很少，也许是惯行使然，也许是不到台前去讲嗓子发痒、心里难受，课进行了不到十五分钟，张老师终于按捺不住讲述的欲望，走上讲台，滔滔不绝讲评起来。张老师这边讲，学生那边出现了这样的情景：一个学习小组中的一位男同学双手托腮、目光呆滞，无神地望着窗外，似乎有所思，也似乎无所想；另有一个男生低头吃自己手指玩；当我问第三个男同学，老师让他干什么时，他却说不知道，只有剩下的一位女同学在无奈地听，也许是给张老师一点面子吧！这就是教师参与的结果，试问：这样的课堂效率如何呢？

通常人们好为人师，老师亦如此，有时更甚之。就像一位老师所说：每当学生说不到点子或讲得不到位时，教师往往沉不住气：指点一番江山，激扬一番文字，可结果呢？如在初中二年级的一节语文课上，王小彤同学在说“滋润万物时”把“润”字读成了 yùn，但是她马上意识到读错了，没等教师开口，她已经抢到了话语权，因为她知道，她的语文老师爱抢话，所以，这一次她比老师抢得快，只听她说道：“同学们，刚才我读错了一个字，哪位同学听出来了？”这时只见老师欲说无言，被噎在那里，可又不得不为王小彤同学的机灵而叫好，只好说“是啊，同学们，谁听出来了？”试想，如果不是王小彤同学机灵，如果教师抢到了话语权，如果教师给学生纠正了，又会怎么样呢？王小彤心里又怎么想呢？王小彤同学今后的学习积极性是否受到极大挫伤呢？可见老师一旦抢话，学生的自尊就没有了保障，学生的个性就难以张扬，学生的智慧更是无从谈起。可见教师要学会偷懒，做一个智慧型老师，要学会等待，等待，再等待。等待不仅是一种智慧，更是一种美德。因为等待也是一种教育，有时是一种很好的教育。

（八）课堂中的“三要”、“两不要”

素质教育的主阵地在课堂，而课堂教学的状况又往往难以令人满意，要么课堂气氛沉闷、毫无生机，要么学生表达随意、毫不精彩，要么没有达标测试、毫无结果，要么教师讲解过多，学生主体地位难以凸显，师生互动过多，生生互动过少等。针对这些现象，经过认真的思考，我们进行了一些有益的尝试和探索，我们认为课堂教学应该“三要”、“两不要”。

1. “三要”

（1）要学生的积极性

课堂应该是你争我抢、欢呼雀跃、群情激昂、热烈高涨的课堂。学生自动、自觉、自愿地或读或唱、或讲或析、或悟或作、或画或舞、或演或示……学生自由、自主、自发地或补充或延伸，或赞美或赏析、或质疑或否定、或讨论或争辩、或联想或拓展……合作、交流、自学、探究、展示、点评……此起彼伏、活而有序；大道自然，活而有效；生生互动，和谐统一。学生知无不言，言无不尽；争妍斗奇，百花齐放。心灵相约，情感交流；思想碰撞，理念对流；思维交锋，灵感奔流……学生互尊、互信、互赏、互容、互让、互争、互学、互帮、互感……在合作中竞争，在竞争中合作。学生兴奋、快乐、个性张扬、心灵放飞、充盈自豪、充满自信……切忌课堂沉闷，死气沉沉，学生毫无生机，无精打采，萎靡不振。

（2）要学生的精彩表达

学生表达要做到入其情、表真情、达其情，不表达则已，一旦表达就真正做到音、情、形的和谐统一，语文课堂尤其如此。对于表达的这三个要素，教师要让学生清楚地知道、明白地理解、熟练地应用。这当然要求教师要做好示范，用似火的激情点燃学生的满腔热情，用鲜活的生命唤醒学生尘封的心灵等。在课堂上就是要让学生敢说、愿说、能说、会说、善说、乐说，说得头头是道，说得乐在其中。说的或神采飞扬、蓬荜生辉、或栩栩如生形象逼真、或满腔怒火义愤填膺、或号啕大哭潸然泪下、或雷霆万钧群情激昂、或婉转动听动人心弦、或手舞足蹈得意忘形、或满面愁容惆怅万分……

（3）要当堂达标测评

课堂教学的组织、环节的设计以及教学过程的实施，都应该是在具体明确的目标下，紧紧围绕目标、真正突出目标，一切服务目标，最终实现目标。而达标测评就是及时检验目标实现与否的重要方式，不可或缺。在课堂教学中达标测评有以下五种情况：

①有足够的时间完成。有提前预设好、写在备课上精心设计的题目，这些题目有梯度（基本、变式、综合）、重能力、匠心独运，是教师智慧的结晶。

②没有足够的时间完成精心设计的题目。

③有充分时间完成，达标题目没有提前设计好，随意性大，效果差。

④无充分时间，随意出几个题目。

⑤根本就没有达标测评。

中秋佳节前后，枣农总要打枣、收枣。达标测评犹如这其中的收枣，一节课学生热热闹闹打了一地的枣，可是课结束时，地上却是一大片、一大片的枣，无人去收起来，你难道不感到深深的遗憾吗？在备课过程中我们就要精心设计达标题目，在课堂上留出足够的时间，或全体测试或点面结合，以期掌握目标的实现度，提高课堂效率，进而调整今后的学习思路，即“打了枣”，也要把“枣”很好地收起来。

2.“两不要”

（1）教师参与不要过多

教师要少参与或不参与，少参与就是凡是学生能说的、能做的、能画的、能唱的、能演的……一律让学生去完成，凡是学生能说的老师说半句也多，也叫不必要的参与；凡是学生不能的，老师也要设法启发、诱导、转问，不要急于“出山”，或把全体学生的潜能真正激活、或给学生适当的思考时间、或把机会让给有能力的学生等等。为此教师要有足够的耐心，给学生足够的时间，思考的空间等，老师这时的等待，这时的冷静不仅是一种教学智慧，更是一种高尚的美德，这样才能做到“不愤不启，不悱不发”。毫无办法的情况下，教师才可参与，这时的参与，三言两语或更多都不为过，也不叫参与过多。但有的教师片面理解，走极端，如在没有磁带的情况下英语老师怕自己参与多，不敢领读就非常不可取了。

教师要真正尊重学生、相信学生、发动学生，唯有如此，才能真正使学生得到发展，培养创新精神和实践能力，为学生的终身发展奠基。为此课堂上要把学习的权力、学习的空间、学习的时间、学习的自由、学习的快乐真正地归还给学生，老师少掺和，因为学习本来就是学生的事，只有“放手”才是爱，不要总是担心孩子这也不行那也不行，一百个不放心，否则教师真就成了学生发展道路上的阻碍者。相信自己的学生，把课堂还给学生吧！学生就像足球运动员，教师就像教练，球再踢不进去，教师能替学生踢球去吗？不能，教师还是当好教练吧。

课堂教学中教师参与过多往往表现为：过多地重复学生的话语；过多地提问学生；不等学生发表看法过多地抢话；怕学生不会，教师又忍不住插话；图省事，教师讲规律、找特点，说方法，“画龙点睛”等等。比如张老师的一堂英语课，对于sometimes的用法他对学生讲：sometimes常用于一般将来时，这本没错，可是根据课堂表现，临近下课时我随机找了不同程度的学生测试，就这个知识点，无一个学生做正确。张老师还感到百思不得其解：这个知识点是我给学生强调的呀，为什么还做不对？试想，如果张老师相信学生，自己不参与，不讲规律，而是让学生在大量感知相关材料的基础上，自己去发现、自己去归纳、自己去总结，学生不再是被动的接受者，而是主动的发现者、探究者、总结者、提升者，那么，学生得到的决不仅仅是一点点知识，做题的技能，更重要的是比知识和技能更重要的方法、能力……

(2) 师生互动不要过多

课堂上要减少师生互动，增加生生互动，让生生互动成为课堂的主旋律。课堂教学中教师往往是先与甲对话，继而再与乙对话，与丙对话……对话不止，而其他学生则无事可做，或交头接耳或搞小动作，不一而足，因为师生对话这种单边互动，能得到教师青睐的毕竟是少数，所以全体学生参与的积极性受到扼制，唯有老师不再“霸权”、不再主宰，把课堂归还给学生，课堂才会因生生之间互动而生光添彩、耀眼夺目，心灵放飞，才华横溢，个性张扬，灵感涌动……就像一位学生所言：“我的课堂我主宰，快乐课堂我称帝”。

当然也有个别老师不能正确理解，如，你不是说少些师生互动吗？好，我不参与了，我让一个优秀学生代替我，让这个学生与学生互动，看似是生生互动可实质仍是“师生”互动。教师一定要领会精神实质，不要搞形式主义。

总之，课堂就应该“三要”、“两不要”，多些学生的主动积极，多些学生的精彩表达，多些客观多元的评价；少些教师的“霸权”，少些师生的互动。让我们的学生放松身心、心情愉快，在课堂上、在课堂外放飞他们的心灵，张扬他们的个性吧！

(九) 课堂中教师的16多16少

多理解、多尊重、多支持、多相信、多发动、多赏识、多宽容、多微笑、多放手、多放心、多关注、多启发、多鼓励、多策略、多唤醒、多激励……

少命令、少指点、少提问、少展示、少直白、少抢话、少归纳、少提炼、少点评、少表态、少生硬、少担心、少呆板、少参与、少霸权、少严肃……

三、有关教师

（一）教师的角色定位

作为教师更应该成为创新的楷模，因为教师教育着千百万祖国的未来，国家的兴衰系于教育，教育的兴衰系于教师，教师能否真正成为创新的行家里手就显得尤为重要。因此对于教师不妨分成三种类型：一是创新型，它又可分成主动创新和被动创新两类。二是事务型，它又可分成高品位事务型和应付型事务型。三是不在乎型，下面对教师的这三种类型加以简单说明，以促进教师尽快成为创新之人。

1. 创新型教师

创新型教师可以分为主动创新型和被动创新教师，这类教师师德高尚，为人楷模，不用扬鞭自奋蹄，视事业为生命，对事业有一种执著的追求和献身精神。他们或为学校一校之长，如前苏联大教育家苏霍姆林斯基、人民教育家陶行之老先生。或为学校普通教师，如教育家魏书生、李镇西等等。在他们身上都有一种极其珍贵的品质，那就是日臻完善、永不满足，敢于实践、善于尝试、敢于突破、敢于否定、敢于创新。正是由于有了这种难能可贵的品质，苏霍姆林斯基才能几十年如一日成为前苏联教育思想的集大成者，其教育实践鼓舞着千百万教师，是广大教师心中追求的偶像。杜郎口中学才能在崔校长的领导下，抓住创新这一关键，砸千年讲台，凸显主体地位，设四面黑板，落实主体地位，用“10+35”模式，把时间归还主体，排座位为“田”字式，激活主体，创三种课程（预习课、展示课、反馈课），科学服务主体等，落实了科学发展观，做到了以人为本，关注生命，真正激活了潜能，放飞了学生的心灵，使学生愉快学习，幸福成长。这与苏霍姆林斯基的教育精髓：相信孩子，尊重孩子，用心灵去塑造心灵如出一辙，异曲同工。这一创新之举使杜郎口中学成为教育界一颗璀璨的明星，杜郎口中学的教改被中国教育学会常务副会长、原国家总督学郭振有先生称之为：在中国的一个乡村里，写出了一本具有中国作风和中国气派的教育学。这一切都源自创新，是创新使教育插上了腾飞的翅膀，是创新使孩子们有了良好、科学、轻松、愉快的教育。陶行之老先生更是创新教育的实践者、成功者，被毛泽东主席称之为人民教育家。魏书生先生的创新是以民主见长，李镇西先生其创新则是以爱心见长等等，不一而足。以上不难看出，只要视事业为生命，勇于探索，善于尝试，敢于创新，就能做出成绩，让普天下的孩子受益。作为教师应该有一种主动的工作状态，自主、自觉、自愿地而且是创造性地开展工作，这样才有可能提高效率。以英语组为例，像刘芹老师的分层次教学就是在崔校长创新意识的感召下尝试了分层次教学，从目标到内容、从展示到点评，再到达标题目的测试都很好地做到了分层次教学，真正使各个层面的学生全方位得到了提高，把“因材施教”真正落实到位。又如杨桂红老师的帮扶小对子是英语组出现的第二个创新典型，课堂上真正做到了帮扶，使差生不差，增强了学生学习英语的兴趣，让他们体验到了成功的快乐，重新找到了自信。帮扶小对子的利用使单元进一步缩小化，任务具体化，最终达到了效益的最大化，实践证明效果好，学生兴趣浓、轻松愉快 、成绩上升，而这一切都是在“创新”下形成的，没有“创新”这一理念，不大力推广这一理念，这两种课堂模式根本就不可能形成 。基于此我更坚定了一种信心：创新 ，唯有创新，生命才会更有价值，杜朗口中学的明天才会更加美好和灿烂，对此我们将一如既往地坚持下去。当然，两位老师推出的创新课堂完全是在自我思索、自我探究的实践基础上形成的，是自主创新的结果。

当然创新型教师除主动创新外还有被动创新，被动创新是指不得不创新，被逼无奈，当然效率很低，然而一旦转变观念，变被动为主动，后来者居上也不是没有可能。这当然是最理想的境界，也就是说主动创新、被动创新之间可相互转化。

2. 事务型教师

事务型分为高品位事务型和应付型。

我们不妨把教师从事的教学工作统称为事务性，如何去对待呢？比如早自习的处理，如果学校没有要求老师如何去做，两种类型老师的表现就大相径庭：高品位事务型的老师是精心备课后再上课，而应付型的教师则是不备课；高品位事务型的教师是学生未到先把任务写在黑板上，应付型的教师是学生先到他来迟；高品位的教师时间段上科学划分，任务上分层次，如何落实，落实的具体措施以及动静结合、张弛相依等方面都做到了匠心独运，巧妙安排，而应付型的教师只能是得过且过，害人害己罢了。又比如反思板的板面利用，如果不高标准严要求“想到就做，做就做好”，就难以达到理想境界，既是对自己的不负责任，也是对别人的不尊重。总之，教学无小事，事事都要力争做好，按一流的标准去做，做事不仅认真而且用心，不仅坚持而且创新。

3. 不在乎型教师

教师队伍中如果有性情浮躁、不安于现状的要么及早醒悟，面对现实，调整心态，要么趁早走人，以免苦了自己更害了孩子。

总之，创新型、事务型、不在乎型三种教师类型之间并没有不可逾越的鸿沟，并非一成不变，它们可以互相转化，当然也有老师正处于三者之间的状态。但愿我们的老师能用这个标准去时刻提醒自己，鞭策自己，做一位主动创新的教师，乘创新之舟，扬整改之帆，驶向理想彼岸，为杜郎口中学明天更加辉煌而尽最大努力。

（二）教是为了不教

人民教育家陶行知先生曾说过“教是为了不教”，教师应该如何理解呢？通过下面的分析，我们教师也许会更清楚。

陶行知先生认为，课堂上存在三种情况，一是教书，即教师把学生当作接受知识的容器，教师不仅是主导更是主体，不管学生的意愿，教师从自己的主观意愿出发，想讲什么就讲什么，至于学生会不会、愿意不愿意听就管不了那么多了。

二是教生，即教师心中有了学生的地位，教师能够关注学生的个性差异，能够做到因材施教。教师从不关注学生、关注知识到关注鲜活生命的个体，是教育理念的变革。

三是教法，即通过先生的教达到不教的目的。这是教育的最高境界。通过先生的教，真正使学生从知识到方法、从知识到规律，从知识到能力，学生的自学能力增强，学生从学会到会学，从会学到能学。

实际上我个人认为，陶行知先生的意思还应该包括三层次的内容，也就是说课堂除上述三层次外，还有三个层次即：

四是“学书”，即学生传授书本知识。新课改下，教师不再霸占课堂，把学习的权利和自由归还给了学生，教师不再传授不必要的知识，如果学生仅仅代替了教师的这种作用，这种做法也是漠视学生生命的存在，是不可取的。

五是“学生”，即学生能够做到互助互帮、合作探究、质疑互动、共同提升；能做到针对个性、针对疑惑、有的放矢、灵活多样，学生和学生是生命和生命的对话、心灵和心灵的沟通、情感和情感的交流，生生合作、生生互动共同构成课堂的完美景致，学生自由呼吸，自主成长。

六是“学法”，即学生和学生之间，以知识为载体，探究的是方法，讨论的是规律，质疑的是思想，铸就的是性格，养成的是习惯，培养的是品味……这一切真正构成了学生终生发展、全面发展、幸福发展的基石，是课堂的最高境界。

当然，这需要假以时日，需要教师的先进理念的引领、需要教师的具体实践的运作，但是这才是张扬学生个性、放飞学生灵性的课堂，是真正把学生当人，让学生做人的课堂。

（三）教师素质必备

1. 和谐团队精神

拥有一颗宽容之心，它是和谐的基础；加强沟通；快乐会促进和谐，和谐中只有我们，没有你我，学会做人，学会感恩。

2. 勇担责任精神

拒绝抱怨，在其位谋其职，打造精品，形成风格，拥有幸福。

3. 忠诚敬业精神

忠诚学校是一种美德，只有忠诚才会同舟共济，学校就是大家的船。敬业，唯有敬业才能实现自我的生命价值，向校长一样爱学校。没有分外，只能是精神饱满地工作。

4. 执行决策精神

“报告长官，是”，“报告长官，不是”，“报告长官，没有任何借口”。“报告长官，我不知道”。以上是西点军校久远的传统文化中的四条，你从中体会到了什么？

5. 勇于挑战精神

超越自我，才能赢得一切。绝不轻言放弃，要持之以恒，锲而不舍。

6. 潜于创新精神

不创新就等于死亡，不创新就是退步，不创新就等于行尸走肉。创新就在你的身边，否定是创新，改变是创新，求异是创新，类比是创新……唯有创新才能改变心境，改变生活，提高效率，提高生命的质量，只有创新才能永远闪耀着其璀璨夺目的光芒。要把创新内化成自己的性格。

7. 至善至美精神

优秀要求不是做完了就算，而是做好了才算，好就是一流，就是极致，就是杰出，就是超凡脱俗，就是登峰造极……教育无小事，事事大如天，事不论大小，凡事要至美至善。零时间解读，零时间去做，做就做到至善至美。

8. 善于学习精神

学习是人一辈子的事，要有计划，有目的，时刻充电，这样才能学以致用，厚积而薄发。向同事学习、向专家学习、向书本学习、向学生学习……任何时候都虚心学习，有百利而无一害。

9. 以德为先精神

德才兼备，德是核心和基石，一个人的人品有多高，他就能走多远。小胜凭智，大胜靠德。

（四）教师工作作风

1. 即时性

零时间去做，不拖、不等、不靠、立即、马上、现在就着手、立刻就行动。

2. 保底性

不走样、不打折、不缩水、不抱怨；真诚、忠诚、虔诚、甘心服从，执行力度强。

3. 至善性

标准高，要求严，不做则已，做就做最好，在保底的基础上至善至美，登峰造极，达一流，到极致。

4. 拓展性

洞察事物本质，举一反三，触类旁通。

5. 实效性

讲究策略，又好又快，事半功倍。

6. 自主性

自觉、自动、自愿、自省、自律……发自内心，干事创业，有“兰”之品行，无人自香。近有目标，远有规划，打造精品，幸福人生。

7. 求实性

面对现实，善于分析，敢于自我解剖。说实事一针见血，讲实事入木三分。求规循道，大道自然。

8. 整改性

知不足而后勇，知不足而前行。战胜自我，超越自我，敢于说不，善于叫停。

9. 敏锐性

眼里满是问题，否定的态度，挑刺的眼神，一流的定位，严格的关爱，深知事态的严重，一叶知秋，预测未来。

10. 创新性

敢于继承，善于否定，勇于创新，另辟蹊径，独树一帜。

（五）教师的幸福之路

1. 教师的心态

国家的振兴靠教育，教育的振兴在教师，教师的心态决定着教师的职业幸福感。一名不幸福的教师培养不出快乐的学生。而教师的幸福取决于教师的心态，取决于教师是不是把育人教书当作一种享受，还是疲于应付，把教育当作一种不得已而为之的谋生的手段，把教育当作一种职业而不是一种事业。这样的教育者对现存的教育环境、现实的教育困惑、工作中的教育问题，不是正确面对，坦然处置，而是牢骚满腹，怨声载道，生活在一种他自己认为不能实现的美好理想和残酷的现实生活中，每天他都在这种生活中做痛苦的挣扎，这样的教师你说他累不累、苦不苦、这样的教师哪有什么幸福可言呢？这样的教师自己不幸福倒还可以，可是在他教育下的学生可就遭了殃：教师郁郁寡欢，学生会怎么样？教师愤愤不平，学生会怎么样？教师不安现状，学生会怎么样？

这样心态的教师有还不如没有，因为你从事的是教育事业，“教育，一个肩膀挑着学生的现在，一个肩膀挑着祖国的未来”，不可等同儿戏，不可掉以轻心。这样的人要我说，最好赶快转行，别再使自己受罪，学生遭罪。这样的人如果找到更好的部门最好，一旦找不到，那干脆净下心来，从事教育事业，因为你就是当教师的人才，你就要任命随缘，当然，我们不是搞唯心论。既然是只能做教师，为什么不使每天的工作快乐起来呢？因为快乐是一天，郁闷也是一天，自己快乐了，学生也快乐，何乐而不为呢？为什么不从现在开始就享受育人、享受工作、享受生活呢？为什么不把育人教书当作一种享受呢？

2. 教师的定位

“人是应该有点精神的”，有精神就是要做点事情，找到人生的抓手，积极进取，打造课堂，形成风格，成就辉煌，做一名幸福的教师，给中国的教育事业留下点东西。著名词人李清照曾说：生当作人杰，死亦为鬼雄……教师就更应该志向高远，品位高雅，只有这样才能像古人所说：取法乎上仅得乎中，这就要求教师要热爱教育，研究教育，实践教育，形成自己独到的教育思想体系，做一名教育的行家里手，有专题，出专利，做专家。

3. 教师幸福之路与“三化”

苏霍姆林斯基曾说“如果你想让教师的劳动能够给教师一些乐趣，使天天上课不致变成一种单调乏味的义务，那你就应当引导每一位教师走上从事研究的这条幸福的道路上来……”既然教科研对教师的幸福如此重要，教师怎样做才能自主地走向教科研之路呢？我认为可以通过“三化”即：细节问题化，问题课题化，课题课程化来使教师走向自主的教科研这条使教师幸福的道路。

细节问题化，问题课题化，课题课程化要求我们，教师要把我们育人、教书过程中遇到的问题，课题化把问题、甚至是细节问题课题化、课程化，把这些做大、做强、做好，这些工作就是最大的校本研修。通过这些草根研究，使教师体会到研究的快乐，体验到尝试的幸福，品尝到成功的喜悦，使教师真正地把育人教书当作一种享受，而不是对困惑、对问题、对现实只是不满、牢骚、抱怨、推卸，而是以积极的心态，通过“三化”享受的职业的幸福感。下面是几篇教师“三化”下的尝试和探索，也许你会从中受到一点启发，使自己逐渐走向自主的教科研之路，使自己天天享受到研究、实践给你带来的愉悦和幸福。

附1　关于学生课堂上的专注性思考

上课时学生走神怎么办

学校的中心工作是教学，而课堂是落实这一中心工作的主阵地，是培养学生全面素质的重要舞台，教师都希望课堂上的学生全神贯注，学知识长智慧，找方法长能力，觅规律长才干，从而真正地达到减轻学生负担、让学生愉快学习、幸福成长的目的，但仍然有学生在课堂上不能聚精会神，走神现象时有发生。那么针对这种情况如何去处理呢？下面结合我的教学实践谈几种具体的做法，供大家参考。

1. 搞清原因　对症下药

学生在课堂上不投入、不专著的原因一是教师方面的原因，二是学生的原因，但归根结底是教师方面的原因。作为老师一定要搞清课堂上学生走神的原因，是教师讲解的时间太长，学生难以集中精力，还是上课内容枯燥乏味、教师设计得不到位，引不起学生的兴趣，还是学生基础知识欠缺，理解上存在大的障碍，还是学生心理上出现了问题如焦虑、心理不平衡、嫉妒等。教师要在搞清走神原因的基础上采取针对性强的有力举措，或缩短讲解时间控制在10分钟以内，以符合学生生理特点，或精心设计情景，使内容变枯燥为生动，诱导学生的兴趣，或给学生有目的、有计划的辅导来弥补知识上的不足等。而针对学生心理的亚健康状态，教师更要以慈母之心、艺术性的手段走进学生的心灵，解决或减轻他们的心理负担，如经了解张同同学上课走神是因为其父过于关心其学习成绩造成的。张同的父亲虽远在天津打工，但不时打电话过问其成绩，而张同又是个懂事的孩子，深知父亲打工的艰辛，恨自己不能考全班第一、第二名，于是产生自卑和焦虑，甚至有辍学念头，以为辍学了就可以减轻家庭负担，同时也就不会因为自己的成绩不是第一而不好交代，故而采取逃避的方式。这些情况如果不细心地了解，找清根源，头疼医头，脚疼医脚，走神现象就不会从根本上加以杜绝。

2. 采取措施　刻不容缓

了解了学生上课走神的原因后就必须立即采取措施、刻不容缓。不要了解了情况后等待观望，把希望寄托在班主任、年级主任等身上，要从真正理解学生、关心学生的角度出发，真正让学生幸福快乐出发，自己累点苦点不算什么，要把育人、教书当作一种享受。当然可以调动多方面的力量，如学校、班组、学生等，要齐抓共管，共同去解决这一问题。比如张同同学不但上课走神，而且有一次在家不想继续上学，老师与学校有关领导亲自到家做工作，并且同学们主动写了一封全班同学都签上名字的感情真挚的信，再加上后续工作，使张同同学彻底摆脱了焦虑和上课走神现象。试想，教师如果不及时发现张同同学走神，发现后不及时采取有力措施，那么张同同学就不仅是走神的问题，而是辍学的问题了。

3. 实施方案　灵活多样

对于上课走神的同学在弄清楚走神原因的基础上，教师一定要梳理思路，认真反思，实事求是，措施多样。比如在一节英语课堂上，学习很好的王凯同学在识记单词时走神，无所事事，教师就完全可以让王凯同学做学习顾问，让该组同学一个个读给他听，让他指出错误，也可以让同学给王凯提出更高的要求，让王凯来回答等等。同样的这节英语课王云走神却是由于基础差，这时教师可以通过让这个组采取接龙读的做法，以帮助其提高等。当然，对于直接由教师造成的学生走神现象，教师在反思的基础上，更应该多管齐下，形式多样，让学生喜闻乐见，兴趣盎然。总之，要多些“疏”，少些“堵”，多一些方法和智慧，少一点呆板和生硬，只有针对不同的人采取灵活多样的措施才能实用有效。

4. 坚持关注　持之以恒

对于走神的同学，不要毕其功于一役，要长期关注，持之以恒，万不可走形式，搞过场，蜻蜓点水，行权宜之计。为此要制定长远计划，通盘考虑，建立走神同学跟踪档案，及时收集课堂上表现的材料，归纳整理，发现个性，寻找共性，善于思考，不断总结，归纳整理，达到理性认识，然后用规律性的东西再去指导具体的实践活动。为保持长久性可采取以下方式：①学生汇报。让学生自己汇报课堂表现，根据反馈信息及时调整措施、策略。开始时要天天汇报，好转后可每周一汇报。②教师写信。教师通过书信这种书面形式及时把对学生的理解、鼓励和赏识等真挚的感受表达出来，达到此时无声胜有声的效果，这样既避免了单纯的口头说教，又可长时间地鞭策、唤醒、激励学生，达到育人的目的。③定时调查。对其他学生进行调查，要进一步了解事实真相，与学生汇报相对照、做比较，真正通过这个事情达到培养人的目的。④及时沟通。每周一定要和这些学生进行情感交流，思想沟通，及时发现新情况，解决新问题。

总之，对于课堂上学生走神现象，教师要高度重视，搞清原因是采取措施的根基，刻不容缓是其特点，灵活多样是其要求，持之以恒是其规律。当然，教师要转变教育理念，真正以学生为本，通过这一现象，畅通沟通渠道，感受学生情感，走进学生心灵，真正做到使学生愉快学习，健康成长，真正为学生、为国家未来的生存和发展奠基。

附2　关于课堂效果落实中如何关注潜能生

达标测评中动态关注小组的设置

杜郎口中学“三三六”自主学习模式的最后一个环节乃达标测评，如何使达标测评发挥它应有的效果呢？通过我们的不断实践和探索发现设置“动态关注小组”能较好解决达标测评的可信度，提高其针对性，增加其有效性。

1. 组成成员

它由两部分成员组成，一部分成员是永久成员即：学期开始时教师自己确定的应该特别需要予以关注的同学，其成员相对固定，约为4~5人；另一部分成员是临时成员即：根据课堂学生表现等临时决定需要特别予以关注的成员，约为2~3人。

2. 活动次数

一般可安排活动三次：第一次是在新课开始后围绕本节课学习目标，结合上节课学习内容让这6~8人，把题目落实到书面上。第二次比较灵活，可安排在课程进行过程中，如理化生学科可抽测他们动手实验能力，英语学科可抽测其听、说、读、对话等能力，语文学科可抽测其语言表达能力等。第三次是在离新课快结束约5~7分钟时，以本节课学习目标为依据，让这些学生以书面形式完成相应题目。

3. 活动形式

以书面形式落实时，可以让学生在固定的黑板上进行板演，也可以让学生搬自己的座位集中在一块来落实，至于说理化生演示实验，英语课堂上的对话表演，语文课堂上的语言表达则完全可以从实际出发，在大家都认可的中心位置即可。

4. 题目选择

教师给他们预选设置好的题目可以以小纸条的形式发给大家，题目一定要注意精选、精选、再精选。重点在于掌握基本知识和基本能力，可以重点设计一些基本题和变式题，综合题要有梯度。目的就是增强这些学生的自信心，使他们节节都有成就感，快乐地学习，健康地成长。对于他们要做到“一高一低”。“一高”是要高估他们的潜能，相信他们的能力，他们完全可以做得很好；“一低”是要低估他们，宽容他们对知识理解的缓慢性，由于粗心等造成的疏忽性等。对于基本的问题要从不同角度、不同侧面去练习，直到通过所做题目的信息反馈，看到他们完全熟练掌握为止，使他们该会的坚决会，而且熟练掌握。

5. 反馈处理

教师一定要面批面改，及时反馈。对于完成较好的学生，要及时鼓励，鞭策他们追求更高的目标，也要表达老师的喜悦之情，如“你做得真好，我真替你高兴”，或“你做得真好，我真为你骄傲”等。对于完成较差的学生要帮助其分析原因，发现其闪光点，比如如果只做正确一道题，完全可以这样说：“这么有难度的题目你能做对一道，我真替你高兴，现在让我们一起来分析下面一道怎么做好吗?”目的就是给学生以信心，给学生以勇气，使他们昂起高傲的头，信心十足地勇往直前……当然有时还需要老师课下与学生进行心灵的沟通、思想的交流等等。

6. 设置目的

动态关注小组的设置目的就是落实课堂的实，真正做到“活”与“实”的和谐统一，使活的课堂有一个坚实的果实。

7. 设置意义

动态关注小组的设置，使被关注的弱势对象得以高度关注，又因为其组成成员的不确定性，增加了关注群体的广度，使每个学生都有可能成为关注的对象，使每个学生都能感受到自己生命的存在，使每个学生都能感到自己独特和重要，结果表明：动态关注小组的设置，极大地调动了学生的积极性，极大地激发了学生创造性，极有利于课堂效率的提高，学生个体生命的愉快成长。

8. 注意事项

动态关注小组要节节行动，要持之以恒，成败贵在坚持；教师要根据课堂反馈信息来精心挑选“临时成员”，要照顾到全体学生；要处理好点与面的和谐统一。“点”即动态关注学生，“面”即其他学生。总之动态关注小组使达标测评有了一个可靠的依据，随着动态关注小组实践的不断完善和发展，它必将有利地推动课堂实效性，提高教师对课堂反思的准确性，更有利于指明课堂教学的方向。

附3　关于班级文化建设的思考

教室的墙壁也会说话

教学需要爱，爱需要艺术，只有充满智慧的爱才是真爱、大爱，也只有这样的爱才能真正走进学生的心灵深处，使学生愉快学习、幸福成长。当然艺术的爱有多种多样，下面着重谈一下如何有效地利用教室中的墙壁为育人教书服务。

大凡到过天安门的人都知道，天安门墙城上的中间悬挂着一代伟人毛泽东同志的画像，画像的左侧写着“中华人民共和国万岁”，右侧写着“世界人民大团结万岁”。墙壁上仅有的一幅画像、十几个汉字就让人们想到了中国，想到了世界，想到了毛泽东，这就是无声的语言，这就是墙壁文化带给人们视觉上及视觉之外的想像，你看是不是又巧妙又寓意深刻。

无声教育的基地

教育需要艺术，大爱无痕是艺术的至高境界。教室的墙壁就可以很好地实现这一目的。比如针对学生字体潦草、不工整的，完全可以放手发动学生，让学生把规范、工整的字张贴在墙壁上，然后再让学生给其起上一个响亮的名字如：“书法家从这里诞生”或“进步从点滴做起”或“一瞥一捺成就你的人生”等等，当有个别学生书写不认真时，教师大可不必怒目圆睁，大动肝火或婆婆妈妈地说教一通，只需要不动声色地让学生走到这些专栏前，就可达到此时无声胜有声的艺术效果，你不妨一试，看效果如何。

赏识的园地

人最渴望的需求就是获得赏识，体现出自身的重要性。班级中近段有哪一位同学文章的写作有了大的进步，有哪一位同学思想上有了点滴的提高，又有哪一位同学在帮助同学学习中小老师做得好等等，都可以及时地张贴在“进步历程”、“成长快线”等专栏中，不仅口头上大加赞赏，在听觉上让学生体会到进步的幸福，而且通过图画、文字等在视觉上也让学生体验出进步的快乐，从而使学生在整体感觉上，感知到进步对自己的妙不可言的愉悦性……每当同学们见到自己的名字进了这些“领域”时，欣喜之情、幸福之感油然而生，试想又有哪一种教育可以达到如此长效的作用呢？这真是太妙了，是一种只可意会不可言传的妙招，您想不想尝试一下？

励志的天地

人活着不能没有理想，有了理想，人生才有了目标和方向，但人又往往长立志而不能立长志，怎么做能时刻提醒自己并且也能让别人去监督、督促自己呢？那就是利用墙壁，旗帜鲜明地写上自己的人生理想或自己崇拜的伟人等，时刻提醒自己、勉励自己，朝着目标奋力拼搏，自强不息。同时，当学生偏离“人生航线”的时候，也可以让学生到自己的人生目标下，反思一番，无须多言，效果颇佳，您不妨一试。

成长的乐土

人的一生风风雨雨、坎坎坷坷，学习的过程也不是一帆风顺的。人在学习生活中，也往往暴露出自己的缺点或不足，面对这种状况怎么办呢？勇于面对，敢于正视，把自己的缺点、困惑写出来，写出自己克服的措施和办法，竭力而为，时刻对照，不断反思及时改进，战胜自我，超越自我，则成长的步伐会愈来愈快，您不妨一用。

艺术的圣地

迎风傲雪的寒梅，使人迎难效之，坚韧挺拔的劲竹，让人虚心仿之，幽雅高洁的兰花，让人不媚春阳……“八骏图”让人想起“天行健，君子以自强不息”，万里长城让人感叹华夏文明、壮美河山让人爱我中华……墙壁上一副副美不胜收的艺术作品给人以启迪、给人以鼓舞、给人以陶冶。学生徜徉其间，抬眉低首之际，心灵得以净化，激情得以点燃，士气得以激励……艺术在墙壁安家，墙壁与艺术接壤，墙壁、艺术交融一起都来感悟后生……何不一试！

当然，墙壁的功能还远远不止这些，比如还可以设置“互动互帮”专栏，让学生学会合作；设置“擂台赛”专栏，让学生学会竞争等等。总之，我们要让墙壁说话，为我所用，让其彰显最大的功能。可见只要我们教师爱学生，并讲爱的艺术，就一定能从我们身边发现有价值的资源为我所用。让我们充分利用现有资源，进一步开发现有资源的新的用途，尝试创设新的资源，全方位地用艺术的爱去促进每个学生个性全面、和谐地发展吧！

第六篇　实施生命课堂的四个阶段、五个步骤

一、学习生命课堂的四个阶段

（一）模仿

1. 模仿的涵义

模仿是指学校在学习先进教育理念时，应该先学习、先临帖。因为，没有继承就没有创新。

2. 模仿的前提

模仿前，一定要领会学习理念的实质、精髓、真谛，先不要盲目地学习，以免学习过程中出现这样或那样的问题和停滞不前的局面。

3. 模仿前必须搞清的问题

杜郎口中学教育理念的实质是什么？实质就是凸显学生的主体地位，张扬学生的个性，解放人性的教育；就是把学习的时间、学习的空间、学习的自由、学习的权利、学习的快乐真正归还给学生，培养学生的美好人性的教育。

4. 模仿的内容

（1）四面设置黑板

为什么要四面设置黑板？不设置不行吗？设置了四面黑板就不用练习本了吗？

四面设置黑板的目的，就是从空间上给学生创设更多的学习条件，使学生的主体地位真正得以凸显。

设置四面黑板的好处有四：有趣、有效、有得、有乐。有趣是指，经过学生的努力，学生终于将凝结着自己心血和汗水的问题解答出来，并且马上可以得到学生、教师的认可，学生心中充满了幸福感，有了成就感，表现欲得到实现，被尊重的感觉油然而生。幸福感、成就感、尊严感的实现，表现欲的满足，极大地促进了学生学习兴趣的提升，这种由非智力因素形成的兴趣，稳定性强，极大地促进了学生下一阶段甚至相当长一段时间内学习的兴趣，哪怕学习本身兴趣不大，学生也会克服困难，再次获得学习的兴趣。

有效是指学生的学习成果能够及时书写在黑板上，马上就知道是否正确，是否深刻、是否有价值，有多少价值等，这种及时练习、及时反馈，时间短，效果自然好。

有得是指学生通过板面的练习，不仅仅是字写得认真、规范，更难能可贵的是，学生通过在板面上的书写，养成了一种做任何一件事都认真的习惯。这种认真的习惯将形成学生的性格，这种认真的性格将决定学生未来的命运。学生通过四周设置的黑板，通过自己的书写，形成做事就认真的良好习惯，这不是学生一辈子的所得吗？

有乐是指学生轻负担，高效率，快乐、幸福变成现实。在这样的课堂上学生是快乐的，学生课下是不是被过重的作业压得喘不过气来呢？实际上，杜郎口中学充分利用黑板的作用，在课堂上发挥其最大价值，该练习的，该巩固的、该变式的、该综合的，都在课堂上，在黑板上完成了，课下做的作业，在黑板上都练习到了，不仅如此，练习之后，马上就进行反馈，马上就进行校正，所以，学生课下就没有作业了，是零作业，学生的负担真正减下来了。所以，学生课上快乐，课下也快乐。可见，设置与不设置黑板效果大相径庭。

当然，四面设置黑板要注意采光，不要挡住外来的光线；黑板最好用白板，减少粉笔粉尘对师生的危害。如果学生比较多，可以在两排桌子之间设置可以活动的黑板。用时拿上来，不用时放下去。只要大家认识到其好处，就一定能针对自己的校情，想出更多更好的办法来。

黑板的利用方法：以四块黑板为例，尽可能使每一位学生都有自己的一块“阵地”，宽度大约30厘米。学生在上面可以围绕本节课的目标，回顾已学过的知识，可以进行当堂练习；可以及时写出自己的困惑；可以及时梳理知识结构……可写、可练、可画、可作，要充分利用黑板的作用，发挥其最大的价值。相邻的同学不要写相同的内容，同学们写完之后，相邻的同学相互修改。对于每一块黑板上学生书写的信息，也包括书写，可以派四名“特派员”，也就是这一学科相对来说各方面较好的同学（这些同学不是固定的，可以随时更换），来检查四个版面。同学们在规定的时间内写完后，或根据情况及时写完后，要进行反馈点评。也可由写的不妥当的同学进行自评，并且要让其知其然，并知其所以然。黑板要多次利用，一节课用几次版面，要视情况而定，不要搞形式。当然，对于易错、易混以及重点、难点的地方，可以用双色笔，以增强学习效果。

（2）小组合作学习

小组合作学习就是指把学生划分成学习小组，根据学生的多少或六个人或四个人为一个小组。

小组合作学习的目的就是使学习效果大面积提高，使学生的主体地位真正得以体现，使每一名鲜活个体的生命都得以体现。

小组的合作学习是有效的。原来一个班级中少则40人，多则

50～60人，不论教师是多参与还是少参与，仅仅靠教师一人，是很难掌控课堂的整个局面的。但是，教师如果充分尊重学生，相信学生，发动学生，充分发挥组长、组员的积极性，让组与组之间，小组成员与小组成员之间，小组成员与成员之间爆发出强烈的学习积极性、旺盛的求知欲、空前的表现欲，那么，学习的效果一定是高效的。也就是说，通过小组的划分，单位缩小化，任务具体化，效率最大化。学习由教师一个人的积极性，变成了每一名学生的积极性，学习效果必然大幅度地提升。

小组的合作学习是人性化的。不划分小组，学生的生命状态并没有真正被唤醒、被激活，学生的学习状态是一种相对压抑的状态，学生的生命感、学生的潜力、学生的求知欲、学生的表现欲等都不能真正释放出来。小组划分后，人人有事做，事事有人做。同学们之间有合作、有竞争、有对比、有帮扶、有质疑、有探讨……学习的热情空前高涨，真正实现了人的自然属性和社会属性。

小组划分注意事项：坚决不能以成绩来划分。要参照学生的性格、爱好、脾气、秉性、男女比例、综合成绩、学生意愿等。不能让学生知道同学们之间彼此的综合成绩，不能排名，减少考试或不考试。也不能把学生分成1号、2号、3号等，更不能在学习过程中不叫学生的名字，而是叫号码，这将深深伤害学生的自尊心，使学生抬不起头来。

小组划分一定要彻底。六个人的小组或四个人的小组划分以后，是不是就能保证学习的有效性、就能保证每一个学生的生命都被关注呢？有一次在外地的大型公开课上，有一节语文课，当时我和某市局长在一起听课。当小组开始讨论时，只见一名男孩想打瞌睡，这时我小声对局长说到此现象，并用手指了指，可能这位学生发现了我们，强打精神，不再瞌睡。又过了一会，我再看这位学生，的确是不再瞌睡了，但是却正用右手拿着一枝圆珠笔独自玩耍，并且这种类似的现象在以后几天的公开课上也出现了。这就说明，小组的划分还有文章可做。试想，六个人的小组，当进行问题探讨时，开始时可能大家的积极性比较高，可是，时间一长，学生们就不再有那么大的兴趣，尤其是自己没兴趣或者自己不理解时，这时六人小组的活动就变成了两三个人的活动，性格内向或者弱势的学生，就被无情地抛在了学习以外，不是他们不想参加，是因为他们抢不上机会，或者根本没有要说的话。所以，就出现了小组以内有学生走神的现象。

为此，对于六人小组或四人小组，必须再进一步划分。划分成两个人一个小组。这时，小组内甲乙二人有了自己的观点后，甲对乙说，乙不好意思不听；乙对甲说，甲也不会不听。当甲乙二人解决不了时，再向四人小组询问，效果岂能不好。所以，分成六人或四人小组后，还要进一步划分成两人小组，使每一个生命都得到关注，使每一个生命都得到张扬。在某种意义上讲，六个人的小组学习方式无疑是压抑了学生的个性，每个学生都是一种积极状态是不能完全实现的。所以，小组的划分，要划分到两个人一个小组为止，这才是基层，对两个人的管理，不妨叫“基层管理”。

（3）“10＋35”的时间模式

“10＋35”是指一堂课45分钟，学生掌控的时间是35分钟，教师掌握的时间是10分钟。当然，也不要走极端，比如，有一所学校学习杜郎口经验，推行“10＋35”时，校长拿着秒表去听课，谁超一秒也不行。这样做是片面的，并没有真正领会其精神实质。

“10＋35”的实质，就是要把学生的时间真正归还给学生，使学生真正成为学习的主人。因为没有时间作保障，学生就没有足够的时间去思考、去探索、去拓展、去联想、去批判、去质疑……没有充裕的时间，学生的学习就成了一句空话。

（4）撤掉讲台

撤掉讲台是指教室内三尺讲台不复存在，教师将不再是圣坛上的传道、授业、解惑者。

撤掉讲台的初衷是一种无奈或者说是一种权宜之计，目的是对于在讲台上讲惯了的教师的一种强制性的“下课”方式；是想从形式上不让教师独霸讲台，到走向使教师心中不再独霸讲台的转变。实际上，如果教师心中没有学生，教室里虽然没有了讲台，教师也会继续讲解，继续充当课堂的主角，不能实现学生的主体地位。

撤掉讲台的目的就是真正凸显学生主体地位。学生主体地位的实现是从多个方面来实现的，撤掉讲台是实现方式之一。从某种意义上讲，讲台可以不撤，但是讲台将不再是教师的舞台，而将成为学生个性张扬，心灵放飞，才华横溢、人格铸就的平台。

（二）困惑

在学习过程中，必然出现这样或那样的问题，这些都是正常现象，问题的发现是进步的起点，创新的源泉。面对困惑，一定要正确对待，把问题当成课题来做，集思广益，不断完善，善于尝试，总结提升，就能找到适合学情、班情、校情的好办法。下面结合我们外出实践和交流的经验以及我们的尝试和探索，介绍一两个案例，以达到抛砖引玉的作用。

附1　小组合作学习后，学生乱说话怎么办？

学生乱说话是教师不愿意看到的，教师要正确对待，不要把责任归咎于学生，更不能归咎于是不是小组划分以后的必然现象，不可能解决等。实际上学生乱说话也许早就存在，只是教师只注意自己讲，没注意这种现象罢了。对于问题我们怎么办？是抱怨，是推卸，还是静下心来想办法？下面介绍几种方法仅供参考。

1. 讲艺术

学生的年龄特点，决定了学生不愿意接受生硬的教育，比较乐意接受蕴藏着教师智慧的教育。学生乱说话问题，如果教师生硬命令学生不要乱说话，学生不一定明白，不一定领情，照说不误，或者明着不说，就暗着说。但是，教师换一种方式效果就不一样了。针对班级中乱说话的现象，不要空洞地讲，更不要在班上指责这些同学，可以先从点入手。比如，对于乱说话次数较多的学生甲、乙二人。对甲说：乙对老师说，这一节课，不会说闲话，绝对比你表现得好；同时，教师也要悄悄地告诉乙类似的内容。这样，通过教师的来回“忽悠”，效果肯定好。当然，类似的方法还有很多，教师只要非常在乎，特别重视，就一定能想出很多适合学生特点的灵丹妙法。

发挥小组长作用。小组长是小组成员的领导核心。组长虽小，也是经过民主选举产生的，组长的人格魅力、领导力、权威性等可略见一斑。这就要求我们要充分相信、利用组长的作用，让组长去解决这些问题。教师不要过多干预。

2. 问计于生

学生的事要靠学生自己去解决。对于课堂上乱说话的现象，最好的解决办法不是靠外力，而是靠乱说话者自己认识到，自己去解决。在解决过程中，可能需要教师或同学们的指点或帮助。让他们自己说一说危害，说一说这一节课中如何表现，用多长时间他们就可以做到一句闲话也不说等，并且让他们自己找出监督提醒人员，从而尽快解决这一问题。因为是学生自己的意见，学生不会言而无信，学生执行起来效果就好。

3. 用规律

利用学生的集体荣誉感。学习的形式由秧田式改为田字式后，有个别学生可能由于新鲜、好奇等原因，在课堂上说了一些与学习无关的闲话，时间一长，也许就会自生自灭，不必大惊小怪。如果还有个别说闲话的，就要充分利用学生的小组荣誉感，把说闲话的问题作为一种重要的内容，对小组进行评价，从而把问题解决。

利用学生的强烈表现欲。哲学家詹姆士说过："人类本质中最殷切的要求就是渴望被肯定。"学生为了被肯定，必然要积极表现，踊跃展示，更何况表现欲本来就是人的最渴望的内在需求。在这种氛围下，学生就会为精彩的展示而精心准备，就不会也没有时间去说闲话。为此，只需要教师告知学生，给学生适当的时间，然后就要对学生的展示等表现进行评价，从而激发学生的强烈的求知欲望。试想：学生的学习欲望如此强烈，学生哪里还有精力去说闲话呢？

当然规律的东西还有很多，我们教师只要有心、用心、真心关注此事，利用规律，想必这种事就会遏制住，或者根本不会发生。

4. 用评价

对于学生说闲话的现象，也可以告知大家，我们要统计小组内说话的人员，并且每一节统计一次，每一天汇总一次，每一周总结一次。这样做的目的就是引起同学们的高度重视，从而避免同学们出现类似的事情。也就是说通过评价，达到不评价的目的。

当然，要注意不要伤害学生，让学生产生逆反心理，要婉转，要注意分寸，要适可而止。

5. 激兴趣

学生在小组内说闲话，除了学生自身的原因以外，还有一个重要的原因，就是学生对学习的内容不感兴趣。对此，教师必须自我反思，对症下药，提高学生的学习兴趣，这样才能从根本上解决问题。从这个意义上讲，学生一旦有说闲话的现象，就说明学生对学习内容的倦怠，所以教师要想方设法从学习内容上，学习方法上，让学生真正产生学习的强烈欲望，表现出强烈的求知欲望才可以。比如，初中化学，在学习如何制取氧气时，不要先让大家看课本回答问题，这样做，学生就是任务式，迫于无奈，不得已而为之，学生就容易分神说话。但是，如果提出问题，根据“先思后学，先练后学”的原理，让学生自己先想：制取氧气的步骤有几步，然后再与课本相比较，并且搞清楚，为什么有的步骤自己未想到？今后怎么做，就可以使自己想得更全面等。试想：这样来操作，学生的学习针对性强，有兴趣，不仅知其然而且知其所以然，真正做到了“不愤不启，不悱不发”，学生哪里还有说闲话的呢？

当然类似的方法很多，除上述方法外还有增强责任意识，让学生人人有事做，事事有人做，对说话的学生在小组内有善意提醒等，只要大家注意了，重视了，问题也就圆满解决了。

附2　没有晚自习怎么办？

有的学校，尤其是城市学校，晚上没有晚自习，就认为第二天的展示无法保证，效果差，怎么办？

1. 增强学生在家中作业的有效性

毋庸置疑，城市的学校虽然没有晚自习，但大多数学校的教师，都会给学生布置适量的作业，但是作业的效果并不乐观。所以需要教师在布置作业时，对于布置什么作业内容才能增强有效性，要高度重视。比如，可以布置学生课堂之中出错的题目，从而使学生有一种自信心，然后再有一两个变式题，或多少有点难度，使学生跳一跳，够得着。这样既复习了当天的知识，又使学生有一种自信心、幸福感、挑战感。

当然，如果学生掌握得比较好，可以安排学生预习，为了使预习取得好的效果，第二天上课的第一个环节，一定是大张旗鼓的检查预习的情况，不能不了了之。诚然，根据情况，还可以布置其他的适量作业。

2. 树立榜样

对于作业完成好的学生，一定要及时赏识，及时让这些同学成为大家的榜样。要让这些同学在课堂上介绍经验，要使大家有所启发，有所行动。同时要让没有做好的同学谈一谈想法，让他们表明自己的态度，这样，好的势头就会由星星之火成燎原之势。当然，除此之外，还有很多方法，只要大家重视，当课题研究，就一定有办法去解决遇到的困惑问题。

（三）探索

经历了模仿的艰辛，经历了困惑的彷徨，探索更是需要一种对教育的执著，对教育事业有一种宗教般的虔诚。

探索的内容。在探索阶段，必须从课堂教学、课堂管理入手，逐步形成符合自己学校特色的课堂文化、管理文化，为形成特色鲜明的自主学习模式做好必要的铺垫。

（四）创新

学校通过学习借鉴先进的理念，目的是找到适合自己学校实际情况的模式，通过模式，更好地实现育人教书的目的。谁能更早地找到有特色的自主学习模式，谁就能早一天让学生享受成长的快乐，让教师享受育人的幸福。

全国各地的学习者，通过学习借鉴杜郎口经验，已经形成了各具特色的自主学习模式如“循环大课堂”、“大单元教学”、“自学·交流·总结”、“自主式、开放型”等，这些模式和杜郎口中学的模式一样，真正促进了学生的愉快学习，健康成长。

模仿、困惑、探索、创新四个阶段之间并没有不可逾越的鸿沟，它们之间是密切联系、互相渗透的。我们既要认清自己所处的阶段，完成这一阶段的历史使命，又要有大局观，不温不火；既只争朝夕，又不急于求成，又好又快、扎实有效地开展工作，尽可能缩短每个阶段的时间，使学校走向科学、规范、快速发展的轨道，为学生的终生发展而奠基。

二、学习生命课堂的五个步骤

（一）思想引领

苏霍姆林斯基曾说："教育行政的领导，首先是教育思想的领导。"一个学校能不能真正使学生成为德智体美劳诸方面全面发展的人，关键在于学校所倡导、践行的是什么样的教育理念，理念先进则是学生的福祉、教师的幸事、百姓的福音，因为方向比努力重要。

1. 引导的原则

（1）民主性

对于一种先进教育理念，大家认可不认可，适合不适合自己的学校，靠校长一厢情愿不行，靠校长自己主观命令不妥。校长要充分尊重教师，相信教师，理解教师的意愿，集思广益，问计于师，激活教师的潜能，利用教师的智慧。这样做，教师喜闻乐见，教师的观点被认同，教改的阻力就会大大减少。切忌大会小会讲，生硬说教，教师因得不到尊重而被动接受，不情愿、不自觉、不主动则在情理之中，从而使理念的落实一开始就因不民主而受抵触。

（2）人文性

对于一种理念的理解，必然存在认识程度的差异，有认识深刻的，有认识肤浅的，甚至还有抵触的，这些都是正常的现象。因为无论什么认识都是经历了很长时间才形成的，"冰冻三尺，非一日之寒”，对此校长要心中有数，允许教师有个再认识的过程，不要认为这些人是和学校过不去，甚至是和学校作对。要知道认识的提高，思想的转变，需要假以时日，有个缓慢的过程。为此校长要胸怀博大，走进教师的心灵深处，交流沟通，人文关怀，彰显学校的尊重、关爱。认识上有差距的教师必感其诚，思想工作就会好做了。切记讽刺、打击，人为地把少部分本来就想不通，有抵触情绪的教师边缘化，使其成为日后改革的不利因素。

2. 引领的内容

杜郎口中学是先于新课改，而又与新课改理念不谋而合的全国课堂改革的典型之一，对于新课改的学习，现在学就晚了，不学就更晚，但是应该如何学习，学习哪些内容呢?

（1）先进的教学理念

杜郎口中学的办学宗旨是“以人为本，关注生命。”真正体现了学生的主体地位，学生的潜能得以开发，学生的心灵得以启迪，学生心智火焰得以点燃，学生自由呼吸，自主成长。其他教育理念如“把学生当人，让学生做人”、“先思考，后学习”、“先练习，后学习”等在本书上都有相关的叙述，在此不再赘述。

（2）杜郎口的精神

学习杜郎口中学先进的教育理念很重要，但学习杜郎口人的精神更重要，它是事业的保障和基石。

要学习崔其升校长对事业执著的追求，超人的胆识和气魄；学习其日臻完善，永不满足的创新精神等；学习杜郎口人的爱岗敬业、无私奉献、团结合作、见善见迁、闻过则喜、自主、自信，自强不息的精神等。

（3）课堂模式及文化

杜郎口中学的课堂以学生为主体，以学习为主线，以展示为特点，以发展为目的。坚持“把学生当人”作为根本，作为出发点、立足点；把“让学生做人”作为教育的目的和归宿。形成了关注学生现在成长、未来发展的生命课堂模式即“三三六”自主学习模式。实现了“人人参与，个个展示，激活思维，释放潜能，尝试成功，体验快乐，自主学习，个性发展”的课堂文化。

（4）管理模式及文化

杜郎口中学教学的背后是管理。有效、人文化的管理促进了生命课堂的可持续发展。在长期的教育教学改革中，杜郎口中学逐渐形成了“三纵六横一动一静一核心”的管理模式，很好地服务了生命课堂这个教学中的核心。三纵就是三个年级组，每个年级组的主任相当于该年级组的校长，除非特别之事外，年级的大事小事，德育、教学、管理等都是年级主任全权负责。“六横”是指六大学科，即：语文、数学、英语、政史地、理化生、音体美。每一学科的学科主任全面负责全校的该学科的业务及所领导下的教师师德等。学科主任的考核是捆绑式的管理，学科主任的考核要看学科主任所在学科的整体水平，而不是自己的课堂效果如何。一动即学校的验评组，在教学方面其主要负责课堂的“活”，即学生是否主动，生动，快乐等。一静是指质检组，其在教学上主要职责是在验评组的基础上，对课堂进行定量评价。“ 核心”是指校长。校长宏观上要举重若轻、（运筹帷幄之中，决胜千里之外，）指点江山、画龙点睛；微观上要举轻若重、点石成金、把好脉搏。

管理的文化是“领导是标准，榜样是旗帜，整改是关键，评价是武器，自律是提升，创新是主线，发展是目的”。

（5）学校文化

作为一名校长，一定明白仅抓教学不行，只抓管理也不行。因为只抓教学不抓管理，一是教学好不了，好了也要反弹。既抓教学又抓管理才会使教学效果持续，但不一定能长久。因为教学和管理犹如雄鹰的双翼，如果要使雄鹰展翅翱翔蓝天，必须沉淀下自己的学校文化。

杜郎口中学，经过十三年的教育教学改革，逐渐形成了“自主、至善、求实、创新”的核心文化理念，除此之外，“严格是最大的关爱”，“为公是最大的为私”，“公平是最大的凝聚力”，“品位是最大的成绩”等也成为师生共同认可的文化范畴。

3. 引领的落实

（1）计划

学校如何学习、怎么学习、学习要分几个阶段、每个阶段的主要任务是什么、遇到困惑怎么办等，这些学校领导要心中有数，要做好规划，这样才能使教改按部就班，有条不紊地进行。

（2）自学

可以让教师参阅有关书籍或视频材料，从而与学校教改精神保持一致。同时通过教师自学，解决困惑教师思想的羁绊，为践行理念做好铺垫。

（3）参观

有条件的单位可以结合自己学校的实际情况，实地参观学习，让教师亲临其境，使教师豁然开朗。

（4）指导

教改初期或教改进行到一定阶段，学校也可以根据实际情况请进来——邀请领导、教师到校上课、交流。同时让自己学校的教师也上课，让专家给予指点，共同研讨，快速提升。

（5）论坛

学习的过程中，教师有什么样的心得体会、有什么样的观点主张、有什么样的疑难困惑等，都可以通过举办问题沙龙、问题论坛的形式加以交流沟通，解决提升，为课堂改革做理论上以及思想上的支持。

（6）测试

为了检验教师学习的效果，为了转变一部分教师的理念，有必要对教师学习内容进行测试，当然测试不是让教师死记硬背，而是看其对精神实质的理解、想法和尝试等，并且有必要把测试成绩作为业务考核的一个内容。

(7) 实践

有了上述活动，就必须进行课堂实践，把学习的精神运用到实际中去，否则就失去了学习的意义。

(8) 评价

做事不评价，不利于调动教师的积极性，不利于鼓励先进，鞭策落后。要事事评价，时时评价，处处评价，充分发挥评价的作用。如上述的实践、论坛、自学、参观等都要进行适时、适当的评价。

(二) 榜样带动

榜样的必要性。学习了杜郎口中学的教改经验以后，也许是理解了，感觉会操作了，但是，在实际操作过程中会遇到这样或那样的问题，这些都是正常的，千万不要因为遇到了点困难就认为是我们学不来，我们的实际情况不适合学习等。这样就会前功尽弃，半途而废。我们要知道任何改革都不是一帆风顺的，在前进的道路上一定有风风雨雨，磕磕碰碰。我们要知道有问题并不可怕，可怕的是发现不了问题。发现问题，分析问题，解决问题，跟踪问题，这才是我们唯一的选择。因为，发现问题是进步的起点，是创新的源泉。认识到了这些问题，榜样就应呼之欲出，从而用榜样引领教师的教育教学改革，又好又快地前行。

榜样的选择。有了思想的引领，下面就是榜样的带动。榜样从何而来，榜样就从自己的学校中选择。要选择那些认可这种理念的教师，也许，这些教师的教学成绩不是最好的，但是我们选择的是新理念下的引领者，成绩好的教师可以做引领，但是让成绩稍微差一点的做榜样效果会更好。

榜样的打造。因为榜样有一种示范作用，有一种标杆作用，只允许成功，不允许失败，所以，学校可以全力打造示范课，可以打造一两节，成功之后，再在各个学科组内赛课，从而使榜样的作用发挥得最大化。一个时期过后，效果到底怎么样，学校可以邀请有关专家、同仁进行课堂会诊，从而一步一步地走进理想的课堂。

（三）强势推进

强势推进的必要性。在榜样的引领下，教师的课堂操作实践应该不成问题，这时，学校就因该对课堂禁忌的内容在思想引领、榜样带动下，实施强势推进。比如对于课堂的时间模式“10 + 35”。如果课堂45分钟，教师讲解太多，而且是不必要的讲解超过10分钟，这不是教师能力问题，而是教师态度问题，对此学校就理应强势推进，否则学生学习的时间没有保障，学习的效果，学习的快乐、学习的自由、学习的权利等都根本不可能实现，课改也就失去了意义。

强势推进内容。至于哪一些内容或哪一项内容需要强势推进，这要视改革的具体情况而定，没有统一的答案。一般说来，只要是大家认可的，但是却影响课改历程的共性问题，都可以采取强势推进的办法。

强势推进的方法。强势推进的方法多种多样，比如可以采取加大权重的方法，使强势推进的内容占课堂得分的比例加大；也可以实施一票否决的办法，即只要是课堂中违背了强势推进的内容，就可以把课堂得分定位零分等。

强势推进的注意事项。强势推进不是目的，只是实现学生主体地位的权宜之计，是不得已而为之。所以，要做好思想工作，使教师放下包袱，轻装上阵。要让教师真正理解，教师是学生愉快学习、幸福成长的服务者 。要从学生的角度出发，不要只从自己的主观意愿着想，这样，教师才能理解学校的真实意图，与学校一起，为学生的幸福成长而奠基。

（四）跟踪评价

教育教学是一个系统工程，教育效果如何，不要希望通过几节示范课、研究科、过关课等就认为万事大吉了。因为课堂是鲜活的，课堂是动态的，课堂是有灵性的，课堂是富有生命力的……所以，不要毕其功于一役，要有“咬定青山不放松”的精神，做好跟踪、做好评价，形成一个科学、规范、健康的体系，使教育教学改革又好又快地发展。

（五）永恒创新

创新的意义。学习不是目的，目的是形成自己的特色。创新才是学习的出发点和落脚点。不同的学校有不同的文化底蕴，不同的学校有不同的实际情况，所以每一个学校，学习借鉴兄弟学校经验的同时，要形成自己的特色，只有特色的才具有生命力，因为只有特色的才是永恒的。

创新的内容。不同的地方有不同的实际情况，课堂的理念可以一致，但教学模式就可以灵活多样，多姿多彩。比如山东兖州一中的“循环大课堂”、河北天卉中学的“大单元教学”等都形成了自己的课堂特色。

总之，在学习杜郎口中学生命课堂的过程中，思想引领是基础，榜样带动是关键，强势推进是手段，跟踪评价是保障，永恒创新是目的。在实施过程中，既要缩短每一个阶段的时间，又不能急于求成；既要扎实走好每一步，又要走出一条属于自己的新道路来。

第七篇　生命课堂的效果、评价及实效对策

新课改下的生命课堂，课堂上，学生的心灵得以放飞，个性得以张扬，才艺得以展示，情感得以流露，学生争先恐后、百花竞放，脸上洋溢着幸福的微笑，这样的课堂，学生的主体地位得以真正凸显，课堂上尽显生命的狂欢，学生受到尊重，得到关注，人格得以铸造，生命得以关爱。这些都实现得完美无缺。

可是，有些学校在新课改理念下，学习效果没有提升或者与原来持平，有的甚至是成绩下滑，也有一部分兄弟学校，学习杜郎口经验后，有类似的情况，对此，有的人就怀疑主体地位的凸显是不是过了头，甚至是不对等。实际上，经过我们十三年的尝试和探索，新课改下的教育教学，不仅不会影响学生的成绩，反而使学生的成绩大幅度地提升，更重要的是，学生能愉快地学习，幸福地成长。为此我们认为只要加强课堂效果落实的评价，这一问题就会迎刃而解。

一、教师层面：课后反思的五个方面

叶澜教授曾说：教一辈子书，不一定成为名师，但善于反思的教师用不了几年就可以成为名师。我们认为反思三年成名师。可是大家现在想想，仅就课堂而言，对于上过的课你真正反思了吗？有几个人真正去反思过？课后反思的内容是什么？课后反思

的切入点是什么？诸如此类的问题俯首皆是。比如课后反思的切入点是什么？针对这个问题，不同的人有不同的观点。我们认为课后反思的切入点应该关注学生的课堂效果，说具体一点就是把学生课堂的达标率作为切入点。当然并不是说不关注其他事项，诸如学生的积极主动、生动精彩、幸福快乐等。

从这一切入点入手，对课堂进行全面反思，而不是传统意义上的优点、缺点各是什么，今后采取哪些措施等。因为这些传统做法太笼统、公式化，不能引领教师真正去正确地反思课堂、梳理课堂，进而进一步提高教师专业化素养，让学生得到更优质的教育。那么怎样落实这一切入点呢？我们从教师备课入手，教师的备课反思必须有以下五方面的内容：

（一）达标率

1. 达标率

一堂课下来学生对于学习目标的掌握到底是什么情况，教师必须在课堂结束前心如明镜，了如指掌，而绝不是课下才知学生掌握的情况。这一要求就促使老师必须当堂练习，当堂反馈，当堂纠正，当堂反思，真正实现堂堂清。实际上传统的课堂是课下布置作业、课下完成，至于反馈、纠正则只能等到下一节课。由于反馈不及时，所以效果不理想。就是在新课改理念下，部分教师也是匆匆忙忙，或没有达标时间或仓促收尾，至于说反馈的及时性、纠正的及时性也就难以在课堂得以真正实现，课堂效果也就难以保证。所以我们要求教师在课后反思一栏，要如实写出课堂的达标率。

2. 达标率的计算

教师要根据学习目标，精心摘选或编著高质量的题目，提前写在备课上，课中再根据课堂中新生成的问题，编制新的题目。把这两部分汇合在一起，再选适宜题目作为达标题，或通过多媒体、黑板、小纸条、口述等，让全体同学都去练习。练习完毕，抽取几个同学或一个小组作为样本，用学生得分除以满分，再乘以百分率，从而算出达标率。比如一个小组6人，题目满分5分，6人共得21分，则达标率就是21分除以30分，乘以100%等于70%。当然也可以告知大家答案，让小组长统计本小组得分率，从而算出全班的得分率等。

3. 达标的重要性

课堂实际上就是“活”与“实”的统一体。新课改下课堂活了，但效果怎么样？检测的担心，尝试的忧心，只有做过的才放心。实际上只要放手，两手抓两手都要硬，就没有无效的课堂。课堂的“活”与“实”可有一比。“活”相当于让学生欢天喜地地打枣，充满了快乐，充满了欢声笑语，充满了生命的活力。而“实”则相当于把打落在地的丰收的果实，一个又一个甘甜的大枣收入囊中，放进袋中，二者缺一不可。这就要求我们的学生既要打好枣，又要收好枣，绝不能只打枣，不收枣，只“活”不“实”，而既要“活”又要“实”，做到“活”与“实”的和谐统一。

4. 达标的原则

达标的原则就是严格认真。做题时犹如高考，绝不允许学生议论交流，翻阅课本，浏览板面，而应该认认真真，一丝不苟，积极思考，独立完成，这样才能反映课堂效果的真实性。切忌流于形式，走过场，太随意。要瞪起眼来做这件事，当然不是吓唬学生，要讲究艺术。渐渐让学生明白、适应、养成这种良好的行为，时间长了，可以做到无人监场，长此以往，学生将终生受益无穷。切忌教师写不清要求，说不明事项标准，学生开始做题以后，教师还喋喋不休没完没了，让学生听也不是，不听也不是，无所适从。比如有的学生已经开始答题了，教师却又做补充。学生不听，则是不尊重教师，听又影响自己答题等。

5. 达标题的形式

达标题可以是书面形式，也可以是口头表达，动手操作等。比如英语课堂上，同学们学习了 Give up doing sth、do one's best、it's……for sb to do sth 等。在达标时，只要同学们能用上所学的知识，联系生活、联系实际，口头上能表达出流利、规范、正确的英语也就算达标了。又比如语文课上，同学们学习了欲扬先抑的写作手法后，同学们能正确地加以运用，通过说一段话来表现某一主题，这不也叫达标了吗？学习了物理知识，能运用物理知识有所制作，甚至发明，这不是更高层次上的达标了吗？学习了《新集体 新风貌》学生都能关心其他同学，这不也是更高层次上的达标了吗？切莫机械呆板地认为只有书面形式，达标形式要灵活多样，互相补充，并且要在实践中创造出更新、更好的方式。

（二）未过关学生名单

中国教育学会顾明远会长曾经说过：没有爱就没有教育。我认为顾会长说的爱就是大爱。所谓的大爱就是不仅是对优秀生的情有独钟，更主要的表现是对潜能生（我们可以把所谓的差生称为潜能生，因为他们前进的空间、提升的高度比优秀生更大，发展的潜能最大）的倍加呵护。怎么呵护，如何关爱，如何体现教师博爱的胸怀？关注未过关学生就是一个显示大爱的重要途径。通过当堂练习，当堂反馈，及时走进他们、了解他们、帮助他们、提升他们，这样才算是真正关注每一个鲜活生命的个体。优等生需要老师关心，潜能生更需要老师的激活。在备课上写上这些最需要关注学生的名字，实际上就是教师迈向大爱教育的第一步，因为关注的不是成绩，而是通过关注达标，关注的是学生成长历程。

（三）未过关的原因

这些需要教师特别关爱的学生之所以未过关，原因也是多方面的。面对他们，教师一定要认真分析，不要一味抱怨、指责。既然是你的学生，作为教师你就应该承担起对它们的关爱和帮助，这是作为教师义不容辞的责任和义务。不要推三挡四，要勇于承担，用这种积极的心态去做事，没有不成功的。要静下心来，针对这些学生的不同个性特点，深入地了解，走进这些学生心灵的深处，搞清楚这些学生是基础较差还是心理焦虑，是学习不努力还是方法不对，是厌学还是和同学们关系相处不好等。在搞清事实的基础上，采取灵活多样的措施，因材施教，对症下药，建立长久的帮扶计划而不是权宜之计，使这些学生树立自信，敢于挑战，奋勇向前，超越自我。

（四）相应的措施

相应的措施，可通过课上、课下两种途径进行实施。课上措施的实施是主渠道，是帮扶关爱学生的重要场所。可以是全方位、主体式、灵活多样的，或兵教兵或兵练兵或兵强兵，这里的第一个兵不是一人，也可以是多人，也可以是全体，也可以是教师的介入，从而使学生真正受到关爱，激起学习的热情，进而产生学习的强大动力。

课下的措施是课上措施的延伸，比如利用学生晨练的时间等进行思想引领、方法指导。另外周六、周日双休时间布置适量作业时，应该以这些题或相应的变式题目为主。这样，学生才能增强自信心、学生才能对学过的知识趁热打铁，增强效果，学生才能感兴趣，而不是厌倦或根本不去完成。

（五）跟踪回访

跟踪回访是指针对未过关的学生，在一两天后适当的时间进行题目回访，从而检验教师措施的有效性，也促使学生学习的自觉性，也反映了教师对这些学生关爱的持续性。只有这样，才能真正帮学生走出学习的困境，真正帮助他们树立起人生的自信。

二、学生层面：乐于达标

学习本来就是学生的事情，但学生不一定能认识到，为此，就需要教师起主导作用，引导学生认真对待每堂课的达标练习，这是他们收获的时刻、积累的时刻，整合的时刻，沉淀的时刻……要从学生的角度出发，替学生着想，这才是对学生的一种尊重和关爱。比如一段时间，某班学生讨厌学校的抽测，经调查得知，是班主任为了增强同学们的积极性，达标率高则在综合评价中加1～5分，达标率不高的要去掉1～5分。所以学生不愿意被抽测到。教师后来改变了方法，只要被抽测到，只加分不减分，学生都争抢着参加达标。当然，对于未达标的同学要及时鼓励，帮助其分析原因，帮助其树立自信心等，真正使学生乐于与教师一道把达标测评心情愉悦地完成。

三、学科主任层面：题目编著、两回访

（一）题目编著

学科主任在学校质检组统一安排下，要根据学习进度，精心编著达标题目。学科主任一定要精心编著题目，注意层次性、科学性、引导性、注意题目的易中难的比例搭配（可以是：7∶2∶1）。

（二）回访达标情况

教师回访了的学生，学科主任要再回访，当然不可能是回访

所有本学科不过关的学生，可以任意抽取未过关学生进行回访即可，可以用原题，也可以用原题的相应的变式题。

（三）回访措施落实情况

除回访达标情况外，也可以回访教师对学生措施的落实情况。如张云教师备课上写道：教师将利用课间的时间与李凯谈心，对此就要询问李凯，张老师是否与之谈心，谈的效果如何等。这些不是对教师不放心，而是对学生太关心。

四、年级主任层面：抽测的具体操作

年级主任要具体负责实施。年级主任要和学科主任协商好，有计划地每周安排一个学科的抽测，可抽测一个年级的部分学生或全体学生，次数且不可过多，否则失去应有的价值。为此，年级主任要保质保量地去完成，完成测试的组织，完成结果的分析，及时召开相关人员会议，及时研究对策，把有关结果一式两份，一份给学科主任，一份给学校质检组。

五、质检组层面

（一）评价内容

课堂效果落实评价

1. 教师个体课堂的随机抽测

质检组人员要通过随堂听课，根据上课教师课堂上所涉及的内容，及时编著题目，及时抽测、及时反馈、及时公布、及时张贴达标结果。

2. 某学科群体学生的随机抽测

根据学习进度，质检组人员可精心编著题目，注意基本题、变式题、综合题的比例。利用自习时间进行抽测。每周可抽测一个年级的部分学生即可，数量不能太多。

除此之外，质检组人员还要三查，检查学科主任回访记录，检查任课教师回访记录、检查教师备课等。

（二）评价考核

我们可以根据不同学校的不同情况，制定不同的达标率。杜郎口中学教师个体的课堂随机抽测达标率是75%。75%以下课堂得分记为0分，75%计25分，76%计26分，以此类推。为了鼓励先进，若超过90%达91%时则每增1分计2分，即90%计40分，91%则计42分。

群体学生的随机抽测时，由于学生面更广泛，所以评价标准有所降低，杜郎口中学的标准是，达标率是50%计0分，51%计1分，超过90%达91%，则每增1分计2分。

当然75%、50%的达标率仅是参考，不同的地方完全可以有所不同。

以上均列入教师的考核，教师业务的考核，计算公式是：

〔（一学期教师课堂平均得分+群体抽测平均得分）÷2〕÷课堂满分分数（如50分）×业务考核满分分数（如60分）×100%

这样就把过程和结果完美地结合起来，促使教师真正用心去精心打造每一节课堂。

愿景：我们的目的就是使师生进一步增强质量意识，使课堂活而有效。不久的将来，学科组、年级组、质检组都将不复存在，使学习真正成为学生自己的事。

（三）注意事项

1. 不测评情况

课堂不主动积极、不生动精彩、不幸福快乐则不予以测评，成绩直接记零分。也就是说，课堂的“活”是基础，没有“活”，“实”（达标率）直接就是零分。

2. 整改情况

态度不端正，无激情，严重失误的课堂，不仅是零分，而且要予以叫停，及时整改。

第八篇　生命课堂关键问题30问

1. 你们育人工作是怎样抓的？

答：我们提出了先育人后教书、成才先成人、育人先育德的口号。教师人人是班主任，都肩负着育人的任务。并且教师都要承包学生，负责他们的思想沟通，情感交流，并且记入考核，育人记录占总考核的一定分数，转化学生的工作占较大的分数。

2. 崔校长提出的“四看”、“四有”、“四学”是指什么？

答：“四看”是指领导班子看校长，班主任看领导班子，教师看班主任，学生看教师，这就要求上至校长，下至老师都要身先士卒，以身作则，做学生的楷模。“四有”是指领导班子成员要有品格、有思路、有本钱、有力度。这样的领导班子才是有凝聚力、感染力、亲和力、向心力的领导核心，才能领导教师干出点事来。“四学”是指向先进的理念学习、向专家学习、向同行学习、向学生学习，只有不断地学习、永不满足，才能时时创新，立于不败之地。

3. 好学生帮助差生，不影响他们的成绩吗？

答：不影响，反而促进了他们的发展。比如向差生讲解的同时培养了好学生的语言表达能力；后进生听不明白，促使他们另辟蹊径培养了他们思维的广阔性；再者，促进了他们之间的情商，他们之间人际关系特别好，后进生将来会感谢他们的，还有让他们从中体会到帮助别人是一种美德。

4. 你们有作业吗？没有的话如何知道学生掌握的情况？

答：没有，学生上课时通过在黑板上的板演，教师可以发现学生的学习状况；通过学生的展示、归纳、总结、提问题以及每堂课的达标测评反馈的信息都可以掌握学生的学习情况，这些都是检查学生的手段，不一定非要通过作业来检查。

5. 听一位老师讲没有赏识的课不是好课，除此之外，还有没有类似的建议?

答：没有赏识的课不是好课；

没有激情的课不是好课；

没有亮点的课不是好课；

没有问题的课不是好课；

没有生成的课不是好课。

6. 你们如何评价一堂课?

答：看学生是否主动、是否生动、是否快乐、是否有效。主动是指：学生参与面广，主体性强，语言上主动，敢说、愿说、善说、会说；行动上主动是指：或坐、或站、或蹲、或立；思维上主动是指：学生发现问题，质疑答惑，思维碰撞，思维的广阔性、深刻性、灵活性提高；心灵上主动是指：学生心灵放飞、情感得以流露、激情得以燃烧。生动是指：学生精彩、表达上情真意切、抑扬顿挫、绘声绘色、栩栩如生、语速适中、语音语调准确，声音洪亮。亮点不断、精彩无限。

快乐是指：学生兴趣浓厚、融入其中、生龙活虎、乐此不疲。

有效是指：目标的三维性得以很好地实施。能培养学生持续发展能力，为学生终身发展奠基，学生学会了做人、做事。

7. 请说一下如何学会做人?

答：课堂上教师赏识学生、尊重学生、激励学生、关爱学生、长此以往，课堂上学生的耳濡目染、潜移默化，学生也就学会了尊重他人、关爱他人，从而学会了做人、做事。

8. 你们的课堂好坏不是看教师讲得多么精彩，而是看学生的精彩度，那么教师在课堂上干什么？

答：教师在课堂要及时地引导，温馨地呼醒、亲切地鼓励、积极地赏识、创设情景，并且还要通过这些手段塔建一个和谐、民主、宽松、平等、开放的平台、培养学生的创新精神和实践能力，让学生都动起来、课堂活起来、效果好起来。

9. 这样的课堂对老师的要求是不是降低了？

答：不是降低了，对教师的要求反而更高了。面对学生的质疑、面对学生的挑战、面对学生的拓展、面对学生的延伸、面对学生思维的碰撞……有些问题老师也不会回答，这些都要求老师真正要下工夫挖掘文本、掌握驾驭课堂的本领。

10. 你能不能举一个例子？

答：以一节教学课为例，一位女学生说：老师你的说法欠妥当，当 m 取$\frac{1}{2}$时，你说的二者就不是相反数。这位女同学敢于说教师的说法欠妥，敢于向老师挑战，从某一程度就折射出这位教师已经给了学生一个敢于质疑、敢于表达自己见解、宽松、民主、的氛围。

11. 评价时，分数低的老师，他们的情绪不受影响吗？

答：一开始可能受影响，时间一长，我们的教师都深知“严格是最大的关爱”，老师对此是闻过则喜，见善则迁。他们对得分，心服口服。你不给他提建议，他们往往追着你去问，否则你是走不了的。

12. 你们对这些所谓暂时落后的老师怎么办？

答：采取帮扶措施：校验评价组、年级组、班组、优秀教师等多管齐下，换位思考，真正关心，对他们有真正的关心之情；通过交流，沟通思想，通过交流沟通思路。让他们放弃自卑，树立自信，产生激情；再通过教师与学生的交流，让学生产生主动性、创造性、参与性的积极之情。即关爱之情，激情、积极之情“三情共振”，一个好课堂就产生了。当然要跟踪听课、要持之以恒，要有“咬定青山不放松”的精神，直到课堂效果有起色为止。

13. 不看教师讲的精彩与否，教师还用精心设计语言吗?

答：用，不仅要用，而且要匠心独具、别出心裁，要有艺术性。比如上课时教师见学生站不好，往往是命令式“你站好!”特别生硬，一定也没有人文关怀的意味，更谈不上艺术性，难以让学生接受。如果这句话改成“你不如昨天站得好”或“我更喜欢站得好的学生”。既解决了问题，又乐于让学生接受。所以对于课堂上本来话就少的教师来说尤其要做到以人为本，关注生命，精心设计好每一句话。又比如督促学生完成事情说“快点”就不如改成“看哪一位同学用三分钟最先完成”更富有挑战性，学生更乐意去做。

14. 你们还需要学习别人吗?

答：更需要，因为越是前进，越是感觉到能力的欠缺、知识的有限、学习的空间之大，我们将虚心提高各方面的素养，以对得起所教的孩子。

15. 你们学校的升学情况怎么样?

答：近年中考成绩

2005 年中考考生中，268 人报考茌平一中，267 人录取；2006 年、2007 年、2008 年、2010 年中考成绩居全县前三名；2009 年中考优秀率高出其他乡镇近 20 个百分点。

学生后续发展

2005 年聊城市高一全市文理联考，理科前十名杜郎口的有 4 位，文科前十名杜郎口的有 2 位；2006 年茌平一中高考重点本科上线率统计显示，杜郎口籍毕业生高出其他乡镇 18 个百分点。

2007 年、2008 年聊城市高考前十名分别有杜郎口的两位和四位。

高中三个年级，杜郎口中学的毕业生担任学生会主席的有两个年级。袁斌担任高一年级的学生会主席。

刘同庆担任高二年级的学生会主席，尤其是提到刘同庆同学的时候，高中校长赞不绝口，刘同庆同学不仅成绩好，而且组织能力很强，对于全校的演讲比赛，歌咏比赛进行全场安排，维持会场秩序，说到这些时，刘同庆同学自豪地说这一切源于初中的活动锻炼。体操比赛中领操的都是杜郎口中学的学生，体操比赛的前四名都是杜郎口中学的班干部训练出来的。

实验班的学生在课堂中敢问敢答，积极踊跃，凭着杜郎口中学扎实的自学能力，徐媛媛同学在高手如云的优质班期末统考中进步了四五十个名次。

学生的创新能力

在各级各类活动中以及山东省举行的青少年科技创新大赛中获众多个人第一名和团体一等奖。

16. 达标率差怎么办？

为了检验课堂效果的落实，课堂上可以对学生进行达标测试，测评的效果差了怎么办？

答：（1）教师批评指责。这是部分教师常用的方法。教师一看达标率低，便火冒三丈，心有怨气，不思己过，却抱怨学生不认真审题，不认真计算，不动脑思考等等。学生在这种充满火药味的氛围里，年纪如果小几乎都吓坏了，哪有心思再去听如何去做，时间长了，学生一看老师就知道吆五喝六，着急上火，别无他法，就会越来越不在乎了。

（2）教师强调讲解。

这也是大部分教师常用的方法。这样的教师尚能心平气和，实属不易，但是效果一般，因为该出错的下次又错了。为什么会出现这种效果呢？因为教师一厢情愿，尽管错了，还不愿意把更多的思考时间留给学生，而是让学生被动地接受，机械记忆，效果怎么能好。

当然，还有一部分教师先批评指责，后强调讲解。

(3) 教师放手发动。

这样做的教师不多，这样的教师气定神闲，担当意识强，反思到位，有品位，讲艺术。达标率差了以后，找同学把所做答案抄写在黑板上，正确与否，教师不去讲，而是学生的事让学生自己去解决。谁对谁错，答案自然揭晓，然后互动合作，使做错的同学编出类似的题或其他同学编出类似的题目，进一步艺术性强化，不动声色，不为而为，效果却出人意料的好。

17. 杜郎口中学的管理模式是什么？

答：几年来，我们学校探索并初步形成了“三横、六纵、一动一静、一核心”的学校管理模式，形成一个权责明确、纵横交错的管理网络。

“三横”指三个年级主任的管理。年级主任每天都要坚持听课，并依据一周内每班上课情况考评班主任。年级主任根据各班任课教师课堂的平均得分来考核评价班主任。

“六纵”指六个学科主任的管理。学科主任是由教研组长演变而来的，学科主任是我校教学的第一责任人。学科主任每周例行三节公开课：优秀教师的观摩课、一般教师的研究课、薄弱教师的整改课。

“一动一静”指的是学校层面的管理督查部门。“一动”是验评组工作。主要负责从过程方面评价课堂教学。“一静”是质检组工作。质检组主要从结果层面来检查学生的学习成效。一验评一质检，一动一静，把过程和结果完美地结合起来。

“一核心”是指校长。校长是学校的核心人物、灵魂人物，负责学校全局性、重点性工作的处理，具有最高管理权和最终决策权。

18. 杜郎口中学的学校文化是什么?

我校的课程改革之所以勃发出强大的生命力，既与科学合理的课堂改革，严格有效的管理体制息息相关，更得益于积极向上的精神文化。杜郎口中学十几年来构建了独特的学校文化即自主、至善、求实、创新。核心文化理念还有：严格是最大的关爱，为公是最大的为私，公平是最大的凝聚力，创新是最大的发展力等。教师自我约束、自我管理、自我成长。公开课自主申请，公益事自主参加等等，学校形成了“人人是主人，个个是校长”的自主氛围。课堂外，学生自我管理，课堂上学生主动参与。学校一切从实际出发，脚踏实地抓过程、抓细节，落实新课改理念。在创新方面，通过创新活动，学生的创新意识得以提升，学生的综合素质得到进一步的锻炼和培养。

19. 你们的教师累吗?

累与不累是一种心态，心不累就不累，心累就累。杜郎口中学规范办学，认真模范遵守教育教学有关法规政策，保证教师学生的各种合法权益的落实。上午前三节课，下午的三节课，教师要办公。办公的形式和地点可以灵活。教师可以听课，可以上网查阅有关教学信息，可以到图书馆阅读，可以开展教研活动等。其他时间，教师可以自由支配。

也许教师们注意到我们的教师比较忙碌，因为毕竟我们的部分老师每天都要与外校的教师交流，这些工作是正常教学以外的工作。但教师们感觉通过交流，各个方面提升了很多。外校教师都是杜郎口中学前进、发展的指导者、帮助者、支持者，都是杜郎口中学的恩人，杜郎口中学的教师都不会也永远不会怠慢他们，需要真心实意地向他们学习，也再次感谢他们对我们教师的关注。

20. 城市的孩子晚上没有晚自习，不愿完成作业、预习任务怎么办？

答：面对这样的问题教师常见的做法有：

（1）出现了问题，不是积极面对，而是抱怨、牢骚，为不改革找借口。

（2）发现问题，推给领导，知难而退。

（3）不能静下心来，面对问题，找准原因，对症下药。

（4）发现问题，没有科研习惯，科研意识差，不愿把遇到的困惑当作课题去研究，做大、做强、做好，这也导致了教师职业的幸福感差。

面对改革中的这样或那样的问题，反映了教师的品味和境界。

常用的办法：

（1）评价法

学生的作业或预习任务完成的效果不好，责任不在学生。我们教师可以想一想：我们布置的作业量是不是太多了？作业的有趣性是不是太淡了？作业的价值性是不是太小了？作业的布置是不是太随意了等等。

上述问题如果不存在的话，我们是不是做到了“言必行，行必果”？我们让学生做了作业，我们有没有检查或检查的力度到不到位？检查的方式是生硬还是艺术？

对于作业，上课伊始，首要任务就是作业的检查，有的教师怕影响学习进度，草草收兵，实际上，这样的作业还不如不布置。因为这样做给学生了一个错误信息：作业可以不完成，可以完成不好，做得好与差都无所谓。因此，对于学生的作业教师一定要评价，让完成好的学生介绍经验，让差一点的学生表一表态度，这样，好的更好，差的也会进步。学生也才会认真对待这件事，激起学生的强烈表现欲望。

（2）鼓励法

对于有些积极性不高的学生可以采取鼓励的方式，比如对于张三同学，教师就可以悄悄地告诉他说：老师相信你明天到校后，一定会把这一课的生字词全部写对，并且你要做好发言的准备。第二天就要格外关注张三同学，并且要注意及时赏识，让张三同学发言，我想张三同学的作业一定会一次比一次完成得好。

（3）竞争法

对于作业时常完成不太好的学生，可采取让他们竞争的方法。比如对于王三、李四两个学生。教师就可以悄悄地告诉张三说：老师相信你明天到校后，能把这一课的生字、词写对6个（假设应该会写10个，要注意降低要求）。另外，告诉你一个秘密，李四说，他上课时会写对7个，到时，你们两个写的多的要介绍一下经验。同样的话还要悄悄地告诉李四。老师就这样两边来回“忽悠”，“煽风点火”，利用学生不服输、爱面子的心理需求，激活学生的内在潜能，满足他们自我实现的需要，何乐而不为呢？何尝不成功呢？

当然方法还有很多，这些也只是抛砖引玉而已。

另外一定注意作业的价值性。作业的内容可以是学生课堂上错过、但后来又做对的题目，这样学生就认为作业不是负担，又因为自己会做了，有一种幸福感，增强了自信心，在这种幸福感的情绪中，作业也就不是讨厌的事了。为了使学生跳一跳能够得着，除了有做错过的题目以外，还要编制相应的变式题，从而使学生学知识长才能，能举一反三，触类旁通。

21. 对于小组合作学习我们应该评价什么？

答：小组建设的初期，学生发言的积极性往往不高，这时，评价的重点应该是小组内每个学生的发言次数，当学生有了积极性以后，评价的重点就应该是发言的质量，如对于问题的拓展、延伸、提升，对于规律的挖掘和发现等。

除此之外，根据课堂中存在的不同问题，评价时可重点加以评价。比如当需要强化学生表达的精彩性，培养学生质疑问题的能力等，这时的评价就可以对这些内容加大评价的权重。可见，对于小组合作学习的评价不是固定不变的，而是动态的，变化的。

当然评价是权宜之计，没有评价的评价才是最好的评价。

22. 大班额的班级可以小组合作学习吗?

答：可以。大班额的班级只不过是比小班额的班级学生展示的空间小了，但是并不影响教育理念的落实。班额大空间小，走动不便，为了方便在小组内进行展示，可以把两排桌子对起来，中间设计出一块两边都能用的黑板，书写的时候就不用到四周的黑板上，用时把黑板拉出来，不用时，把黑板按下去即可。

小班额的班级，也不是说每一名同学都要到聚焦处去展示，这是不可能的，也是不科学的、低效的。比如一节课40分钟，班里有40名学生，每一名学生在聚焦处展示1分钟，一节课就结束了，大家可以想一想，这样的课堂是不是低效的。所以，不论班额大小，要做到“小展示”与“大展示”的相互结合，以“小展示”为主，解决不了的问题，重点、难点问题，需要举一反三，触类旁通的问题等有必要展示的才会采取“大展示”的形式。“小展示”就是小组内的自主学习、合作探究的过程。“大展示”就是面向全体同学的讲解、质疑、争辩、拓展、延伸、提升、发现、发明等。

小组合作学习的一个重要目的就是让小组内每个学生之间建立一种“战略合作伙伴”关系，互帮互学，共同研讨，共同提升，共同发展。通过合作，培养学生团结合作意识的能力，培养学生交流沟通的能力，培养学生语言表达能力，为学生的终生发展奠定良好的基础。

总之，学生的人数比较多，只不过是学生展示的空间小了一些，但是并不影响学生主体地位的凸显。就是学生人数比较少时，也并不是全体学生都要到聚焦处去展示、去讲解、去点评。不论人数多还是少，学生主体地位的凸显，都是要靠学生小展示（小组内的展示）和大展示（面向全体同学的展示）的相互结合，这样，才能真正实现学生自主、自觉、自动、自发、自由的展示。

23. 杜郎口中学四面设置黑板对于课堂教育的意义是什么?

杜郎口中学的课堂，四面黑板的增设，是实现主体地位回归的重要手段，是落实生命教育的重要体现。它的意义主要有三点：

(1) 生命的尊重。

四面黑板的设置达到了对生命尊重的极大化，增强了学习的有效性，而有效性是对学生生命尊重的基石。同学们把自己的见解写于板面上，错了，同学们会把错误作为一种优质的资源，通过生生之间的互助合作，质疑争辩，实现错中取胜，实现化腐朽为神奇。有了问题，及时书写、及时更正、及时练习、及时反馈、及时反思，提高了学习的效果。黑板的设置，使课堂艺术性练习成为一种常态。板面恰当地多次运用，使学生课下不再有课外负担，实现了“零作业”，使轻负担变成现实。

(2) 生命的成长。

当学生写的内容被同学们、教师认可时，心中涌动的是幸福的暖流，留下的是自信的种子，萌发的是求知的欲望。学生的学习就是在这种解放下获得自由，在自由下获得释放，在释放下获得自信，在自信下获得快乐，在快乐中逐渐成长。学生在思维碰撞中，思维的深刻性、广阔性、独到性、批判性、灵敏性得以培养；倾听、宽容、合作、表达能力得以加强，学生自由呼吸，自主成长。

(3) 生命的奠基

四面黑板的设置，对于学生性格的塑造、美好人性的培养意义重大。学生在练习本上书写，可能比较自由、随意。但在黑板上书写，没有哪一个同学不愿意写好，因为字如其人。写差了，显得自己没有水平，没有面子。所以，同学们都愿意规范认真地去书写。黑板上学生的书写，不仅仅是书写本身，更为重要的是通过书写要让学生养成一种认真的习惯：只要做事，就像写字一样，认真、严谨、一丝不苟。教师就要通过书写这件事，让学生把做事就认真变成一种习惯，让认真的习惯变成认真的性格，让认真的性格成就学生辉煌的未来。从这个意义上讲，四面黑板的设置，抓书写，抓的是素质，塑造的是性格，奠基的是未来。

24. 很多先进学校昙花一现，你们的学校能走多远？

答：学校能不能走得更远，在于学校是否形成了自己的文化。没有文化作支撑，一个学校是走不远的。

杜郎口中学的教育教学改革，经过13年来的教育教学改革，教学上形成了以“三三六”自主学习模式为主的课堂文化理念即“人人参与，个个展示，激活思维，释放潜能，自主学习，个性发展。”管理上形成了“三纵六横一动一静一核心”的管理文化理念即“领导是标准，榜样是旗帜，整改是关键，自律是提升，评价是武器，创新是主线，发展是目的。”学校文化上形成了“自主、至善、求实、创新”的核心文化理念。我想，杜郎口中学有了这种长期积淀形成下来的文化，杜郎口中学的道路会越来越宽广的。不仅不是昙花一现，应该是与日月同辉的。（作者与李镇西校长的对话）

25. 教师对于学校的课堂考核制度满意吗？

答：应该说大家对学校的课堂考核制度相当满意。原因如下：①考核制度来源于教师。学校充分尊重广大教师的积极性和创造性，任何制度的形成都能够做到充分发挥民主，通过问计于师，利用集体的智慧，然后再梳理成体系，再把初步意见反馈给教师，广泛征求意见，最后形成实施方案。在实施过程中，及时吸纳合理的建议，对制度进行不断补充和完善。这样形成的制度，有民主又有集中，代表了广大教师的意愿，按广大教师的意愿去实施，教师从心里乐意，所以，执行起来，阻力很小。②考核制度服务于教师。考核不是目的，目的是通过考核，充分调动教师的积极性，提高教师的专业化发展的素养，进而提高教师的职业幸福感。③考核的过程性。考核不是一次性的，而是过程性的，发现问题，及时解决，给教师足够的人文关怀，足够的前进空间，使教师都充满希望，享受育人教书的快乐。

26. 课堂活而乱怎么办？

答：在新课改下，学生在课堂上畅所欲言，心灵放飞，个性张扬，自由呼吸，自主成长。但是在初始阶段往往会出现学生活而乱的场景：学生你不让我，我不让你，你说我也说，你争我也争的无序状态。针对这种情况，教师应如何处理呢？

（1）抓好“第一例”

一次我在某小学参观，一位女教师正在上语文课，我和她们学校的校长刚步入教室时，学生正在展示自己的学习成果。只见学生激情饱满，口若悬河，你方唱罢我登场，好不热闹。同学们的展示一结束，对展示得如何进行评价，大家的热情不减，你一言我一语，互不相让。可是，却不像刚才一样有序了，乱成一锅粥，听不清谁在说什么。这时，语文教师也一反刚才的人面桃花，满脸含笑，脸上是阴云密布，声音是声嘶力竭：同学们，你们能不能一个一个地讲……学生照讲不误，教师的大声命令，被学生的争抢声所湮没……课下我与这位教师交流，说起此事，谈了自己的想法。

抓好“第一例”。上述场景中，学生的强烈表现欲望，已经远远大于了要听教师的命令，也许学生对这个问题有很多要说的话语，所以争着抢着回答，全然不顾教师的“最高指示”。这时，教师要冷静处理，要抓好第一例。也就是说，教师要找出第二个或第三个发言的同学，或者说只要找出不是第一个发言的学生即可，或者随意找出发言的一名学生。教师要当着全体同学的面进行调控，要问这名学生：你是不是第一个发言的同学？如果不是，你发言的目的是不是想让大家听清楚？你既然不是第一个发言的，同学们还能听清楚吗？既然听不清楚，你该怎么办？我想，这位学生一定会知道礼让了。看似是给这名学生讲的，实际上是说给大家听的，通过这件事，大家就知道了倾听的重要性，这远比教师生硬的告之学生：要学会倾听，倾听不仅是一种智慧，更是一种美德效果要好得多。所以教师遇到问题时，要少些指示和命令，多些方法和策略。

(2) 限制法

对于课堂上积极表现的同学，如果发言次数过多就可以比较婉转地告诉这些同学：能不能把发言的机会让给没有发言的同学。

(3) 评价法

对于同一个问题，尤其是难度不大的问题，优等生回答，可以不加分，中等生回答，可以加5分，潜能生回答，可以加20分等，从而保证课堂的有序有效性。(诚然，优秀学生可以回答其中的规律、本质等，这时，可以多加分数，以保障全体学生的共同进步。)

当然，除上述方法外还有很多措施，只要大家重视了，就一定有更有效的办法。

27. 杜郎口中学初一的学生如何尽快适应学校的新模式？

答：杜郎口中学初一的学生，有一种得天独厚的条件，他们到杜郎口中学后，第一步是由任课教师带领他们到初二、初三的课堂上去听课。也许，他们听不明白上课的内容，但是课堂上学生们你争我抢，欢呼雀跃，质疑争辩、互动提升的场景会感染他们。教师会告诉新生，这样的课就是好课，然后再通过上课的实践，假以时日，学生短则一周，长则半个月，新生就可以适应这种新模式了。

如果从根源上说，学生适应得快是因为，这样的模式学生喜闻乐见，满足了学生的旺盛求知欲和强烈的表现欲，能体现出学生自由呼吸、自主成长的生命需求。

28. 学习杜郎口理念后，我们该怎么做?

答：可以从以下几方面做起。

（1）思想引领

（2）榜样带动

（3）强势推进

（4）跟踪评价

（5）永恒创新

29. 学习杜郎口理念后，我们改革需要多长时间能成功?

答：学习杜郎口理念之后，改革大致需要经历四个阶段：一是模仿阶段，二是困惑阶段，三是探索阶段，四是创新阶段。要想成功，必须真学，学透；真改，改实。短则半年，就可以成功。这样的例子在全国各地都有。

30. 杜郎口中学的教改经验适合小学、高中吗?

答：不仅适合，而且全国各地小学、高中学校，通过学习杜郎口经验，他们的学生真正地获得了快乐，健康成长变成现实。教师享受育人的快乐，学生享受成长的幸福。这样的例子如山东的兖州一中（高中）、海口的蓝天教育集团（小学、初中）等遍及全国20多个省200多所学校。

第九篇　生命课堂课例演示

一、优秀说课稿选登

《勾股定理》说课稿

（一）说教材

《勾股定理》是同学们在学习了任意三角形的“两边之和大于第三边，两边之差小于第三边”的基础上，探究直角三角形的特殊三边关系进而进行勾股定理的猜想、验证与证明，了解勾股定理证明的探究方法及其内在联系。“勾股定理”是反映自然界基本规律的一条重要结论，它揭示了直角三角形三边长度之间的数量关系，它的来源有着悠久的历史，在数学发展中起过重要的作用，在现实世界中也有着广泛的应用。它在日常生活中有着非常广泛的应用，是学生以后学习锐角三角函数、等腰梯形的计算以及相关圆中的相关计算的重要知识，而且也是学生体验数形结合思想的重要内容。

（二）说学习目标

1. 知识目标

体验勾股定理的探索过程，掌握勾股定理的内容，运用勾股定理解决实际问题。

2. 能力目标

（1）引导学生通过实验、观察、猜想，探索勾股定理，培养学生动手操作、自主探索、合作交流的良好学习习惯，从而培养他们的合情推理能力，实践能力与创新精神。

（2）在探索勾股定理的过程中，让学生充分体验认识“数形结合”、“特殊到一般”以及“数学转化”等多种数学思想方法，从而提高数学素养。

3. 情感目标

（1）通过介绍中国古代在勾股定理研究方面的成就，让学生体会博大精深的祖国文化，激发学生热爱祖国的思想感情，激励学生奋发图强、努力学习，不断进步。

（2）通过学生探究勾股定理的过程，培养学生的科学探究精神以及合作交流的能力。

（三）说教法和学法

“先学后交，当堂拔高”。所谓先学，指的是学生结合教材和学案先进行自学。在自学过程中遇到困难，可以同桌交流，可以小对子交流，可以小组交流，可以和老师进行交流。在学生学习过程中，教师巡视，对学生出现的个别错误和失误及时进行指导。后交，指的是展示。数学课是学生成果的展示课，学生数学才能的展示课。在展示过程中，教师追问，师生共同提升解决问题的方法、规律和技巧，达到当堂拔高的目的。教师设计一系列有启发性、挑战性的问题情景、例题练习，激发学生的学习兴趣。引导学生通过动脑思考，动手实践，自主探索、合作交流活动中发现新知识与发展能力；教师通过适当的引导使实验、观察、猜想、归纳、推理、验证贯穿于整个学习过程。培养学生“动手”、“动脑”、“动口”的习惯与能力，使学生真正成为学习的主人。

（四）说学习过程

整个教学过程的程序流程图如下：

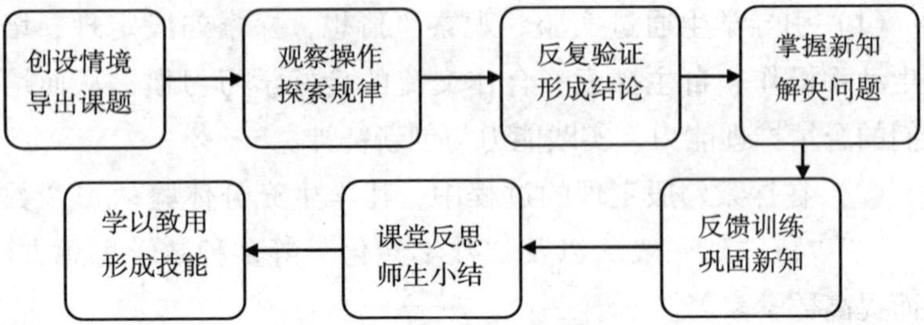

1. 创设情境导出课题。我采用问题引入和图片引入相结合的方式。

(1) 问题引入，导入新课

同学们，在前面，我们曾经学习过任意三角形的三边关系“两边之和大于第三边，两边之差小于第三边”。直角三角形作为一种特殊的三角形，它的三边除了具备上述性质外，还有哪些特有的性质呢？

(2) 图片引入（利用多媒体呈现下图）

在 2002 年北京召开的国际数学家大会上，会场的中央悬挂着一个由 4 个直角三角形和一个小正方形组成的大正方形的图案，这一个图形有什么用呢？它对于探究直角三角形的三边有什么用呢？今天就让我们一起来教学探究。

关于勾股定理的得出我采用学生先感知——猜想——验证

——证明——应用的全过程，设计了如下探究活动：

探究活动1

请同学们从以下数据中选择任意一组作为直角三角形的直角边长，量出斜边的 长度。请计算出三边的平方，你会发现什么结论?

（1） 3cm，4cm （2） 6cm，8cm （3） 5cm，12cm （4） 8cm，15cm

探究活动2

请同学们观察屏幕上的右上图（网格图中最小正方形的边长为1)，思考后小组交流，探究以下几个问题：①网格图中的△*ABC*是个什么特殊的三角形？*AC*与*BC*的长有何关系？②如果分别以△*ABC*三边为边长向外作正方形，其面积应如何计算？它们之间存在着怎样的关系？③图中的线段*AC*、*BC*与*AB*的之间存在着怎样的关系？说说你的猜想，叙述你的发现？（学生自主探究、合作交流）

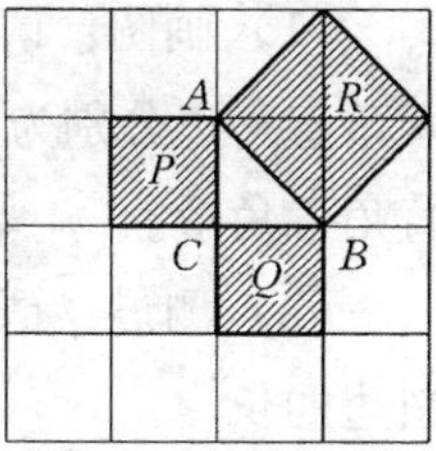

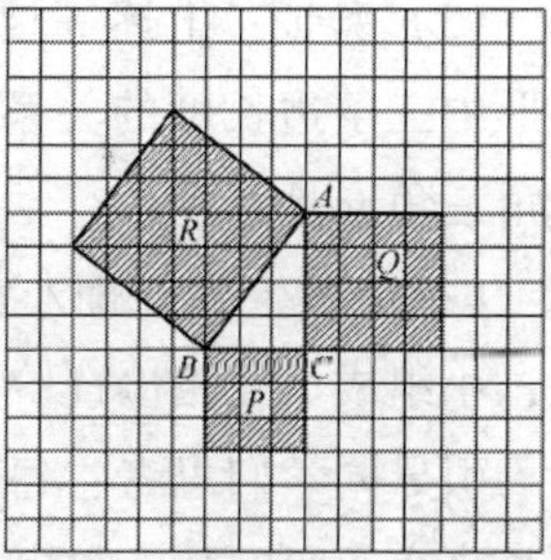

（每一格表示1平方厘米）

利用课本中提供的数方格的方式。先让同学们探讨以等腰直角三角形的三边为边长构成的三个正方形的面积分别含有多少个平方单位？你会得出什么结论？

小结：在等腰直角三角形中，两条直角边的平方和等于斜边的平方

探究活动3

上图中的等腰直角三角形是特殊的直角三角形，那么对于一般的直角三角形是否也有同样的结论呢？你能按上面的方法验证

吗？（学生合作探究，教师用多媒体演示上图）

再让同学们探讨以非等腰直角三角形的三边为边长构成的三个正方形的面积分别含有多少个平方单位？你会得出什么结论？

通过这个探究活动，我们会得出一个相同的结论：正方形 A 的面积加上正方形 B 的面积等于正方形 C 的面积。

探究活动4

如右方格图中，请按要求完成以下各题：

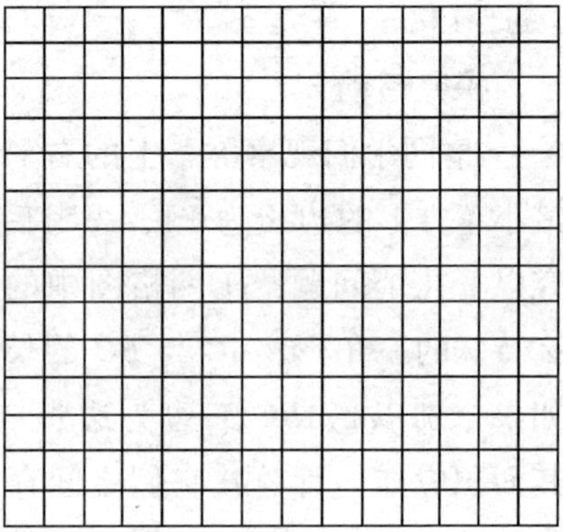

（1）画图：请用三角板画出两条直角边分别为5cm、12cm 的直角三角形。

（2）测量：请用刻度尺量出斜边的长。

（3）验证：上述等腰直角三角形中三条边长度的关系对这个直角三角形是否成立？

（指定一生到前面小黑板网格中演示画图，其余学生独立完成，小组成员互相检查、讨论探索）

引导同学们思考：每个正方形的面积你都能用直角三角形的边长来表示吗？从而得出勾股定理。

小结：在直角三角形中，两条直角边的平方和等于斜边的平方。

（由学生发表看法，师生共同补充、完善，以共同得出勾股定理，而勾股定理的理论证明将在第二课时进行重点探讨）

【设置意图】本环节通过学生画图、测量、验证、归纳结论，让他们通过亲身体验主动获取知识的过程，培养了他们的动手实践、探索能力。

2. 掌握新知、解决问题

（1）（口答）如下图，求以下直角三角形中各未知边 x 的值？

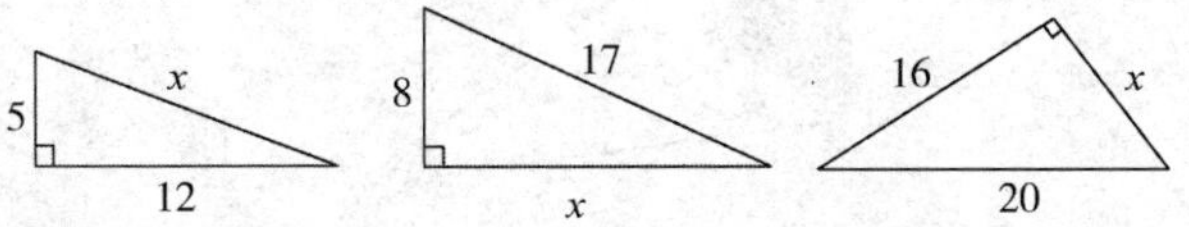

（2）例：如下左图，已知将长为 2.5 米的梯子 AC 斜靠在墙上，BC 长为 0.7 米。

①求梯子上端 A 到墙的底端 B 的垂直距离 AB？（课本例 1 变式）

②如下右图，如果梯子顶部 A 滑下 0.6 米至 D，那么梯子的底部 C 向外也会滑出 0.6 米吗？如果是，请说明理由？如果不是，那么滑出多少米？（精确到 0.01 米）

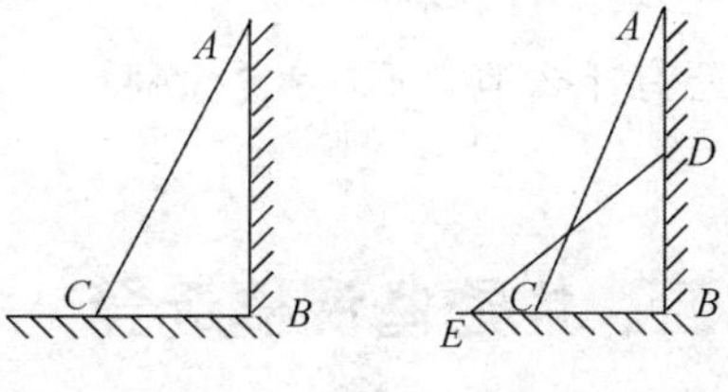

【设置意图】（练习、例题由易到难、由浅入深，直接体现了勾股定理的应用与简单变形，有一定的梯度，为学有余力的同学提供了展示才能的空间，较好地体现了新课标所倡导的新理念。此外，例题练习取材于学生所熟悉的生活实例，注重培养学生将所学知识应用于日常生活的意识，为学生今后的数学学习打好基础，指明方向。）

3. 反馈训练、巩固新知

如下图，为了求出位于湖两岸的两点 A、B 之间的距离，一个观测者在点 C 设桩，使三角形 ABC 恰为直角三角形。通过测量，

得到 AC 长 160 米，BC 长 128 米。问从点 A 穿过湖到点 B 有多远？

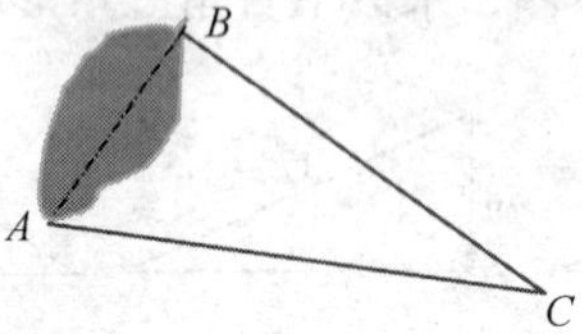

措施：先让学生独立思考，然后选代表进行板演，最后让学生在全班进行展示。重点训练学生解答步骤的规范性。

预见性问题：学生的解答步骤，语言表达可能不规范，教师要及时引导、纠正。

4. 课堂反思、小结评价

教师引导小结：

（1）谈谈本节课你学到了什么新的知识与数学方法？

（2）你发现了什么？有何收获？

（3）本节课你还有什么地方不懂？（徐利）

二、优秀备课稿选登

马　说

韩愈

（一）轻松起航——文体、作者

说：（议论文）是一种议论性的古代文体，大多是就一事、一物或一种现象抒发作者的感想，写法上不拘一格，行文崇尚自由活泼，有波澜起伏，篇幅一般不长，跟现代杂文颇为相似。

韩愈（768 ~ 824）唐代文学家、哲学家。字退之，自称郡望昌黎，世称韩昌黎。河南河阳（今河南省孟州市）人。因官吏部侍郎，又称韩吏部。谥号“文”，又称韩文公。在文学成就上，同柳宗元齐名，称为“韩柳”。他是唐代古文运动的倡导者，世盛称其“文起八代之衰”。是唐宋八大家之一。（本文是杂说的最后一篇）

幼孤贫刻苦好学，德宗贞元八年进士。曾任监察御史，因上疏请免关中赋役，贬为阳山县令。后随宰相裴度平定淮西迁刑部侍郎，又因上表谏迎佛骨，贬潮州刺史。做过吏部侍郎，死谥文公，故世称韩吏部、韩文公。韩愈才华出众，胸怀大志，却不为当时重用，虽业精行成，却难以施展，郁郁不得志。本文借物说理，托物言志，以千里马的遭遇，讽喻当世不知用人，感叹自身怀才不遇。

（二）精彩呈现——展示建议

1. 由“马”你想到了哪些与其相关的成语、诗句、歌曲等。

2. 你了解“说”这种古文体吗？由此你又想到了哪些古文体，能举例说明吗？对于作者你了解哪些？

3. 用你喜欢的方式读课文：可以读一段，可以读全文；可以自己读，也可以和你的搭档读；可以在同学间边慢走边读，也可以到老师中间去读。建议大家最好能读出感情，运用适当的肢体语言，最好能做到脱稿。

4. 能给大家说出这篇文章的大体意思：可以选择一段，其他同学听后要及时纠正。

5. 学完这篇文章后，你可以从以下方面谈出自己的收获：

朗读个别自己喜欢的句子，体会作者所想要表达的思想感情；

结合语句、段落，谈出自己的感受；

根据作者的观点，说出自己的体会；

联系当今社会现实，发表自己的感想；

伯乐、千里马、马夫各指代哪一部分人，如何评价；

结合背景，说一说作者写这篇文章的意图；

穿越时光的隧道，设计一个现场采访，同韩愈对话；

写一篇读后感，以个人创作的方式表达自己的感受；

还可以以唱歌、绘画、书法、对联等自己喜欢的方式表达自己的收获。

（三）自信风采——表达建议

声音洪亮，这是一个人自信的最直接表现；

感情充沛，能运用适当的肢体语言，这样的表达会更好；

表情丰富，能大方自然地表达自己的观点；

发言时能面向全体，学会用你的眼睛和其他同学交流；

要善于发现其他同学的优点和不足，及时给予真诚的点评；

发言时用表达性的语言，比如：

请同学们看哪一句，我对它的理解是——

我同意或不同意这位同学的观点，因为——

我想和我的搭档一起读——请大家欣赏；

我想以什么方式来表达我的收获——

我想把我的个人创作献给大家——

由这个同学的发言，我又想到了什么——

（四）盘点收获——预习成果记录

【教学设计】

1. 教学设想

通过这篇文章的教学，我准备达到以下目标：

（1）能正确朗读课文，疏通文意，积累常见的文言实词、虚词，提高阅读文言文的能力。

（2）理解作者的思想，领会文章的寓意。

采用托物寓意的写法表述观点，生动形象而寓意不言自明是本课的一个重点，又是一个难点。在教学思路和理念上应遵循以下两点：

①新课标提出“学生是学习和发展的主体”。在课堂教学中贯穿自学探究，引导学生自学、教会学生学习也是教学的重要目的。对于初中生来说，学法的指导和习惯的培养尤为重要，这是他们走向主体性学习的最根本途径。

②培养学生自信表达的能力和合作探究的习惯，允许他们对文本进行个性化阅读，充分表达自己的观点，才能全面提高学生的语文素养。

2. 教学过程

教师活动	学生活动	设计意图
结合时代背景，激趣导入新课，板示课题、作者	拓展文本、解读标题、介绍作者（学生拓展带“马”字的成语、俗语、诗句、歌曲及与文体、作者有关的知识）	这种导入既锻炼了学生自己动手查阅资料的能力，又拓展了他们的知识面，还将他们带入了文章情境
指导学生用心去读，结合语句深入把握作者的思想感情	朗读文本、深入研读、展示自信（读的方式可以多样，以不同的方式读出自己对文本的理解，努力达到和作者的情感共鸣、心灵沟通）	叶圣陶语“非读无以训练语感，非读无以激发美感”。通过对文章的翻译，深入探究，让学生增强自信心，满足展示欲望
在自读的基础上，分配任务，每个小组重点研究一部分	了解文章大体意思，圈画疑难后，进行小组合作探究学习，联系原来所学知识，进行重点实词、虚词用法的总结、归纳	分配任务的前提是每个同学首先找出自己在翻译过程的疑难，使学习更有针对性；小组合作探究可以保证研究的深度和广度

（续）

教师活动	学生活动	设计意图
提出多种方式供学生选择，做好对学生展示的赏识及评价，教师自读下水作文	张扬个性、收获成果、情感延伸（小组内交流后，推选出有价值的创作进行全班展示，其他学生即兴发言）	通过多种方式的展示、交流，加深对文本深刻内涵的理解，并结合社会现实谈出自己的感受，更好地理解文本

（主备人：徐立峰）

三、优秀课堂实录选登

初中化学第二单元第一节《水分子的运动》课堂实录

生：起立！

全体学生：老师好！

师：同学们好！请坐。同学们，现在请大家思考一个问题：我左手量筒里是20ml的水，右手量筒里是20ml的酒精，如果把两者混合以后会是多少毫升呢？

生：40ml

生：少于40ml

生：没这么简单……

师：好了，同学们，大家想知道结论的心情我理解，为了让大家更好地认知这个问题，便于接下来大家的探究，请同学们到黑板上做一做有关题目。需要说明的是，同学们做完后，相邻的同学要互相批改，做正确的同学要仔细地想一想：这些题目与刚才提出的问题有什么关联；做错的同学，要注意查阅有关内容或询问同学，想一想为什么错了。好，开始。（全体学生到黑板前，独自完成上课前刚发的小纸条上的题目，练习题见附1）

（学生离开黑板后）

生：同学们，刚才对于科学探究的步骤我记得不清楚，刘维丽同学告诉我一个办法，让我想一想我们曾经做过的一个实验即“影响蜡烛燃烧时间的因素”我突然就想起来了……

生：我还想告诉大家：知识不用死记硬背，想不起来时，可以想一想具体的例子。

师：维丽同学不仅帮助同学，而且能够指点给同学记忆的方法，值得大家学习。(掌声响起)

生：我认为考察科学探究的五个步骤目的是：让我们对于刚才老师提出的问题，也应该用科学探究的办法来进行探究求证，得出节论。大家同意不同意？

生：同意。

师：我也同意，既然大家都同意，大家就不妨对20ml的水与20ml的酒精混合以后会是多少体积，提出自己的探究步骤。需要说明的是：想好以后，同学们主动发言，其他同学可以补充完善。(同学们动脑想、动手写后)

生：我的步骤是：①20ml的水与20ml的酒精混合以后会是多少毫升？②等于40ml。③实验重复三次。④得出结论。⑤对结论进行分析。

生：我补充，应该提及用到什么仪器，我认为应该用到量筒、烧杯等。

生：还有一个很重要的仪器那就是胶头滴管，没有它，测量的准确性就会大打折扣。

生：我把刚才几位同学的内容整合一下就是……

师：谁能说一下做这个实验的注意事项是什么？

生：小组内要分工明确，谁负责向量筒中倒水，谁负责观察胶头滴管是否运用的正确，谁负责读取数据，谁负责记录等。

生：我同意分工明确，但是不同意做实验时，动手做的同学一个人，读数的是另外一个人，因为没有必要，换了人该出的误差还是要出，当然，记录的人可以单独安排。

生：大家读数时一定要注意：视线要与量筒内液体的凹液面最低处，在同一水平线上。

生：胶头滴管要竖直悬空于量筒上方。

生：根据大家讲的，我现在给大家做一做，请大家找不足，提意见。

（学生实验，大家观察）

生：你做得不错，就是使用胶头滴管时手有点抖，还有，你的读数是多少？

生：38.5ml。

师：还有没有问题，没有问题，就可以以小组为单位进行实验，要注意观察，注意细节。

（实验完毕）

生：我们组得出的结论是20ml的水与20ml的酒精混合以后是38.6ml。对于原因，我认为是前两名同学把水倒入酒精中时，没倒干净；第三名同学倾倒液体时流到量筒外一点，所以，混合后小于原来的总体积。

生：我们组的数据是38.4ml。我认为除上述原因外是不是酒精挥发了……

生：酒精挥发不可能，虽然酒精易挥发，但是时间这么短，酒精的挥发可以忽略不计。

生：我们组的数据是38.4ml。我们认为不一定是上述原因，应该有其他原因。具体什么原因，还没有想清楚……

师：大家可以想一想，酒精挥发也好，水倒的不干净造成误差也好，如果不考虑这些因素，结果仍然是这样，怎样解释？

生：是不是分子和分子之间又有间隔……

师：对这个问题大家可以思考一下。

（学生思考、讨论、阅读）

生：我认为，如果分子和分子之间存在空隙 ，它们混合后，分子之间空隙小的就可能跑到分子空隙大的分子之间，所以从整体上，像酒精和水混合后，体积就会变小。

生：刚才在同学们讨论时我看了看课本有关内容，虽然分子很小，但是它们之间仍然有间隔。一般来说，气体分子之间间隔大，所以可以被压缩。

生：水的三态变化实质上是分子之间距离的变化问题。

生：对，我们用打气筒给自行车充气，空气能被压缩，也说明组成空气的气体分子之间有距离。

师：同学们还可以举出生活中的例子。

生：我认为，电线冬天紧，夏天松，也可以说是夏天温度高，分子之间的距离变大形成的。

生：我明白了“热胀冷缩”的道理，实际上，就是当温度升高时，分子之间的距离变大，温度降低时，分子之间的距离变小，所以才会“热胀冷缩”。

生：我认为工人师傅在抹水泥地面时，中间有时隔一小空隙，今天我明白了，这也是分子之间有间隔的应用。

师：同学们能联系身边的生活实例来学习化学，充分说明了，化学离不开生活，生活就是化学，化学可以服务生活。分子之间有间隔是今天学习一个重要内容，除此之外，结合刚才阅读的文本有关内容，通过什么可以说明分子是运动的？

生：把糖放到水里，水变甜了，说明固体的分子是运动的。

生：春节燃放烟花爆竹，远距离就能闻到气味，说明气体分子的运动性。

生：练习题中的饼干变松软，说明液体分子是运动的。

生：综合以上三位同学的说法，可以说，分子是运动的。

师：同学们还有问题吗？

生：老师，分子有生命吗？

师：谁能解答？

生：我认为有。比如人体是由蛋白质分子、水分子等等组成的，人是有生命的，所以，分子也是有生命的。

全体学生：鼓掌。

生：老师，你的意见呢？

师：刚才，同学们的掌声已经做了很好的诠释。我认为，你心情阳光时，你可能认为分子是有生命的，你不高兴时，你就不会关心分子有没有生命，所以，衷心祝愿大家每一天都快乐。

师：好，大家把刚才的疑惑点、精彩点、提高点等整理在“学海泛舟”（课堂笔记）上。

（学生整理）

师：根据大家刚才的学习，同学们先想象一下，如果你是一个海水或小溪里的水分子，你是如何体验水循环的？想好后，通过看课本再补充，最后，看哪些同学能给大家展示一下。

（准备后）

生：我代表海水中的一个水分子，在烈日炎炎下我不甘寂寞，离开我的兄弟姐妹飞到天空，遇到来自五湖四海的同事，纵览祖国大好河山，可是好景不长，正在欣赏美妙景色时，遇到冷空气，我们不得不团结在一起，抱成一团，实在坚持不下去了，我又重新降到大海，当然有一次我落到了小溪，经过千山万水，才回到大海，当然，有机会我还会飞……

全体学生：掌声。

生：张晓的展示不仅精彩，惟妙惟肖，而且表达了一个完整的水循环过程……

生：我代表小溪中的一个水分子……

全体学生：掌声。

师：好，同学们，谁能总结一下我们今天学习的主要内容？

生：分子有大小；分子之间有间隔；分子是运动的；我们可以根据这些道理解释生活中的很多现象。

师：还有没有补充？好，下面请大家完成几个问题。

（学生独立做，做完后，教师批改一个小组的题目，当堂反馈结果，当堂纠正后，下课。）

附1：

（1）构成物质的微粒有________、________等。比如水是由大量的________构成的；铁是由大量的________构成的。

（2）水的三态变化属于________（a. 物理变化、b. 化学变化），为什么？

（3）长期放置在空气中的饼干会变松软，这说明空气中还有________，而且还说明构成它的________能够________。又比如，打开盛酒的瓶盖，能嗅到酒的芳香，这说明酒精分子是——。你还可以举出类似的例子吗？

（4）科学探究的步骤是________、________、________、________、________。

四、优秀课堂操作程序选登

一堂化学课的操作程序

山东教育出版社九年级上册化学课本，第二单元《水和溶液》中第一节《水分子的运动》的课堂基本操作程序如下：

（一）创设情境 问题导入

顾明远先生说过一句话就是：没有兴趣就没有学习。课堂伊始，如果教师能够立即调动起学生的积极性，课堂就等于成功了一半。学生有了兴趣，充满了好奇心，学生的自主性、积极性、创造性就会被诱发出来，学生就会学得愉快，学习的效果就好。所以，在备课时教师就要精心设计，开好头。具体到这一节内容，教师就可以一手拿盛有 20ml 水的量筒，一手拿盛有 20ml 酒精的量筒，让同学们思考：如果把这两个量筒里的液体混合，那么最后可以得到多少毫升的溶液？从而引起学生的强烈探究欲望，同时提出的问题又紧扣学习目标，真可谓是一举两得。

（二）先练后学 激活求知

知识都有一个完整的系统，学习新知识时，往往要运用已经学过的知识，从而使学习变得不那么困难，同时，使学生真正对知识有一个整体的把握和理解，从而达到运用。为了更好地解决教师提出的问题，课堂操作中不应该是让学生被动地去阅读有关内容，而应该是教师提前精心设计好有关题目，让学生充分利用四面黑板来做，从而达到为解决问题做好铺垫的目的。为了使学生不会有时间的空挡，教师可要求：做正确题目的同学，要想一想，这些题目与这节课内容有什么关联。做不对的同学自然就会特别认真地去看书或询问其他同学，效果就会特别好。这时教师还要引导做错的学生回答，为什么做错了，怎样做才能避免类似的错误发生，从而使这些学生得以提升。比如，题目设计中可以有：科学探究的步骤是________、________、________、________、________等。这个题目的设计，就是为解决课堂伊始提出的问题服务的。

（三）实验探究 互动提升

当学生在黑板上的问题处理完毕后，就进入实验环节。在这个环节中，不能让学生盲目地去做实验（20ml 水与 20ml 酒精混合），应该让学生带着问题去实验。为了保证实验效果，在合作探究之前，每一名学生都必须提纲挈领地写一写：提出什么问题，建立什么假设、如何进行实验，进行几次试验，为什么？对得出的结论如何进行交流评价等等。学生有了自己的清的思路后，教师要从小组中找出一名或两名代表，面向全体同学说一说，从而使同学们的实验更加科学、规范、安全、节约、有效等。因为是以小组为单位的演示实验，所以，还必须引导学生安排好：谁做实验，哪一位同学统计数据等，这些也要有明确的分工，这样才能有条不紊，利于得出正确的结论。学生实验完毕后，小组代表要阐述自己对实验结论的解释，同学们个体和个体之间形成思想的交流，思维的碰撞，或争辩质疑或补充完善或拓展延伸或归纳总结……总之，通过实验使学生动手实验能力，高层次思维能力等得以提升。

除此之外，教师要在此基础上，引导学生通过生活实例，让学生自己体会固体、液体、气体分子的运动性，然后结合课本进行对照和比较，从而加深对知识的理解和掌握。

（四）归纳整合 积累沉淀

新课改下的课堂更要讲究艺术，课堂的设计就反映了一名教师的智慧，体现了教师的隐形主导作用。在“实验探究 互动提升”结束后，就应该让学生有一个相对安静的时段，使学生对知识有一个梳理，或知识点、提高点、精彩之处等，并且把这些写在笔记本上，从而使课堂动中有静，静中有动，使学生学习方式多元化，增强学习的有效性。

（五）情景表演 互动提升

学习的有效性不是告知而是体验感知或想象感知，对于书本知识的学习也绝不是先入为主。在运用微观的知识，解释“水的天然循环”时，不要让学生直接去读文本，而应该培养学生的想象能力，自己去构思一幅水的天然循环图，然后再看课本，这样处理，学生的求知欲强烈，学习的针对性强，学习效果明显。

为了使同学们愉快地学习，可以让同学们采取拟人化的方式，或代表一个海水分子或代表一个来自一条小溪中的水分子等等来演绎水的天然循环，越逼真、越夸张越好，从而增强学习的兴趣性，让学生在一种轻松愉悦的环境中度过。当然对于学生的表演，任何一名学生都可以畅所欲言，发表自己的不同观点，而不仅仅是当一名听众，听听而已。

（六）感悟收获 快乐过关

课堂即将结束时，教师要给学生适当的时间或整合归纳或梳理提升等，然后再留一定时间对全体同学进行一个检测。教师批改可采取抽样的方式，要当堂反馈，当堂矫正，课后对于未过关的同学要进行跟踪。

总之，课堂的操作程序要体现以学生为本的理念，课堂要有趣，使学生兴趣盎然，主动积极；课堂要有思，使学生思维品质得到足够训练和提升；课堂要有乐，使学生快乐学习成为现实；课堂要有效，使学生轻负担高效率；课堂要有得，使学生或能力提升或习惯养成或性格铸就……

五、优秀预习笔记选登

（一）数学预习笔记

梯形中的常用辅助线

预习题目：

求证：对角线相等的梯形是等腰梯形。

如右图所示，在梯形 $ABCD$ 中，$AB \parallel CD$，$AC = BD$，

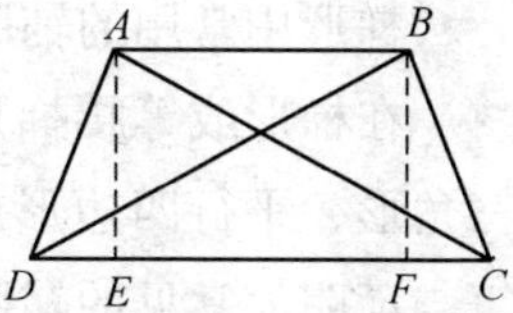

求证：$AD = BC$。

证法一作梯形的高 AE、BF，则 $AE = BF$。

$\because \angle AEC = \angle BFD = 90°$，$AC = BD$

$\therefore Rt\triangle AEC \cong Rt\triangle BFD$，$\therefore \angle ACE = \angle BDF$。

$\because AC = BD$，$CD = DC$

$\therefore \triangle ADC \cong \triangle BCD$

$\therefore AD = BC$

证法二如右图所示，过 B 作 $BE \parallel AC$ 交 DC 的延长线于点 E

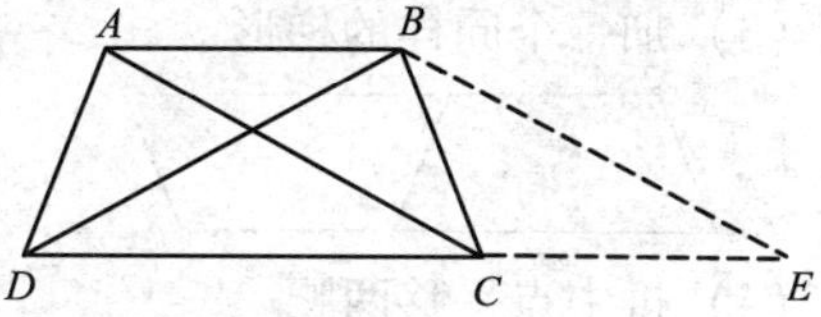

$\because BE \parallel AC$，$AB \parallel CE$

$\therefore$ 四边形 $ABEC$ 是平行四边形

$\therefore BE = AC$，$AB = CE$

$\because BD = AC$　$\therefore BE = BD$　$\therefore \angle BDE = \angle E$

又 $\because AB \parallel CD$

$\therefore \angle ABD = \angle BDE$

$\therefore \angle ABD = \angle E$

又 $\because AB = CE$，$BD = BE$

$\therefore \triangle ABD \cong \triangle CEB$

$\therefore AD = BC$

规律总结：梯形的证明中有三条常作的辅助线：平移腰，平移对角线，作高线，利用这三种辅助线把梯形转化为特殊的三角形和四边形，然后进行有关计算或证明。

梯形中常用的辅助线

在梯形或等腰梯形中解决问题时，通常作辅助线将其转化为三角形、平行四边形或矩形，运用它们的性质来解决梯形中的计算与证明，常见的辅助线如下图所示。

（1）平移一腰

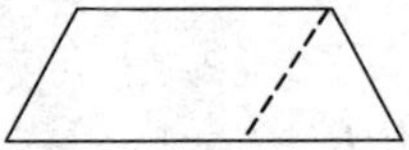

（2）平移一腰

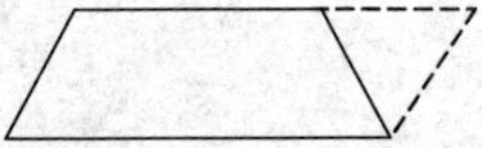

（3）加一个同样的梯形

（4）过中点平移两腰

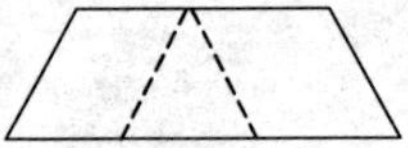

（5）平移对角线

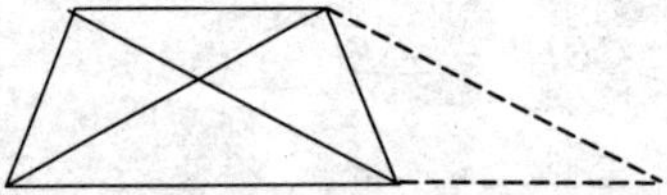

（6）过一腰的中点作另一腰的平行线

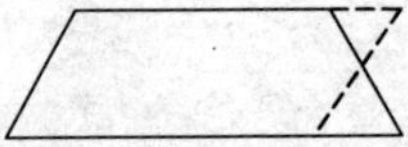

（7）作两高

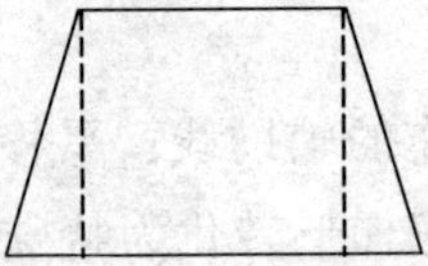

（8）顶点连一腰的中点并延长，构造中心对称图形

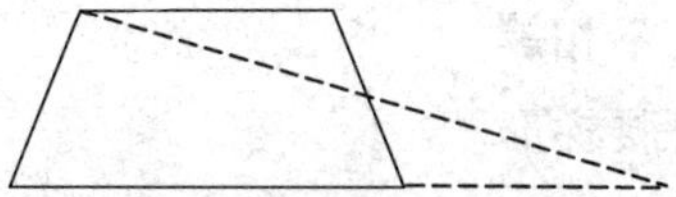

（9）延长两腰交于一点

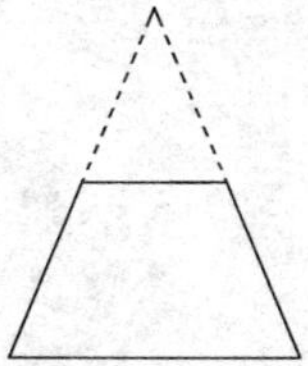

规律方法点击：

1. 分割法的运用。在解等腰梯形的题目时，通常把此梯形分割成平行四边形和三角形的知识解决问题。

2. 灵活运用平移、对称、旋转的方法去分析问题、解决问题。

3. 梯形知识是平行四边形与三角形知识的延伸和拓展，解决梯形问题时，常通过添加辅助线，将把此梯形分割成平行四边形和三角形，在运用平行四边形、三角形的知识加以解决。

（1）平移腰：从梯形的一个顶点作一腰的平行线，将梯形分割成平行四边形和三角形；

（2）作高：从同一底上的两个顶点作另一底的垂线，将梯形分成矩形和直角三角形；

（3）平移对角线：过底的一端作对角线的平行线，将梯形转化为平行四边形和三角形；

（4）延长两腰相交于一点，将梯形转化为三角形，当梯形是等腰梯形时，可得到两个等腰三角形；

（5）连接一个顶点与腰中点并延长，与另一底的延长线相交，从而构造出全等三角形。

学法沙龙：速记口诀

学习梯形要注意，把握定义心里记。

判定梯形常运用，对边平行不相等。

记两类特殊梯形，直角或等腰梯形。

等腰梯形是重点，判定、性质和定义。

解决问题常添线，构造新图扩思路。

（二）语文预习笔记

斑羚飞渡

1. 基础点击

戛洛山

易错点：读音（jiá）

形近字：夏天 嘎

拓展：戛然而止

2. 文本分析

（1）第一段“我们狩猎队分成好几个小组，在猎狗的帮助下，把七八十只斑羚逼到戛洛山的伤心崖上”。

①“分成好几个小组”说明狩猎队分工明确，准备充分，成竹在胸。

②“猎狗”说明狩猎队为捕获斑羚费劲心机，动用一切可以动用的力量。

③“逼”字展现了狩猎队的穷追不舍和势在必得，也说明了斑羚的处境不容乐观。

总之，从这一段中我了解到的信息是：敌人很强悍，斑羚很危险，如不采取措施，后果很严重。

（2）第三段“有一只老斑羚不知是老眼昏花没有测准距离，还是故意要逞能，竟……”

我认为这两种情况都不是，它是“明知山有虎，偏向虎山行”。它应该自诩跳跃能力还不错，便想放手一搏，如果失败，则需要大家另想办法；如果成功，说明这个方法行得通，或许还能使斑羚在巨大的压力面前突破极限。虽然它的做法在我们从科学的角度看来其结果必然都是“以身殉崖”，但是它仍然是值得敬佩的。

（3）第六、七、八段接连三次描写了斑羚头羊的那声“吼叫”

我认为斑羚头羊的这声“吼叫”不仅仅是对斑羚们的命令，更是对生命的呐喊！

（4）第八段“镰刀头羊本来站在年轻斑羚那拨里，眼光在两拨斑羚间转了几个来回，悲怆地轻咩了一声，迈着沉重的步伐走到老年斑羚那一拨去了”。

我认为“轻咩”是因为镰刀头羊面对种族的生存与延续，深感自己的渺小，因此甘愿牺牲自己。但是它交出的毕竟不是一样东西，而是自己的生命啊！故叫声“悲怆”，步伐“沉重”。

3. 疑难问题

（1）题目为什么是“斑羚飞渡”，“飞”字有何意义？

我的理解：

①文中把斑羚比作“宇宙飞船”，而且以“插上翅膀”、“断翅的鸟”等与“飞”相关的词语来描写斑羚。

②斑羚们最终做到了平时几乎不可能做到的事——跳跃6米宽的山涧，好似“飞”过去。

③这里的“飞”不仅是形式上的飞，更是斑羚灵魂的飞跃！

（2）文中为什么说“以死亡做桥墩”？

我的理解：

①从形式上来看，年轻斑羚飞跃的弧线像桥，老斑羚在小斑羚需要支持的地方垫上自己的背，之后笔直下降，像桥墩。

②从意义上来说，年轻斑羚能够走上生的桥梁，是以老斑羚的死亡为代价的，这座桥是老斑羚以自己的血肉之躯撑起的，每一只年轻斑羚的生还都意味着一只老斑羚的死亡，因此这是一座

“用死亡做桥墩架起来的桥”。

(3) 文章最后“它走了上去，消失在一片灿烂中”，这里的“灿烂”怎么理解？

我的理解：

灿烂是一种美，这灿烂里有彩虹的唯美，老少斑羚成功飞渡的壮美，还有镰刀头羊完成使命、纵身跳崖的凄美，这唯美、壮美、凄美荟萃到这伤心崖，故美得灿烂！

4. 创作生成

(1) 镰刀，是你权利的象征，

延续种族生命是你的责任，

进退维谷中的你处变不惊。

因为有你，斑羚群绝处逢生；

因为有你，留下一段传奇；

因为有你，给人类一些教益……

一切，只因有你！

(仅以此献给杰出的斑羚 CEO——镰刀头羊)

(2) 读罢此文，我想给作者发一条短信：您为我们留下的不仅仅是纸上的文字，而是我读过后心中对爱的铭记！

(3) 对联

伤心崖上彩虹格外美丽，

戛洛山顶斑羚飞渡奇迹。

(4) 我想呼吁人们：摆正心中的天平，用自己的良知往心灵的托盘上多加些砝码，不要再为了天平另一端的私利去剥夺其他生灵生的权利！

(三) 英语预习笔记

BOOK IV Module 3 Unit 1 When will the match be held?

1. 教材分析——单词乐园

（1）allow（v）允许 Smoking is not allowed here.

（2）train（v）训练（n）火车 拓展词：trainer 教练员 training 训练（n）

Mr Hart has trained his daughter for years.

（3）chance（n）机会 拓展意义：n. 偶然性 可能性

（4）mad（adj）生气的，发疯的 拓展意义：对…狂热 着迷

2. 短语总结

（1）允许做某事 allow doing sth 允许某人做某事 allow sb to do sth

某人被允许干某事 sb be allowed to do sth

（2）代表 stand for（主张，主持）

（3）碰巧，意外的 by chance

（4）如此…以至于 so …that 到达 get to

（5）对某人生气 get mad with sb

3. 句型分析

（1）They are so mad with us that they"ll try to win，just to show we're wrong！

析：

①句了中 so …that 引用的是结果状语从句。

②句子中的两个不定式在句都做目的状语。

（2）Well you won't be allowed to watch with our fans if that's what You think.

析：

① If that's what you think 是有连词 if 引导的状语从句

②What you think 是有连接带词 what 引导的标语从句。

4. 知识拓展——单词迷你台 和短语乐翻天

（1）get bank 返回 get down 下来 get on 上车 get up 起床

get to know 开始认识（了解，懂得）get married 结婚

get on …with sb 与某人相处

(2) be mad about（on for）sth（sb）狂热的迷恋某事（某人）

Drive sb mda 使某人发疯 run like mad 拼命地跑

go（run）mad with joy 欣喜若狂

5. 我的疑问

怎样辨别 chance 和 opportunity?

解析：当表示有机会做某事时，这两个词的用法相同，后面可以接 to do 或 of doing I had no chance /opportunity of visiting Beijing 但是 chance 后面可以连接从句，而 opportunity 不能。

6. 创作平台

A match will be held. I decide to join it. Althougt my PE grades are less than others. I'm sure I don't let them get to me. This is a tough match , because we were defeated last time. All students is 10 points to the other 15. I don't know if we have chance to get success. But we must do our best. I believe we're brilliant.

教师评语：

You're a confident girl. You can create more good compositions.

You're be a wise student . I am proud of you.

Date：October 10，2010

(四) 思想品德预习笔记

课题：竞争不忘合作

【我来梳理】

竞争不忘合作

①普遍存在——普遍 生活处处有合作、时时有竞争

②对立统一，相互渗透，相辅相成——二者关系孪生姐妹

③求双赢，合作竞争力求双赢——竞争中合作，合作中竞争。

简言之，“送人玫瑰，手留余香”；竞争合作、合作竞争、力求双赢。

【观点纠偏】

竞争——不是“你死我活、尔虞我诈、各不相让”

【一字之师】

双赢　双“赢”

【实力比拼】

走近生活，感悟竞争与合作

思路引领

在家庭	在学校	在社会

感悟：在生活中处处有合作、有竞争。无处不在、无时不有。

竞争与合作是我们生活中普遍存在的现象。

生活领域	合作	竞争	感悟启发
在家庭			
在学校			
在社会			

【走近生活剧场】

“我”看班内竞选

随着时间推移，班内新一轮班长竞选开始了。本次参加竞选的实力派诸多，一直以来……

请你续编续演。

【心灵放歌】

生活因合作而精彩，竞争因合作魅力尽显。

二者相互结合一体，合作竞争社会更和谐！

附　录

附录一　业界领导及专家评说杜郎口生命课堂

杜郎口中学的教改经验可学、可取、可用

王文湛

我这次到茌平来有两个目的：一是祝贺，二是学习。首先祝贺各地各校工作中取得的巨大成绩，也祝茌平的经济今后更加繁荣昌盛。二是学习，首先向各级各校学习，同时最重要的是向杜郎口中学学习，中国教育报用一个整版统揽标题：中国农村教育的三朵奇葩，一是江苏的洋思中学，二是江苏的东庐中学，三是山东的杜郎口中学。洋思和东庐中学我去过，杜郎口中学我在报纸上学习过，在北京听过崔校长的经验介绍，第一次实地到杜郎口中学，感触很深，杜郎口中学是一所农村中学，虽然近年来有了很大的改善，但从办学条件上来讲并不是很出名，南方一些经济发达地区，农村初中办学条件比杜郎口好的多得有的是，但杜郎口中学给我留下了深刻的印象。上午我听了两节课，一堂语文一堂数学，校园我也参观了一下，印象很深，很高兴，很兴奋，很受鼓舞。杜郎口中学是个农村初中，师资条件并不是很优越，生源都是农村的孩子，办学条件也很基本，但经过最近几年的努力，却取得了一流的成绩。我听了初三的数学课是一元二次方程；一堂初二的语文课，讲了三首古诗，课堂活跃，师生互动，学生勇于参与，争先恐后的发言，这在其他农村中学是没有的。我去过很多农村中学，那里的学生都腼腆得很，见到生人来都不敢抬头，一问问题全班没有一个敢回答的，而这里的学生是抢着回答，一个同学发言之后，其他同学给予点评，给予鼓励，并指出不足，特别是那些基础差的同学，给他们机会，给他们鼓励。现在农村教育除了

辍学、厌学的问题，还有学生把学习不是看成一种乐趣，一种追求，而是一种痛苦，一种压抑，这样的教育，无论如何也搞不好。杜郎口中学的孩子们乐学、爱学，把学习看成是一种乐趣，体现了师生互动，学生主体，这是教育的本质。这样下去农村教育怎么会搞不好？杜郎口中学给全国农村中学树立了榜样，它可以做到，其他地方经过努力也可以做到。有些地方的城市的中学，师资水平很高，办学条件很好，学生的家庭环境等各方面都很好，农村的学校和他们相比有一定差距。但杜郎口是可以学的，我觉得推广杜郎口的重点就在这里，可学、可取、可用，符合中国农村的实际，不是高不可攀的。

除此以外，杜郎口中学的管理也很好。我到校园各处看了一下，尽管是在农村，但它很干净、很整洁，包括学生的宿舍。反应一个学校水平的高低，最主要看三个方面：一看学生宿舍，二是食堂，三是厕所，这三个方面杜郎口中学都做得很好。宿舍很整齐、很干净，学生的被褥叠放得很整齐；厕所也很干净，食堂也是如此；一所农村中学做到如此地步很不容易。今后杜郎口还需要再接再厉，再上一个台阶。

注释：本文节选自2008年4月7日国家教育部原基础教育司司长、国家副总督学王文湛在中国教育服务中心教育发展事业部——杜郎口中学教育培训基地揭牌仪式上的讲话。

杜郎口学校的贡献

余文森

4月28日，应刘坚邀请一同前往杜郎口参观学习，29日应学校要求为该校教师做了一场调研反馈式的报告。我谈了以下几点：

在教育史上，提高教学效率效果有几次重大的变革，第一次是捷克教育家夸美纽斯创立的班级授课制，它把一对一的个别化教学变成为一个教师同时对几十个学生进行施教的群体教学，教学效率得到了极大的提高。夸美纽斯说：“我坚持认为，一个教师同时教几百个学生不仅是可能的，而且也是很重要的，……正如面包师只揉一个面团、只用一个烤炉做出大量面包，又如一个制砖匠同时烧很多砖，一个印刷个人用一套铅字可以印出成千上万本书籍，所以，一个教师应当能同时教很大一批学生而没有丝毫不便。”夸美纽斯系统论述了统一教材、统一教学时间和空间、统一教学要求的班级授课制。这对于改变个别教学的低效率、推动教育事业的发展有重要的意义，可以说在教育史上是一个重大贡献。自此以后，经过各国的教育实践，班级授课制作为学校教学的主要组织形式，被得到广泛运用和发展。

第二次是德国教育家赫尔巴特提出的课堂教学的阶段论（“四阶段”或“四环节”：“明了”、“联想”、“系统”、“方法”，后来发展为“五阶段”或“五环节”），它把以教师为中心的班级课堂教学程序化、模式化，从而极大地提高了课堂的效率。在赫氏之前，虽然实行了班级授课制，但是老师并不知道课怎么上，夸美纽斯对班级教学制的轮廓作了大致的勾画，但对班级教学制的核心——上课论述不多。所以那时只有教学效率（相对个别教学），却没有课堂效率，因为没有规范化、格式化就不可能有效率。赫尔巴特认为，一个教学过程总是分成一些阶段和遵循一定的步骤的。这样，教师就能有计划、有步骤地进行教学，而不会出现混乱无序的现象。赫氏的理论让老师们领悟和掌握了课堂讲授教学的步骤、门道和技巧，课堂教学的效率效果因此得到了提升。那时，世界形成了一股赫尔巴特热，特别是美国，到处都成立了赫尔巴特研究会，由此可见赫氏的影响和贡献有多大。“在世界教育史上，赫尔巴特建立的形式阶段教授理论，第一次以心理学作为教授方法的科学基础，第一次系统地构建了教授过程的模式，很好地解决了从个别教授转向班级教授后，如何有效地同时向众多学生传授系统知识这一难题。”

第三次是美国教育家杜威提出的学生中心论，杜威认为以赫尔巴特为代表的传统教学理论似乎对教学问题考虑的很周到很全面，却唯一遗漏了一个最重要的因素——学生，教学的中心不在教师，而在学生，所以他认为教育教学中心要来一个转移，就像宇宙中心要从地球中心转到太阳中心一样，要把教学中心从教师转到学生，这是教学领域的“哥白尼式的革命”。在教学思想发展史上，这是一个历史性转折。

杜威的理论和实验极大地激发了学生的潜能和学习的主动性、积极性、创造性，就像我们现在在杜郎口中学看到的一样，但是杜威的学生中心论却导致了美国基础教育质量的普遍下降，原因在于杜威及其追随者没有提出和形成以学生为中心的具有普适性的教学模式和程序。杜威对教学方法的贡献主要不在于发明了某些具体的教学方法，而在于使教学方法迈入了一个新的时代——“新启蒙”时代，即旨在唤醒主体意识、提升生活经验、关注个体独特性、促进个性自由与解放的教学方法。

杜郎口的贡献就在于创立和形成一套以学生为中心的教学模式和程序，实现了杜威和赫尔巴特的有机整合，从而既极大地调动了每个学生的主动性、积极性，又全面地提高了教学的效果和效率。

提高课堂教学效果和效率从根本上说依靠每个学生的努力和进取，每个学生的学习状态才是课堂教学效果和效率的源泉和根本，杜郎口的每个学生在每一节课都是活动着的、思考着的、阅读着的、交往着的、互动着的、展示着的，总之，课是活的、学生是活的，而且关键是有序的活着，这就是杜郎口模式。

杜郎口找到了在现有教育体系特别是在统一课程标准、统一教科书、统一考试下课堂实施素质教育的突破口。在班级授课制特定的时空里，构建和形成了以学生为主体，以学习为主线，以展示为特征的教学在教学论发展史上，这同样是了不起的贡献。

注释：本文节选自《重读杜郎口》。作者余文森教授，博士生导师，福建师范大学教育学院院长，教育部福建师范大学基础教育课程研究中心主任。国家基础教育课程教材专家工作委员会委员，教育部课程改革专家组核心成员，全国中小学教材审定委员会委员等职。

杜郎口中学搞的怎么会不是素质教育？

李镇西

到现在，还有不少人质疑杜郎口中学，说它不过是“应试教育”的典型，理由是——支撑他们名声的不就是显赫的中考成绩吗？还说他们的学生没有文化积淀，没有人文视野，只是中考成绩突出而已。

那天我对一个持此观点的朋友说：“中考成绩好怎么就成了搞‘应试教育’？难道非要把成绩弄得不好，才叫‘素质教育’？”

在一些人眼里，什么叫“素质教育”呢？就是学生会蹦蹦跳跳，会吹拉弹唱，会在各种竞赛中获得名次。曾有一个校长很得意地对我说：“我们学校现在素质教育搞得红红火火，我们学校每一个学生都会拉二胡！”我也看过太多这样的素质教育现场展示，无非就是几堂精彩和精致的公开课，一台丰富多彩的文艺演出，一间展板林立、琳琅满目的成果陈列室……而为了准备这样的“成果展示”，学校师生花了大量时间和精力。

这样东西，在杜郎口中学是看不见的。

他们的孩子不会钢琴小提琴，也不会国画油画，也没有能力组织一场文艺演出，我也没有看到它们的各种展板。可是我要说，他们的确是在搞素质教育！

应该承认，素质教育当然包括了学生的人文视野，包括了学生的艺体素养。一个既能考高分，又会钢琴九级并且博览群书的学生，肯定比只会考高分的学生的素质要高，这是毫无疑问的。同样，一个学校如果有过硬的教学质量（当然主要体现于绝大多数学生的升学成绩），同时又能够拿出一台色彩缤纷的文艺表演或国学经典吟诵的展示，当然也是素质教育！

问题是，我们在评价一个孩子或一所学校时，恐怕不能够这样公式化地简单贴上“应试教育”或“素质教育”的标签。

更何况，判断一个人素质的高低，哪是“分数加特长”那么简单呢？

杜郎口中学无疑有着惊人的升学成绩，但我说杜郎口搞的也是素质教育决不仅仅是因为其升学率，而是有一些让我感动和感慨的东西。

说几个我看到的细节——

早晨七点过，天刚亮，已经吃了饭的孩子们蹲在教室前空地上，他们的身后边是积雪，他们用冻得通红的小手握着粉笔在地上写着英语单词或古诗词，没有人强迫他们，完全是自觉，这种学习自觉性，难道不是素质？

上午八点，快上第一节课了，可老师们还在教学楼过道上站着开会，我一看时间，上课时间不是到了吗？老师都不去教室，学生难道不会乱套吗？于是我悄悄离开教师们，来到一间间教室外，看到每一个班的孩子都在学习。这样的自律精神和行为，难道不是素质？

我看了几堂课——之所不说“听课”而说“看课”，是因为杜郎口中学的课，只能看而无法听，学生们争先恐后积极参与，没有任何老师提问，可每个孩子都那么主动，毫不胆怯，这种自信，这种乐观，难道不是素质？

每一个学生在小黑板前讲述的时候，落落大方，声音洪亮，口齿清楚，思维清晰，还拿着小教鞭比比划划，哪像没有见过世面的农村孩子？俨然就是一名小老师！这样优秀的口才，难道不是素质？

课堂上，小组讨论是每节课必需的环节，我注意到，学生们你一言我一语，十分投入，遇到困难了，大家一起想办法解决，或某一个同学拿出工具书，几个同学的小脑袋便碰到一起研究，没有互相埋怨，只有互相欣赏，这种合作精神，这种尊重意识，这种平等观念，难道不是素质？

教室外面的墙壁上全是黑板，是学生们展示学科知识的地方。下课后，我便看到一个矮个子男孩拿着抹布在吃力地擦着，过了一会儿，另一个高个子男孩子过来说："我来擦吧！"矮个子男孩子继续擦着，头也不抬地说："你去玩吧，我擦就行了！"可高个子男孩依然和他争："还是我擦吧！"这普通而温馨的一幕感动了我：这种关心集体，热爱劳动，主动奉献，关心同学，难道不是素质？

吃午饭了，我看到学生们的饭菜非常简单，后来听说学生们每周的生活费仅仅五元钱！可是，我从孩子们脸上看不到抱怨的表情，看到的只有乐观的笑容，这种吃苦耐劳，坚忍不拔的精神，难道不是素质？

……

素质教育的精髓是什么？对此可能有很多种答案。但是至少这个说法可能是大家都没有分歧的，那就是：学会做人，学会学习！

杜郎口中学的孩子当然会学会了做人，他们淳朴、善良、勤奋、坚韧、乐观、自信，这些都是做人最基本的素质。他们当然也学会了学习，可以这样说，他们每一个人（而不是个别尖子生）在每一堂课上展示的学习能力绝对是一流的！

培养出了这样既会做人又会学习的学生的杜郎口中学，搞的怎么不是素质教育呢？

不知从什么时候开始，有人有意无意地将素质教育与应试能力和成绩对立起来。别人升学成绩优异，便是应试教育；自己升学成绩不行，便是素质教育。说轻点，这叫“自我安慰”；说重点，这叫“自欺欺人”！

我认为，完整的教育，既要为学生的一生着想，也要为在很大程度上决定他们命运的几天服务。没有前者，是鼠目寸光的教育；缺了后者，恐怕也不能说是对孩子负责的教育。

我在杜郎口中学一间教室的一个黑板上看到孩子们用稚嫩的笔写下这样激励自己的话：“苦不苦？想想父母背朝青天面朝土！累不累？想想父母走南闯北谁遭罪？”看了这样的话，我不由得想到，这些孩子们主要是靠升学而赢得自己的美好前途，作为他们的老师居然不抓他们的学习成绩而抽象地抓“素质”，那才是不可思议的“怪事”！

是的，比起城里的孩子，杜郎口中学的学生可能没有“宽阔的人文视野”，没有那么丰富的课外阅读，也没有太多的文体活动，但这能怪他们吗？这里的老师和孩子是怎样一种工作环境和生活条件？这所学校长期没有音乐美术老师——那么偏远的学校，很少能够分配去一名艺术老师；学校图书室长期缺少藏书，你要求他们如海德格尔所说“诗意地栖息在大地上”，这不是太“站着说话要不疼”了吗？杜郎口中学的孩子现在没有开阔的人文视野，这不是杜郎口中学的错，这是整个中国农村教育的现状！

凡是到过杜郎口中学的人，都会被所有学生们富有爱心，充满自信，喜欢思考，善于合作，乐于展示，这样的孩子，绝对是高素质的人！

所以，我说杜郎口中学是素质教育的典范之一！（注意，是“之一”不是“唯一”）

当然，杜郎口中学不是十全十美的。看到杜郎口，我不得不想到我们的新教育。我认为，新教育是一个开放的系统，它应该向所有有效（甚至优秀）的教育实践学习。比如杜郎口中学，其教学模式完全可以整合进新教育的理想课堂，当然，杜郎口课堂教学模式只是理想课堂模式的一种。同时，新教育的一些有效做法，同样可以弥补杜郎口中学经验的不足，比如书香校园的营造。限于客观条件，杜郎口中学的课外阅读现在是比较贫乏的，虽然这怪不得杜郎口的老师们，但我相信，随着办学条件的日益改善，杜郎口中学成为书香校园将不是遥远的事！

曾有一个朋友对我说：“一个学校仅仅靠升学率成了所谓‘素质教育’的‘名校’，这是中国教育的不幸！”我当即便回答他：“一个靠拼搏而创造了包括升学率在内的教育奇迹农村学校，如果得不到善待反而被贬斥，这是中国的悲哀！”

（注：李镇西，苏州大学教育哲学博士，语文特级教师，成都武侯实验中学校长。）

孙玉生在江西武宁作有关生命课堂的报告

附录二　杜郎口中学学生关于生命课堂感悟选录

课改有感——老师谢谢您

您告别讲台　　给我们舞台
您设置黑板　　给我们空间
您设计“10+35”　　给我们时间
您放手发动　　给我们快乐
您放下教鞭　　让我们做教师
您走到身后　　让我们做演员
您放弃讲解　　让我们做主人
您关注全体　　让我们做主宰
您不再抢话　　我们学会了自立
您不再命令　　我们学会了自主
您不再总结　　我们学会了归纳
您不再提炼　　我们学会了升华
少了您的介入　　我们学会了参与
少了您的表态　　我们学会了分析
少了您的直白　　我们学会了体验
少了您的展示　　我们学会了放飞
您的等待　　使我们学会了思考
您的宽容　　使我们学会了勇敢
您的赏识　　使我们学会了欣赏
您的鼓励　　使我们学会了自信
来自您的启发　　我们得到了灵感
来自您的引导　　我们得到了智慧

来自您的关爱　　我们感到了温暖
来自您的微笑　　我们感到了春天
您的尊重　　使我们个性飞扬
您的相信　　使我们群星灿烂
您的发动　　使我们争妍斗奇
您的放手　　使我们百花齐放
您的大爱　　使我们幸福成长

附录三　孙玉生教育感悟

关于教育

1. 把学生当人，让学生做人，这就是教育的真谛，教育的目的，教育的本质。

2. 教育是慢的艺术，慢意味着等待，等待不仅是一种智慧，更是一种美德。

3. 教育无小事，事事大如天。

4. 说教无益，艺术无价。

5. 教育需要爱，爱更需要艺术。

6. 育人、教书是一种享受。

7. 成才先成人，育人先育德。

8. 最好的教育是自我教育，最成功的教育是超越自我的教育。

9. 没有尝试就没有成功，尝试本身就是最大的成功。

10. 学习成功不外乎两方面，一是强大的学习动力，二是正确的学习策略。

11. 教师越勤快，学生越懒惰；教师越懒惰，学生越勤快。教师要学会放手，学会偷懒，做一个智慧型教师。

12. 学生是生理、心理和智力这三方面的和谐和统一。

13. 孩子对快乐的追求远远大于对知识的追求。因为玩是孩子的天性，游戏是孩子的挚爱。这就要求我们尽可能使我们的教育生活化、情景化、趣味化。

14. 学校不是教师的，也不是校长的，学校是学生的，是学生成长的地方，教职员工都是服务者。

15. 学校文化是教学、管理两驾马车和谐高速前行的统帅。教学是核心，管理是关键，文化是脊梁。

16. 生命比成绩重要，过程比方法重要，情商比智商重要，能力比知识重要。

关于教学

1. 教学是中心，课堂是核心，展示是精髓，互动是灵魂。

2. 先思考，再学习；先练习，再学习；先思考，再操作。

3. 生生交流是互动，师师交流是科研。

4. 教师要走自主教科研之路，才能有幸福感。为此要做到“三化”即：（工作）细节问题化，问题课题化，课题课程化。

5. 教科研六步骤：说课、备课、听课、评课、改课、“跟课”一条龙。

6. 有效学习是指从知识到能力、从知识到方法、从知识到规律。从知其然到知其所以然，举一反三，触类旁通。

7. 课堂要使学生从学会到会学，从会学到能学；课堂要从能学的思想出发，从让学生会学入手，让学生学会。

8. 教师的三个不讲：学生会的不用讲，学生能讲的学生讲，学生都不会的更不能讲。（教点不教面，即启发有需求的学生，再由学生教学生。）

9. 让学生自己去发现有困惑的问题，既不太难，但又不容易解决，这样学生才有了学习的兴趣。

10. 讲台是学生的，课堂是学生的，学校是学生的。

11. 教学仅仅是冰山一角，能使教学可持续发展的是教学背后的管理；教学和管理犹如雄鹰的双翼，要想让雄鹰展翅翱翔蓝天，要靠学校形成的丰厚的文化积淀。

12. 语文教学中的听、说、读都是为“写”服务的，写是为生活服务的。

13. 语文教学中我们要达到会说、善读、写好。

关于课堂

1. 课堂改革改什么？首先是理念，其次是体制。

2. 对教师而言，表现就是人品，课堂就是师德。

3. 对学生而言，课堂就是解放，表现就是释放，主动就是快乐，学习就是成长。

4. 课堂可分为三个层次：低效课堂、有效课堂、生命课堂。

5. 课堂的两个目的，一个是让学生如何做人，另一个是培养学生的思维品质。这从“教”字上也可以得到验证：教字左边是孝，意思是学生要从“孝”入手，从学会做人入手；教字右边是反文，意思是对有孝心即对会做人的人才可以施之以教育。这就告诉我们，从事教育，要把学生的做人放在第一位，然后才是使学生的思维品质得以提升。

6. 课堂就是思维训练场，人格铸就地。

7. 课堂有“四头”即：展示点评谓之口头，动手书写谓之笔头，亲自操作谓之手头，反思提升谓之心头。

8. 理想的课堂应该是主动的、生动的、开放的、和谐的、快乐的、多元的、智慧的、有效的、生成的、创新的、绿色的、生命的。

9. 课堂就是学堂，课堂就是错堂，课堂就是乐堂，课堂就是趣堂，课堂就是思堂，课堂就是得堂。

10. 课堂要有趣、有思、有乐、有效、有得。

11. 生生互动是课堂文化的主旋律。

12. 课堂最大亮点在于有没有预设到的精彩的出现。

13. 课堂中最大亮点出现的根源在于，学生思维品质的优秀。

14. 课堂的亮点来自什么？来自于学生的思维，来自动态的生成而不是预设。

15. 课堂的亮点分两个层次，一是预设的亮点，二是即时生成的亮点。

16. 学生的展示和点评犹如一对孪生姐妹，千万别生硬地给拆开。课堂因展示而清晰，因点评而深刻，因练习而巩固，因反思而提升。

17. 课堂伊始，需要像“启动液”一样的激活策略，这叫艺术，也是人文关怀。

18. 如果课堂上举手回答问题的学生——满脸希望，满心盼望，满眼渴望，得到是痛苦的、伤心地失望，课堂上的举手可休矣。

关于领导

1. 校长心中要两个有：一个是有学生，一个是有教师。有学生是指有对学生生命的敬畏和尊重，有学生的个性发展、有学生的全面发展、有学生的终生发展，有学生的幸福发展。有教师是指有对教师生命的敬畏和尊重，有教师的个性发展、有教师的幸福发展、有教师的全面发展。

2. 校长心中应有的两个享受：让教师享受育人的幸福，让学生享受成长的快乐。

3. 校长的两个为本：以教师为本，以学生为本。

4. 校长的两件事：宏观上，举重若轻，指点江山，引领航向；微观上，举轻若重，点石成金，把好脉搏。

5. 给校长的三句话：打造学校，形成特色，做一个幸福的校长。

6. 给副校长建议——埋头苦干，“只顾攀登莫问高”，让校长省心、放心、宽心、开心、舒心、顺心。

7. 给中层领导的建议——做事业发展的促进者，不做事业前进的绊脚石。

关于教师

1. 从教育理念来划分，教师的三个层次：一是教师心中没有学生的成绩、二是教师心中唯有学生的成绩、三是教师心中有学生的生命。

2. 从工作态度来划分，教师可分为三个层次：一是主动创新型、二是应付型、三是不在乎型。

3. 从教师的参与上来划分，教师可分为三个层次：一是教师参与多的课堂、二是教师参与少的课堂、三是教师不参与的课堂。

4. 不快乐的老师，培养不出快乐的学生，因为学生是老师的影子。

5. 教师的微笑对自己是阳光的心态，对学生是一种温暖的尊重。

6. 教师不能等退休后再享受生活，应把育人教书当作享受。

7. 教师要有专题，出专利，做专家；人生要做好一件事。

8. 教师在课堂中是什么角色呢？教师是元帅，运筹帷幄，决胜千里，不是班长、士兵，冲锋陷阵；教师是教练，不能代替运动员披挂上阵；教师是摄影师，镜头对准的是学生的展示；教师是点燃者，要用自己的激情点燃学生的热情、点燃学生心智的火焰，让生命绽放出应有的美丽；教师是激活者，用自己的智慧，激活学生的潜能……

9. 对教师而言，没有专业知识，你不配当教师；没有爱心，你不适合当教师；没有智慧，你不是优秀教师；没有风格，你不是杰出教师。

10. 好老师的标准：第一天不来学生念叨你，第二天不来同事思念你，第三天不来校长用轿车去请你。

11. 常态的工作叫分内，非常态的（不经常）叫分外，超常态的叫意外。教师干好分内的事是本分，干好分外的事是优秀，干好意外的事是杰出。常态工作下，课堂就是衡量教师师德的唯一试金石。

12. 送给教师的三句话：打造课堂，形成风格，做一名幸福的教师。

关于管理

1. 管理的最高境界是不“管”而“理”，不“理”而“管”，“不为而为”，“不战而屈人之兵”。

2. 文化管理是软管理，是管理的高层次。

3. 没有人愿意被管理，最好的管理是没有管理的管理。

4. 当管理走向了自主、自觉、自省、自律的自我管理，管理才实现了其真实目的。

5. 管理的关键在落实，落实的关键在评价，评价的关键在揭短，即敢较真、说真话、办真事；敢于实事求是，不怕得罪人，对问题能一针见血，入木三分。、

6. 管理可分为三个层次，一流的领导是预见，二流的领导是发现，三流的领导是执行。预见是未雨绸缪，发现是亡羊补牢，执行是疲于应付。

7. 发现不了问题是最大的问题，发现问题是进步的起点，是创新的源泉。

8. 大领导大发现，小领导小发现，不领导不发现。

9. 发现与痛改并肩，坚守与创新同行。

10. 发现有四把尺子：合规、合道、至善、否定。

11. 管理要做到七到即想到、说到、做到、查到、评到、改到、跟到。

12. 思想和态度永远是第一位的，方法和策略永远是第二位的。

关于做人、做事

1. 做人如稻谷，谦虚如劲竹。

2. 人生八字：积极进取，知足常乐。

3. 人为“道”而生，“道”因人而活。

4. 无私则强，无欲则刚。

5. 吃小亏，有小福；吃大亏，有大福；不吃亏，没有福。吃亏就是享福。

6. 错了没有理由，解释等于掩饰。

7. 改变不了环境，改变心境；改变不了别人，改变自己。改变不了过去，改变现在。

8. 结构决定性质，表现决定人品。

9. 人应该有点精神，应该做点事情。

10. 做事思考最高准则是：不为而为。

11. 想好就做，做就做好；认真而且用心、坚持而且创新。

12. 做是最好的说。

13. 培训是最大的福利，工作是最大的幸福。

14. 一个单位不创新就等于走下坡路，一个人不创新就等于行尸走肉。

后　记

我所执教的山东省茌平县杜郎口中学，是最近几年中国教育界升起的一颗璀璨的明星，中央电视台、人民日报等众多新闻媒体，都给予了高度关注，评说杜郎口中学教改的书籍也愈来愈多。自己作为杜郎口中学的教师，结合亲身经历、体验感悟、品味琢磨、梳理整合，形成了对杜郎口中学教育教学改革的粗浅认识。本书力图从我的亲身经历、对教育事业的粗浅认识，来阐述杜郎口中学教育教学改革成功的本源，杜郎口中学的教学管理、具体操作等，以方便大家更好地了解杜郎口中学，了解杜郎口中学这种解放人性的教育，领会其主体性教育下的生命课堂的实质，更好地让众多的教育同仁受到启发，共同托起祖国教育明天的希望。

本书历时三年，我每每想起人生的价值，想起作为一名教育工作者的责任，想起莘莘学子渴望优质教育的目光，想起不辞辛苦前来我校参观的教育同仁，想起崔其升校长对我的帮助、同事们的支持，想起王增昌先生对自己的厚爱和指导、张梅玲教授一而再再而三对自己的鼓励，就没有理由不写下去。由于自己水平有限，难免书中观点不新颖、内容不丰厚、论证不严谨……本书可取之处也许不多，不当之处不少，敬请批评谅解。但是有一点值得认可的是，真诚地希望通过本书的编写，能够唤起更多的教育同仁走向自主教科研的幸福之路，写自己的书，做自己的教育实践，为中国的教育流下辛勤的汗水，为中国的教育事业尽一份力量，如果能够达到此等目的，也就心满意足了。

对于写的这些文字，自己也不满意，但是也只好如此了，敬请您的批评、斧正，不胜感激！

Email：ssyyss58@163. com

孙玉生